불교와 무의 근대
장타이옌의 불교와 중국근대혁명

불교와 무의 근대: 장타이옌의 불교와 중국근대혁명

초판1쇄 펴냄 2012년 04월 05일
초판2쇄 펴냄 2021년 12월 13일

지은이 김영진
펴낸이 유재건
펴낸곳 그린비
주소 서울시 마포구 와우산로 180, 4층
대표전화 02-702-2717 | **팩스** 02-703-0272
홈페이지 www.greenbee.co.kr
원고투고 및 문의 editor@greenbee.co.kr

주간 임유진 | **편집** 홍민기, 신효섭, 구세주, 송예진 | **디자인** 권희원, 이은솔
마케팅 유하나, 육소연 | **물류유통** 유재영, 한동훈 | **경영관리** 유수진

저작권법에 의해 한국 내에서 보호를 받는 저작물이므로 무단전재와 무단복제를 금합니다.
책값은 뒤표지에 있습니다. 잘못 만들어진 책은 구입처에서 바꿔 드립니다.
ISBN 978-89-7682-378-6 93100

學問思辨行: 배우고 묻고 생각하고 판단하고 행동하고

독자의 학문사변행을 돕는 든든한 가이드 _그린비 출판그룹
그린비 철학, 예술, 고전, 인문교양 브랜드
엑스북스 책읽기, 글쓰기에 대한 거의 모든 것
곰세마리 책으로 통하는 세대공감, 가족이 함께 읽는 책

불교사상 시리즈
05

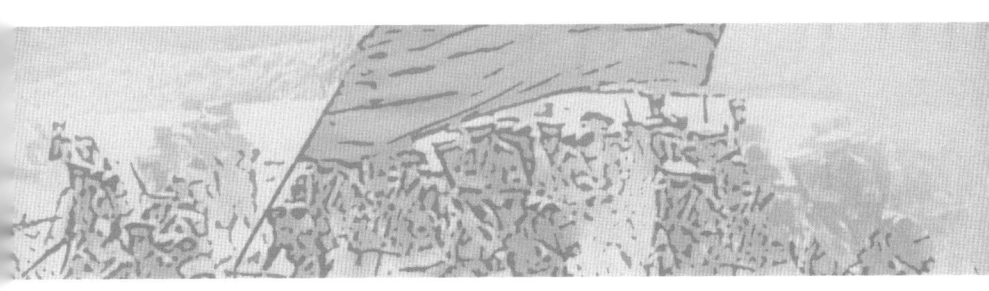

불교와 무의 근대

장타이옌의 불교와 중국근대혁명　　**김영진** 지음

그린비

머리말

대학 1학년 겨울방학 때다. 고향 근처 대학도서관에 공부하러 다녔다. 이해하지도 못하는 책을 붙들고 줄만 긋고 있었다. 그래도 적이 만족하며 시간을 보내는 차에 하루는 교정에서 한문서당 광고를 발견했다. 무슨 서숙이었는데 그 중 한 글자는 읽지 못했다. 그때 이렇게 생각했다. '나같이 불교공부할 사람은 한문을 배워야 돼.' 다음날 주소와 전화번호를 들고 시내로 나섰다. 쉽게 서당을 찾았지만 쉽게 들어서지는 못했다. 2층 창문에 서당 이름을 크게 적은 화선지가 붙어 있었다. 그 건물 앞을 서너 번 왔다 갔다 했다. 그리고 다시 공중전화로 연락해 가도 되냐고 물었다. 얼른 오란다.

    2층으로 난 계단을 오르는데 TV에서나 들던 그 '공자왈 맹자왈' 소리가 들렸다. 약간의 저항감을 무릅쓰고 들어서니 내 또래 여학생 몇 명이 보였다. 그리고 저기 생각보다는 젊은 훈장 선생님이 떡하니 버티고 앉았다. 불교공부 한다 소개하니 정말 좋은 공부 한다고 덕담하셨다. 고마웠다. 인사를 마치자 교재도 없고 하니 슬슬 일어나려 했다. 공부는 내일부터. 그런데 웬걸, 왔으니 그냥 공부하라신다. 난 마음의 준비가 더 필요한데. 저항하지 못하고 결국 앞줄에 앉았다. 그렇게 한문공부를 시작했다. 한문공부라기보다는 소리 지르기에 가까웠다. 옆에 앉은 여학생이 또박또박 적어 놓은 한글 독음을 읽었다. 양혜왕 어쩌구.

선생님의 음성이 참 좋았다. 그런데 나는 그 특유의 운율로 소리 내어 읽는 게 영 어색했다. 도무지 소리가 커지지 않았다. 꼭 어른 흉내 내는 아이 같았다. 그런 어색함이 사라지는 데 꽤 시간이 걸렸다. 생각하면 당시 훈장 선생님은 지금 내 나이 정도 됐을 것 같다. 무슨 생각으로 서당을 열었을까 싶다. 방학이 끝나고 개강하자 더는 그 서당을 다니지 못했다. 첫사랑처럼 짧았다. 한 달여 멋쩍은 어른 흉내를 마치고 상경했다. 나중에 진주에 들러 남강다리 들머리를 지날 때면 어김없이 서당 쪽으로 난 그 골목길을 살폈다. 서당 앞에서 망설이며 왔다 갔다 하는 내가 보였다.

십수 년이 흘러 내가 중국 근대를 공부하게 됐을 때, 나는 근대 시기 수많은 젊은이에게서 저런 망설임과 어색함을 발견했다. 내가 그때 옛것에 대해 도구적인 관심을 가졌다면 저들은 새로운 문명에 대해 존재론적인 결단을 내려야 했다. 자신을 온통 부정해야 할지도 모르는 그런 앎 앞에서 머뭇거린 것이다. 거기에 뛰어들어 빠져 죽기도 하고 새로운 물길을 내기도 했다. 그들은 개인의 기호 때문이 아니라 시대가 떠밀어서 몸을 던졌다. 그들은 어떤 식으로든 자신의 시대에 구멍을 뚫어야 했다. 운명처럼 아니면 천형天刑처럼 짐을 짊어졌다.

이 책의 주인공 장타이옌章太炎도 그랬고 고뇌에 찬 제자 루쉰魯迅도 그랬고 늘 세상이 명쾌했던 량치차오梁啓超도 그랬다. 근대 지식인들은 쏟아지는 새로운 앎에 대해 어색해하고 주저했다. 그만큼 근대는 탈바꿈의 시간이고, 산고産苦의 시간이었다. 많은 젊은이들이 아직 성근 생각으로 뛰어다녔고, 멀리 보지 못하고 소리 질렀다. 장타이옌은 고증학자로서 자신의 학문을 포기하지 않았지만 근대라는 새로운 앎을 적극적으로 운용했다. 그는 전통 학문으로 오히려 전통 사회를 공격했고, 근대 지식으로 거꾸로 서구자본주의의 기승을 비판했다.

나는 장타이옌을 공부하면서 조용히 글만 읽을 것 같은 그 훈장 선생님이 나중에 혁명가가 되어 활동하다가 감옥에 갇히는 장면을 상상한 적이 있다. 굳건한 고증학자 장타이옌이 혁명가가 된 것은 개인적 성향과 시대의 탓이다. 불교가 그를 혁명가로 만든 건 아니다. 불교는 그를 철학적으로 단련시켰고, 그의 정치활동에 휘발성을 더했을 뿐이다. 이 휘발성은 한마디로 하면 부정성일 것이다. 나는 그것을 '무'無라고 표현했다. 나는 근대에 이 무가 있었다고 생각한다. 장타이옌뿐만 아니라 루쉰에게도 있었고 또 누구에게도 있었다. 중국에도 있었고, 일본이나 한국에도 있었다. 장타이옌은 그 무의 한 유형을 보였을 뿐이다.

이 책에서 장타이옌을 통해 근대 시기 불교의 무가 어떻게 철학이 되고, 어떻게 정치가 되는지 살피고 싶었다. 작업을 마치고 나서 보니 논리는 없고 주장만 난무한 것 같아 부끄럽다. 나는 불교가 불교 속에 갇히지 않길 간절히 바란다. 그렇다고 시류에 교언영색하자는 이야기는 아니다. 시대를 보는 눈을 가지고 불교적 가치로 시대에 개입할 줄 알아야 한다고 생각한다. 불교적 가치의 현재화라고 할 수 있겠다. 불교를 가지고 혁명을 하겠다는 장타이옌의 모습에서 나는 이 '현재화'라는 노력을 보았다.

책을 한 권 낼 때마다 분만실 앞에 선 아빠처럼 설렌다. 또 못지않게 부끄럽다. '세상에 좋은 책이 많은데 이 책 한 권 더 보태 무엇하겠다는 건가?' 이런 자문도 해본다.

더구나 나는 누군가에게 배우고, 무엇인가를 읽었고, 어디선가 느꼈는데 그들을 몽땅 빼고 나만 날름 그 열매를 따먹는 것 같아 송구스럽기까지 하다. 실은 공동 저작인데 말이다. 내가 불교를 배운 여러 선생님들, 엉뚱한 공부로 늘 신났던 연구공간 〈수유+너머〉 친구들, 나와 장타이엔의 저작을 함께 읽은 영섭 씨, 지난 4년여 동안 나를 안정적으로 공부할 수 있게 해준 인하대학교 한국학연구소, 지금 나의 열정을 불러내는 동국대학교 불교학술원 등이 생략된 공동 저자들이다.

부모님 그리고 형제들을 생각하면 나는 분명 운이 좋은 사람이다. 이렇게 편안한 가족은 별로 없을 것이다. 그리고 만약 내게 그럴 자격이 있다면 먼 길 함께할 동지인 아내에게 이 책을 선물하고 싶다. 아내가 뱃속에서 기르는 아이는 이 책과 동갑내기가 될 것 같다. 나는 올해 이란성 쌍둥이를 볼 요량이다. 끝으로 그린비출판사에 감사한다. 내게는 그린비가 세상으로 난 통로이고 나의 아이에게 날개를 달아 주는 조각가다. 고맙다.

2012년 3월

김영진

| 차례 |

머리말 · 4
서론 · 11

1부 / 장타이옌과 혁명 15

1장 · 장타이옌과 근대혁명 _16

1. 불교와 근대 중국
탄쓰퉁과 구세불교 · 16 | 계몽불교와 인간불교 · 19 | 출세불교와 리수퉁 · 23 | 학술불교와 근대 불교학 · 26

2. 장타이옌의 학습과 고경정사
출생과 학습 · 30 | 고경정사와 스승 위웨 · 33 | 변법활동과 「소보」 사건 · 35

3. 불교 수용과 혁명논설
옥방 안의 자유자재 · 38 | 혁명활동과 불교논설 · 40 | 강학과 제자 · 42

2장 · 불교 시간론과 진화론 _47

1. 근대적 시간과 진화론의 중국 유입
근대적 시간 · 47 | 진화론과 「천연론」 · 50 | 사회의 진보와 개인의 죽음 · 54

2. 불교 시간론과 진화론 비판
헉슬리와 장타이옌 · 58 | 우승열패와 호승심 · 62 | 타이쉬의 불교진화론 · 65

3장 · 문명과 야만 _72

1. 문명론의 정치 함의
문명과 야만 · 72 | 량치차오의 인종론과 역사학 · 77 | 맹자의 문명론과 그 비판 · 81

2. 행복 환상과 문명국가
신아헌정설 비판 · 86 | 행복 추구와 폭력 · 90

2부 / 보편세계와 무의 근대 93

4장 · 보편의 성립과 아뢰야식 _94

1. 메이지철학과 쇼펜하우어
쇼펜하우어의 발견 · 94 | 맹목의지와 근본무명 · 99 | 염세주의와 무의 철학 · 104

2. 보편세계의 구성
보편상과 다르마 · 109 | 성심과 원형관념 · 114

3. 유식교 건립과 본체론
본체론과 삼성설 · 122 | 무신교와 혁명종교 · 128

5장 · 개체 구성의 근대 의미 _136

1. 전통 규율에 대한 개체의 반항
중생평등과 봉건 비판 · 136 ㅣ 용맹무외와 위버멘쉬 · 141

2. 개체 강조와 반시대적 고찰
공과 사 · 147 ㅣ 공리주의 비판 · 153

6장 · 보편규율의 파괴와 '무'의 극단 _159

1. 언어의 비진실성
불교의 언어관 · 159 ㅣ 허망분별과 언어의 출현 · 165 ㅣ 훈석사와 말라식 · 169

2. 국가론과 대의제 비판
량치차오의 국가주권설 · 171 ㅣ 국가의 임의성 · 176 ㅣ 대의 불가능성 · 182

3. 불교 이상론과 무의 근대
유토피아론과 무정부주의 · 187 ㅣ 균전제와 반자본주의 · 194 ㅣ 인류의 소멸과 로맨틱 아이러니 · 200

3부 / 순수경험과 공 207

7장 · 순수경험과 무아주체 _208

1. 개체초월과 순수경험
인간의 출현 · 208 ㅣ 개체초월과 순수경험 · 212 ㅣ 좌망과 여실지 · 217

2. 무아주체와 타자
무아와 평등 · 221 ㅣ 타자의 역할 · 225

8장 · 공의 윤리와 차이 _231

1. 공의 윤리학
무아 윤리 · 231 ㅣ 내성외왕 · 236 ㅣ 보살일천제 · 242

2. 차이의 의미
내재적 차이 · 246 ㅣ 육바라밀의 역능 · 249

결론 · 254
후주 · 257
근대불교와 장타이옌 더 읽기 · 269
찾아보기 · 275

| 일러두기 |

1 본문의 중국 인명은 신해혁명(1911) 당시 생존 여부를 기준으로 현대인과 과거인으로 구분하여 현대인은 중국어음으로, 과거인은 한자음으로 표기했다.
2 중국의 지명은 중국어음으로 표기하는 것을 원칙으로 했다. 그러나 기관이나 단체명에 쓰일 때에는 한자음으로 표기했다. 중국 이외의 외국어 인명이나 지명, 작품명 등은 2002년에 〈국립국어원〉에서 펴낸 '외래어 표기법'을 따라 표기했다.
3 단행본, 신문·잡지 등의 정기간행물 등에는 겹낫표(『 』)를, 기사, 논문, 단편, 연극, 미술 작품 등에는 낫표(「 」)를 사용했다.

서론

'무'無라는 말, 참 낯설다. 자주 못 들어서 그런 게 아니라 실감이 없어 그렇다. 더러 그것을 실감하더라도 그 방식은 상실이다. 늘 옆에 있던 이성 친구가 문득 연락이 안 된다든지, 장례 치르고 텅 빈 고향집으로 들어설 때처럼 우리는 부재를 통해 무를 안다. 이런 무는 보통은 슬픔이다. 마치 팔다리를 잃어버린 듯 쓰라리다. 허나 그 상실을 사실로 인정하고 없이 사는 방법을 터득하면 또 살 만해진다. 상처가 아물고 슬픔이 잊힌다. 그래도 무에 대한 저항감은 남는다. 그런데 무는 정말 상실이기만 한 걸까. 다른 무는 없을까.

불교도 무를 말한다. 초기불교에서 말하는 무아無我나 무상無相 나아가 대승불교에서 말하는 공空이나 무자성無自性은 불교적 의미의 무라고 할 수 있다. 열반涅槃이니 해탈解脫이니 하는 말도 다 그리 보인다. 그래서 불교를 니힐리즘이라 규정하는 이도 있다. 사실 불교에선 무를 대단히 적극적으로 사유한다. 무를 피하지 않고 두려워하지도 않는다. 그것은 죽음 충동도 아니고 존재의 우울도 아니다. 그렇게 해서는 불교에서 말하는 무를 이해할 수도 없고, 그것에 도달할 수도 없다.

　불교의 여러 철학 개념 가운데 가장 적극적으로 무를 사유한 것은 공空일 것이다. 물론 이 공은 '있음과 없음' 가운데 없음을 말하는 건 아니다. 공은 어떤 존재자도 결코 자신만의 정체성을 갖지 않음을 밝히는 개념이다. 모든 존재자는 바로 이 '나'를 갖지 않기에 우리는 그것을 존재라고 말할 수도 없고 비존재라고 말할 수도 없다. 대승불교에선 이 이중부정[非有非無]의 시선을 중관中觀이라고 표현한다. 불교인들이 대승불교의 건설자라 일컫는 나가르주나Nāgārjuna는 『중론』中論에서 바로 중관의 논리를 논증했다. '관'이라는 표현에서도 알 수 있듯, 공 개념이나 중관의 논리는 철학 사유일 뿐만 아니라 수행론이기도 하다. 무도 마찬가지다. 이 개념을 현실 속으로 던져 넣을 수도 있다. 그때는 적막의 무가 아니라 꿈틀대는 무가 된다.

　중국에선 근대 시기 전통이 막 붕괴되는 상황에서 불교로부터 철학적 영감을 얻은 사상가가 출현한다. 캉유웨이康有爲나 탄쓰퉁譚嗣同이 그랬고, 량치차오梁啓超나 장타이옌章太炎이 그랬다. 당시 불교는 전통이었지만 주변이었다. 저들의 영감은 서구의 것이 근대 전체를 석권하기 전에 매우 특별한 역할을 한다. 저들은 불교에서 도대체 무엇을 보았을까. 또 그것은 어떻게 구체로 현실이 되었을까. 저들은 불교의 비판성에 주목한다. 그들은 비판철학으로 불교를 사유한다. 비판성을 가장 끈질기게 구현한 이가 장타이옌이다. 그는 부정否定의 철학자로 불린다. 또한 무無의 철학자다. 그의 무는 제자 루쉰魯迅에게 가 닿기도 한다.

　이 책은 장타이옌이 불교를 통해서 현실과 대항하고 현실을 개척하는 과정을 무라는 주제로 살핀다. 장타이옌은 무를 적극적으로 사유한다. 국민국가 건설에 혈안이 된 근대 시기, 그는 집단 앞에 당당한 '나'를 강조하면서도 결국 '나'도 무임을 차갑게 선언한다. 무가 폭로된 그 자리에서 새로운 윤리를 찾으려 한다. 무의 윤리라 해도 좋을 것이다. 바로 여기서 전통 비판도 가능했고, 근대 비판도 가능했다. 또한 거기서 혁명자의 윤리가 발아하기도 하고 자본주의 비판이 용솟기도 한다. 장타이엔의 불교는 근대 중국사상사에 존재한 한 가지 시도다. 그것은 근대불교의 독특한 실험이기도 하다.

이 글은 전체 3부 8장으로 구성됐다. 제1부 '장타이엔과 혁명'에서는 장타이엔의 출생과 학습, 그리고 진화론과 문명론에 대한 입장을 살핀다. 1장 「장타이엔과 근대혁명」에서는 먼저 중국 근대불교의 다양한 흐름 속에서 장타이엔 불교의 위상을 확인하고, 지극히 전통적인 분위기 속에서 생활하고 학습한 그가 혁명의 선봉장이 되는 극적인 변화를 추적한다. 2장 「불교시간론과 진화론」에서는 근대적 시간론으로서 진화론에 대한 장타이엔의 독특한 사유를 소개한다. 그는 진화와 퇴화의 병진竝進을 말한다. 3장 「문명과 야만」에서는 제국주의 문명론에 대한 장타이엔의 강력한 비판을 분석한다.

제2부 '보편세계와 무의 근대'는 근대라는 보편세계를 무의 개념으로 비판한다. 4장 「보편의 성립과 아뢰야식」에서는 보편이나 질서 개념의 성립을 불교유식학 입장에서 이해하고 장타이엔의 혁명종교로서 유식교唯識敎 건립을 살핀다. 5장 「개체 구성의 근대 의미」에서는 전통적 규율에 대한 반항으로서 개체 구성의 효과를 말한다. 장타이엔은 집단과 개인이 모두 허구지만 상대적으로 개인가치를 긍정한다. 그는 개인이 집단으로 회수되는 걸 막으려 했다. 6장 「보편규율의 파괴와 무의 극단」에서는 보편규율의 허구성과 국가의 폭력성을 고발하고 극단적인 무의 이상을 말한다.

제3부 '순수경험과 공'은 장타이옌이나 불교가 구상한 무의 철학과 무의 윤리에 대해 말한다. 7장 「순수경험과 무아주체」에서는 상실이나 슬픔의 정념으로서 무가 아니라 자기 문제를 타파하는 적극성으로서 무를 찾는다. 여기서 무아주체가 출현한다. 사실 불교에서 말하는 무는 바로 이것이다. 8장 「공의 윤리와 차이」에서는 무아 윤리, 즉 무아의 삶을 찾아본다. 또한 무아의 실현 형태로서 '차이'를 말한다. 물론 차이는 서양 철학 개념이다. 하지만 그것을 불교로 초대했을 때 발생하는 효과를 상상해 본다. 이것은 단지 장타이옌 불교만의 문제가 아니라 불교철학 일반의 문제이기도 하다.

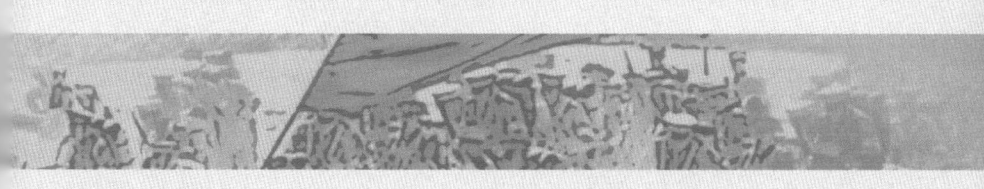

1부 / 장타이옌과 혁명

1장_장타이옌과 근대혁명

1. 불교와 근대 중국

탄쓰퉁과 구세불교

1898년 9월 28일 오후 베이징성北京城 남쪽 쉬안우먼宣武門 차이스커우菜市口 형장. 청조의 많은 간신과 더 많은 충신이 여기서 참수당했다. 이날 경비는 전에 없이 삼엄했고, 군중은 무거운 침묵 속에 빠졌다. 수인囚人을 태운 수레가 도착하고 상처투성이 젊은이가 끌려나왔다.[1] 광서제光緖帝의 정치개혁에 참여했다 개혁이 실패하자 곧바로 대역죄인이 되고 만 탄쓰퉁譚嗣同, 1865~1898. 그는 동지들이 허겁지겁 도망칠 때 홀로 혁명의 제단에 올랐다. 은빛 칼날이 베이징의 가을 햇살을 받자 머리통은 몸을 잃고, 육신은 붉은 피를 토했다.

탄쓰퉁은 맨손으로 서태후西太后의 봉건 중국과 맞섰다. 그에게는 무지막지한 억지와 터무니없는 자신감이 교차했다. 시인 백무산은 "단절의 꿈이 역사를 밀어간다"고 했다. 역사 대 역사의 싸움이다. 이 싸움으로 역사는 전진한다. 선승은 한 점 남김 없는 몰락의 꿈으로 짙은 밤을 뚫는다. 그들은 자신을 감싼 일체를 부숴야 한 목숨 부지한다. 파괴가 결국 생명을 부른다. 탄쓰퉁은 거대한 봉건의 갑문을 맨 어깨로 열었다. 『화엄경』華嚴經에선 "마음은 솜씨 좋은 그림쟁이"心如工畵師라 했다. 탄쓰퉁은 세계는 결국 내가 구성하기에 천길 솟은 장벽을 무無라 선언했다. 결코 그것에 압도되지 않았다.

탄쓰퉁은 죽음을 맞아 옥방에 이렇게 썼다. "칼날 획 목 훑고 지나가면, 나 저 창공 향해 미소 짓네."[2] 서태후가 보낸 죽음이 그에게 당도하기나 했을까? 선가禪家에 떠도는 이야기로는 중국 위진시대 천재 승려 승조僧肇는 처형당할 때 이렇게 말했다고 한다. "내 목 은빛 칼날 맞으니 춘풍을 베는 듯하여라."[3] 역시 공空의 철학자 승조답다. 죽음 앞에서 두 사람은 비탄에 빠지지 않고 그것을 아낌없이 긍정했다. 그 긍정에는 희끗희끗 허무가 보인다. 하지만 이런 허무는 내 두 발에서 힘을 쑥 빼 버리는 그런 허무가 아니다. 주먹을 불끈 쥐고 일어나 두려움 없이 달려가는 허무다. 긍정하는 허무. 근대 중국에 그것이 있다. 그래서 무의 근대다.

탄쓰퉁은 중국 근대불교가 보인 여러 모습 가운데 한 경향을 대표한다. 구닥다리 불교가 뭐 그리 대단하기에 거창하게 경향을 말하느냐 비꼴 수 있다. 그런데 아니다. 중국에서 근대불교는 거대했다. 그게 사실이다. 그 거대함을 몇몇으로 나누자면 구세불교, 계몽불교, 출세불교, 학술불교 정도이다. 이런 구분이 다소 구차해 보이지만 의미를 생산하기 위해선 이런 짓도 해볼 만하다. 탄쓰퉁의 불교는 구세불교에 해당한다. 봉건비판과 정치개혁을 위한 무기로서의 불교다. 량치차오梁啓超, 1873~1925는 『청대학술개론』淸代學術槪論에서 탄쓰퉁의 불교는 '응용불학'應用佛學이라고 했다. 그것의 정치성과 입세 정신 때문에 붙인 이름일 것이다.

탄쓰퉁의 주저 『인학』仁學은 구세불교의 이론서라고 할 수 있다. "그는 불교를 통해서 봉건윤리의 참상을 폭로하고 비판한다. 여기서 그치지 않고 불교로써 '온갖 속박을 깨부수는'衝決網羅 주체 신념을 불러낸다. 또한 세계와 인간의 근원을 탐구하여 자신의 작업에 철학적 바탕을 마련하려 했다."[4] 탄쓰퉁은 불교를 통해서 그 무엇과도 바꿀 수 없는 주체의 가치를 발견했다. 아울러 온갖 방식으로 인간 가치를 박탈하고 옥죄는 봉건과 맞섰다. 그는 불교에서 봉건을 비판하는 평등과 개인을 배웠고, 또한 봉건과 대결하는 주체 신념을 배웠다. 그래서 싸울 수 있었다.

탄쓰퉁 이후 구세불교의 경향을 대표하는 이는 장타이옌章太炎, 1869~1936이다. 장타이옌은 불교를 혁명의 무기로 썼다. 그렇다고 그의 불교가 늘 날카롭지만은 않았다. 때론 내면으로 침잠하는 통로기도 했다. 이 점은 탄쓰퉁도 마찬가지다. 중국의 저명한 철학사가 리쩌허우李澤厚가 말했듯이 장타이옌은 탄쓰퉁의 거친 논리를 비판했지만 오히려 닮았다.[5] 불교를 정치로 끌어들인 점도 마찬가지였고, 철학적인 면에서도 마찬가지였다. 그들의 불교는 심식론心識論에 기초했다.[6] 두 사람은 마음과 의식으로 세계와 인간을 설명했다.

탄쓰퉁은 스승 양런산楊仁山, 1837~1911에게 화엄학을 배웠다. 그는 마음이 세계를 그리고, 마음이 겁운劫運을 구제할 것임을 천명했다. 장타이옌은 탄쓰퉁과 달리 유식학唯識學에 집중했다. 그는 『건립종교론』建立宗教論에서 불교 무신론을 천명하고 유식교唯識教 건립을 주장한다. 대승불교 한 유파인 유식학에서 말하는 아뢰야식阿賴耶識을 기본 개념으로 하는 본체론 체계를 구성하고자 했다. 장타이옌은 자신의 유식본체론을 통해서 봉건 비판뿐만 아니라 근대 비판을 행한다. 그는 청나라 봉건왕조와 싸워야 했고, 근대라는 이름으로 몰려드는 서구 제국주의와 싸워야 했다. 불교에서 혁명자의 도덕을 찾았고 상대를 제압할 논리를 얻었다. 장타이옌은 탄쓰퉁에 비해서 훨씬 정교하게 불교이론을 사용했지만 사실 같은 맥락에 있었다.

불교심식론 측면에서 장타이옌을 이은 인물은 슝스리熊十力, 1885~1968다. 그의 불교는 구세불교가 아니라 형이상학이었다. 그는 1920년대 초반 난징 소재 지나내학원支那內學院에서 2년간 유식학과 불교논리학을 공부했다. 그가 유학을 공부하다가 불교로 일시적 전향을 감행한 것은 장타이옌이 쓴 『건립종교론』의 영향이 컸다. 아울러 량수밍梁漱溟, 1893~1988의 권유도 있었다. 나중에 베이징대학에서 근무한 슝스리는 『신유식론』新唯識論을 통해서 불교를 버리고 유학으로 복귀한다. 슝스리는 장타이옌의 아뢰야식 본체론을 비판하고 심본체론心本體論을 건립한다. 그는 『주역』의 논법을 가져와 심心은 생명활동하는 우주의 근원임을 천명한다. 양명陽明 심학心學과 왕부지王夫之 역학易學의 결합이라고 할 수 있다. 슝스리는 구세불교라는 측면에서는 결코 탄쓰퉁과 장타이옌에 비견될 수 없다. 그는 그저 캠퍼스에서 철학불교를 완성했다.

계몽불교와 인간불교

근대 중국에서 불교를 계몽활동에 가장 적극적으로 활용한 사람은 량치차오다. 불교를 이용만 했다는 건 아니다. 그도 불교를 신앙했고, 불교를 배우고자 평생 노력했다. 하지만 탄쓰퉁이나 장타이옌과 달리 불교를 가지고 변혁이나 혁명을 거론하지는 않았다. 사람들의 의식을 개조하고 새로운 시민사회를 만들고자 했다. 그는 바로 '신민'新民의 구성을 위해 불교를 이론적으로 동원했다. 물론 정치적이라고 할 수 있지만 구세불교에 비해 훨씬 은근했다. 그는 중국은 진보를 위해서 신앙이 필요하고, 유교나 기독교가 아닌 불교만이 중국의 신앙일 수 있다고 주장했다.

량치차오는 「불교와 사회 통치의 관계를 논함」(1902)에서 불교에 근대의 옷을 입히고자 했다. 불교 신앙의 방향을 '이성·겸선·입세·무량·평등·자력' 여섯으로 규정했다.[7] 이 여섯은 그가 생각하는 새로운 시민의 모습이고 이것을 위해서 불교 신앙이 필요하다고 말한다. 이런 규정은 근대 시기에 꽤 유용하게 사용됐다. 아직도 "불교는 기독교가 무조건적 신앙을 행하는 것과 달리 이성적 신앙을 행한다"고 말하는 사람이 있다. 불교가 기독교에 비해 훨씬 이성적이고 과학적임을 주장하는 경우는 허다하다. 더구나 하나님의 구원을 기다리는 게 아니라 자신의 힘으로 깨달음을 구한다는 주체성을 강조하는 경우도 종종 본다. 완전히 사실무근은 아니지만 이런 생각은 분명 근대적이다.

어떻게 보면 량치차오는 불교를 통해서 사회를 계몽하고자 했고, 또한 근대정신을 통해서 불교를 계몽하고자 했다. 그는 서구 근대를 중국에 소개할 때 일종의 매개 개념으로 불교를 사용하기도 한다. 최초로 칸트를 중국에 소개한 글인 「근세 최고 철학자 칸트의 학설」(1903)에서 칸트철학을 불교유식학에 빗대어 설명한다. "칸트철학은 불교에 대단히 가깝다. 칸트의 논의는 곧 불교유식학과 서로 증명한다."[8] 량치차오는 유식학도 칸트철학과 마찬가지로 앎, 즉 인식 자체에 대한 탐구임을 강조한다.

량치차오는 나아가 불교이론이 서양철학을 대표하는 칸트철학보다 우월하다고 말한다. 왜냐하면 칸트철학에서 근원적인 인식 주체인 진아[統覺]는 개별아일 뿐인데 불교에서 말하는 진아[眞如]는 보편아로서 모든 존재자가 공유하기 때문이다.[9] 그는 진여 개념이 더 포괄적이고 더 발전된 형태라고 생각한다. 이런 시각은 일본 메이지철학의 영향을 입은 듯하다. 이노우에 엔료井上圓了, 1858~1919나 이노우에 데쓰지로井上哲次郞,

1855~1944 같은 메이지철학자들은 독일관념론의 개념과 형식을 빌려서 불교를 정리했다. 아예 새로운 불교철학을 시도하기도 했다. 그들은 『대승기신론』大乘起信論의 진여眞如나 화엄의 법신法身 개념을 서양철학의 절대관념이나 초월자로 취급한다. 량치차오도 진여 개념을 초월자로 간주하고 그것을 국가주권과 연계해서 설명하기도 한다.

이와 관련해서 량치차오는 「나의 생사관」(1904)에서 국가가 개인을 초월하여 존재하는 절대자이고 개인은 국가를 통해서 존재하고 영원할 수 있다는 논리를 편다. 이때도 불교 업설에 기대 개인의 행위[業]는 결국 국가라는 아뢰야식에 포섭되어 그 개인이 죽더라도 미래에 사회적 의미를 창조한다고 말한다. 이렇게 량치차오는 불교를 통해서 근대국민국가 건설이라는 목표로 나아갔다. 그는 불교를 가져다 국가주권설을 옹호하는 논리로 삼았고, 개인이 국가공동체에 헌신함으로써 영생할 수 있다는 국가주의적인 논리를 함께 펼쳤다. 1900년대 량치차오가 발표한 불교 관련 논설은 대부분 이런 사고에 기반했다. 량치차오의 계몽불교는 이렇게 근대국민국가에 대한 분명한 지향을 보인다.

이와 좀 다른 맥락에서 계몽불교를 말한 인물은 승려 타이쉬太虛, 1889~1947다. 그는 불교를 통한 계몽이 아니라 불교를 계몽하고자 했다. 타이쉬는 불교 근대화에 주력했다. 그의 이런 노력은 현재 중국불교 형성에 큰 영향을 주었다. 타이쉬는 1913년 2월 스승 징안敬安, 1851~1912의 추도식에서 이른바 불교 3대 혁명을 제시했다. 출가 초기부터 사회개혁에 관심을 가진 타이쉬는 승려로서 불교계 개혁에 착수하고 싶었다. 타이쉬가 추구한 불교 3대 혁명은 봉건적이고 미신적인 요소를 척결하자는 교리敎理 혁명, 주먹구구식 사찰 운영과 주지 대물림 등 구습을 혁파하자는 교제敎制 혁명, 소수 주지가 사찰의 재산 독점하는 상황을 일소하자는 교산敎

産 혁명이다. 당시 보수적인 불교계 원로들은 결코 수용하지 않았다. 불교 3대 혁명은 출가한 지 얼마 되지도 않은 젊은 승려의 외침이었다. 타이쉬는 힘은 미약했지만 고함 한번으로 불교계의 오랜 침묵을 깼다.

타이쉬는 훗날 「지향과 실천을 자술함」志行之自述에서 자신의 활동에 대해 "출가 수행자와 재가 신도회를 정비하고 부흥시키는 데 뜻을 두었고, 유가보살瑜伽菩薩의 계행을 실천하고자 했다"고 평가했다. 불교 3대 혁명 선언도 이런 맥락에서 이해할 수 있다. 기성 불교조직을 정비하고 기존 불교의 폐단을 척결하여 새로운 승려의 출현을 유도했다. 그는 신승新僧을 요구했다. 허나 단지 요구한다고 해서 이루어지는 게 아니다. 승려로서 자격을 갖춘 승려를 길러야 했다. 이 점은 량치차오가 신민新民을 불러내는 방식과 유사했다.

량치차오처럼 타이쉬도 불교잡지『해조음』海潮音을 창간하여 엄청난 논설을 통해서 불교계몽을 기도했다.『해조음』은 지금도 발간되는데 근대 시기 가장 영향력이 컸고, 대단히 다양한 주제를 다루었다. 하지만 이런 '말'에서 끝나지 않았다. 타이쉬는 직접 승려교육기관을 설립하여 젊은 승려를 만나고 손수 그들을 조각했다. 1920년대 난징의 지나내학원과 함께 중국의 불교 교육과 연구를 이끈 '무창불학원'武昌佛學院을 설립했고, 샤먼廈門 남보타사南普陀寺에서 '민남불학원'閩南佛學院을 이끌었다. 중일전쟁 기간에는 쓰촨四川 충칭重慶에 한장교리원漢藏教理院을 설립하여 불교계 인재를 키웠다.

타이쉬의 계몽불교를 대표하는 구호는 인간불교다. 그는 「어떻게 인간불교를 건설할 것인가?」(1934)에서 이렇게 말한다. "인간불교는 인간이 인류사회를 벗어나서 신이나 귀신이 되게 하는 것도 아니고, 혹은 모두 출가해서 산사에서 승려 노릇을 하게 하는 것도 아니다. 인간불교는 불교의 도리로 사회를 개선하고 인류가 진보하여 세계를 개선하는 불교이다."[10] 어느 불교인들 인간의 불교 아닌 게 있겠냐마는 그런 긴장을 놓으면 그냥 불교의 불교일 뿐이다. 아무것도 없다. 타이쉬는 『진현실론』眞現實論에서 불교야말로 진정한 현실주의임을 천명한다. 그는 불교가 늘 현실이고 구체이길 바랐고, 그렇게 행동했다.

출세불교와 리수퉁

근대 중국에서 구세불교나 계몽불교가 입세의 불교라면 불교 본연의 출세주의에 철저한 이도 있었다. 이것은 당연한 경향이라고 할 수 있다. 불교는 고타마 싯다르타가 보였듯 고통과 번민을 극복하기 위한 자기계발 프로그램이다. 싯다르타 태자는 성 밖으로 난 동서남북 네 갈래 길을 나서서 노·병·사의 고통을 먼저 보고 마지막으로 수행자의 평온함을 보았다. 이 극명한 대비 속에서 그는 출가를 감행했다. 이 출가에 세계구원 같은 원대한 꿈은 없었다. 마찬가지로 많은 불교인들에게 불교는 개인적이고 내면적인 영역에서 운용됐다. 그 속에서 숨통을 틔우고 살길을 찾았다.

함성과 총성이 난무한 근대 중국에서도 진리의 빛을 찾으러 내면으로 잠영한 자들이 꽤 있었다. 출가 수행자로서는 너무도 당연하지만 승려 가운데 그저 '생활'만 하는 이도 많다. 직업으로서 승려 말이다. 출가자도 다시 탈속을 감행해야 하는 지경이었다. 승려나 재가자 가운데 가장 극적으로 탈속의 불교를 지향한 인물은 리수퉁李叔同, 1880~1942이다. 그는 부잣집 귀공자로 자랐고, 젊어서는 예술 귀재로 문화계에서 활동했다. 일본에서 유학해 신문물을 배웠고, 귀국 후 미술교사로서, 음악교사로서 제자를 길렀다. 하지만 출가 이후에는 철저한 계행으로 유명한 고승 홍이弘一가 되었다.

젊은 날 리수퉁도 여느 청년 지식인처럼 정치개혁과 사회변혁에 한껏 관심을 가졌다. 무술년 변법운동(1898)의 선구자 캉유웨이康有爲, 1858~1927를 사모했고, 반청혁명의 선동자 장타이옌의 글에 열광했다. 또 음악이나 연극을 통해서 사회문제를 고발하는 등 사회계몽에 노력하기도 했다. 또 예술가로서 남다른 탐미의식으로 가득 차 있었다. 일본 도쿄미술학교를 다니던 1906년에는 프랑스 작가 알렉상드르 뒤마 피스의 「동백꽃여인」을 중국인으로서는 초연하기도 했다. 중국 근대 신극의 출발이라고 할 수 있다. 그때 리수퉁은 여장을 하고 무대에 섰다. 그는 서구 근대문화를 가장 앞장서서 받아들인 중국인이었다.

리수퉁은 귀국 후 항저우杭州에 위치한 저장성浙江省 제1사범학교 교사로 근무했다. 1916년 항저우 시후西湖 근처 정혜사定慧寺에서 단식 수행을 했는데 그는 거기서 특별한 경험을 했다. 리수퉁은 그 경험으로 세속에서 만끽한 기쁨과 슬픔을 모두 세척했다. 그는 이제 작품이 아니라 내면에서 미美를 찾고자 했다. 얼마 후 자기가 소장한 모든 예술작품을 주위 사람들에게 나눠 주고 빈 몸으로 삭발염의했다. 리수퉁은 이제 승려 훙이가 되었다. 그는 출가 후 친구 마이푸馬一浮가 소개한 중국 율종律宗 연구에 전념했다. 율종은 계율 연구와 계행 실천을 종지로 삼는 불교 종파다. 중국 불교사에서 몇 개 율종이 있었지만 당나라 때 창안長安 종남산終南山에서 발전한 남산율종이 주요했다. 훙이는 남산율종의 문헌 연구에 매달렸다. 남산율종의 근대 부활이었던 셈이다.

훙이는 문헌 연구뿐만 아니라 남산율종이 제시한 3천 계행을 실천하고자 했다. 그는 친구 샤몐쭌夏丏尊, 1886~1946에게 보내는 편지에서 말한다. "내 비록 몸과 마음으로 온갖 고통 겪지만 불도를 추구하는 이 마음은 오히려 전진하네. 부처님은 여덟 고통을 여덟 스승으로 여기라 하셨네. 참으로 옳은 말씀일세. 내 갖가지 좌절을 겪었지만 세간 일엔 결코 관심을 갖지 않았네."[11] 훙이는 불교를 자기 내면을 다루는 기술로 사용했다. 고통과 좌절은 있었지만 그것을 분노나 함성으로 바꾸지는 않았다. 자신의 고통이 또 다른 고통을 초래하길 바라지 않았다.

비록 출가자는 아니지만 내면의 문제로 불교에 침잠한 인물이 있다. 현대신유학의 대표자로 알려진 량수밍이다. 량수밍은 어려서 대단히 예민한 소년이었다. 나중에 이렇게 말한다. "인생의 고락에 대해 유심히 관찰했다. 내가 출세사상을 갖게 된 까닭이다. 이 때문에 이후 평생 불교에 귀의했다."[12] 그는 십대 후반부터 인도종교와 불교에 매달렸다. 쇼펜하우어나 베르그손 등 당시 소개된 서양철학자를 접하면서 계속 사유했다. 1916년 량수밍은 『동방잡지』東方雜誌에 「구원결의론」究元決疑論을 발표했다. 이 글은 근원[元]을 탐구하여[究] 의심[疑]을 해결[決]한다는 의미다. 그는 이 두 가지 의미를 '불학여실론'佛學如實論과 '불학방편론'佛學方便論으로 나누어 설명했다.

량수밍이 보기에 우리는 주로 방편으로 살지만 결국 문제를 해결하려면 본질에 다가설 수밖에 없다. 그는 『대승기신론』의 논의를 빌려 불생불멸하는 여래장[如來藏]이나 본래 가진 청정한 마음을 인간의 근원이라고 생각했다. 이를 생명이라고 할 수도 있다. 량수밍은 일상의 고통에서 사색을 그치지 않고 싯다르타가 그랬듯이 왜 그럴까 하는 질문으로 나아갔다. 그는 5·4운동 즈음해서 인생은 고통[苦]이 아니라 행복[樂]이어야 함을 선언하고 유가로 전향했지만 저런 질문을 결코 놓지 않았다. 그래서 그는 평생 불교도로 살 수 있었다.

불교학자로 유명한 어우양징우歐陽竟無, 1871~1942도 실은 다분히 종교적 이유로 불교를 공부했다. 그는 근대 중국의 대표적인 불교연구기관인

지나 내학원을 이끌었고, 학술잡지 『내학』內學을 창간했다. 『내학』은 당시 출간된 불교잡지 가운데 거의 유일한 학술지였다. 불가에서는 전통적으로 불전을 내전이라고 하고, 기타 문헌을 외전이라고 부른다. 근대 시기에 불교연구를 '내학'이라고 부른 것은 이런 맥락이다. 불교와 바깥 학문이라는 차원에서 이렇게 구분할 수도 있지만 마음을 다루는 학문이라는 의미에서 내학일 수도 있다. 자신 내부에서 솟아오르는 문제를 다루겠다는 의도도 있는 셈이다. 어우양징우는 인생문제를 고민하는 종교로서 불교가 학술에 묻히지 않기를 바랐다.

어우양징우는 『내학』을 발행하면서 말한다. "슬픔 이후에 배움이 있고, 분노 이후에 배움이 있다. 어쩔 수 없음 이후에 배움이 있고, 살려고 발버둥치려고 하고서 배움이 있다."[13] 그에게 불교는 어찌하지 못하는 상황에 부닥치고서야 요구되는 무엇이다. 어우양징우는 참선이나 염불수행이 아니라 경전을 교감하고 불교를 연구하고 사색하는 과정이야말로 저 문제를 뚫을 수 있는 길임을 확신했다. 비록 출세를 염원하지는 않았지만 불교 본연의 문제를 풀고자 했다. 면벽구도자의 참선수행처럼 끊임없이 자신과 다투는 출세불교도 근대불교의 한 경향이었다.

학술불교와 근대불교학

근대 시기 불교인들 혹은 기독교인들은 불교가 철학이냐 종교냐 하는 그렇게 유용하지 못한 질문으로 말이 많았다. 어우양징우는 불교는 철학도 아니고 종교도 아니라고 말했다. 그저 불법이라고 했다. 하지만 불교는 철학이기도 하고 종교이기도 하다. 또한 불교는 학문이기도 하고 수행이기도 하다. 불교인이 자신과 맺은 네 가지 큰 약속인 '사홍서원'四弘誓願에는 "무량한 법문을 모두 배우겠습니다"[法門無量誓願學]라는 구절이 있다. 그렇다. 배움은 불교인이 갖춰야 할 최고 덕목이다. 옛날 숱한 학승들은 경전을 이해하고 설명하기 위해서 엄청난 지식을 동원하고, 한 글자를 해석하느라 수천 글자를 들이미는 경우도 허다했다.

전통적인 불교연구는 근대 들어 많이 달라졌다. 근대식 교육을 받지 않은 승려들도 근대라는 공기를 마시고, 보고 듣고 하면서 벌써 다루는 주제가 달라졌고, 말이 달라졌다. 뿐만 아니라 승려가 아니라 재가자도 적극적으로 불교연구에 나섰다. 불교인들이 힘을 합쳐 교육기관을 설립하기도 했다. 대학이 설립되고 대학 강의실에서 학자들이 불교를 강의하는 시대가 왔다. 유럽이나 미국에서 근대적 불교방법론을 습득한 신식 학자들이 불교연구를 선도했다. 전통과 다른 불교가 아니라 전통과 다른 불교연구법이 출현한 것이다. 그들에게 불교는 학술이었고, 연구 대상이었다. 주관이 아니라 객관이었다.

학술불교의 기틀은 아무래도 1868년 난징에 금릉각경처金陵刻經處를 설립한 양런산 거사가 다졌다고 해야 할 것이다. 읽을 만한 불서가 없던 시절, 그는 사찰 구석에 박혀 있던 불전을 찾아내서 교정하고 다시 판각하여 인쇄했다. 심지어 일본에서 대량의 불서를 구해 와 다시 목판에 아로새겼다. 1911년 그가 사망하기까지 불서 교감과 인행 작업은 계속됐고, 사망 후 제자 어우양징우가 그 일을 계승했다. 이렇게 유통된 불교지식은 불교지식인을 길렀다. 탄쓰퉁은 양런산에게 직접 배웠고, 장타이옌도 여기서 나온 책으로 3년 옥살이를 거뜬히 버텼다.

양런산이 금릉각경처 내에 설립한 기원정사祇洹精舍는 근대 최초의 불교교육기관이었고, 어우양징우나 타이쉬가 여기서 배웠다. 두 사람은 10여 년 후 각각 지나내학원과 무창불학원을 설립해서 전문적인 불교교육과 연구에 전념했다. 특히 지나내학원은 인도유식학을 기본으로 했고,

전통적인 중국불교에 대한 반성을 시도했다. 어우양징우는 이곳에서 뤼청呂澂이나 왕언양王恩洋 같은 제자를 길렀고, 슝스리같이 나중에 자신을 물 사자를 기르기도 했다. 량치차오가 이곳에 들러 어우양징우에게 배움을 청했고, 탕융퉁湯用彤은 이곳에서 강의를 했다. 량수밍도 어우양징우를 칭송했고 베이징대학 제자 왕언양을 지나내학원에 보낸다.

1920년대는 학술불교의 본격적인 출발이라고 할 수 있다. 정치활동이나 계몽활동을 완전히 접고 학술연구에 매진한 량치차오는 근대적인 형식의 불교 논문을 많이 발표했다. 일본의 근대 불교연구 성과를 수용하고 자신의 연구 방법을 보태 불교연구 영역을 개발했다. 불교의 전래뿐만 아니라 초기불교나 소승불교 등 당시까지 일반 불교인들이 별로 관심 갖지 않은 주제에 대해서 대단히 세밀한 연구를 시도했다. 1936년 중화서국에서는 량치차오가 1920년부터 1925년까지 발표한 불교 논문 18편과 부록 10편을 묶어 『불학연구 18편』을 출판했다. 중국 최초의 불교논문집이라고 할 수 있다. 이 책은 완전한 학술불교를 선보였다. 곳곳에 일본 불교학의 영향도 보인다.

어우양징우 제자 가운데 뤼청은 스승과 다소 다르게 철저하게 학술로서 불교를 지향했다. 수십 년 동안 행한 불전 교감을 통해 엄밀하게 불교에 접근했고, 지속적으로 비판교정본을 출간했다. 그는 불전 교감을 위해서 산스크리트, 팔리어, 티베트어 등 한문 이외의 고전어를 배웠다.[14] 이제 한문 불전만으로는 온전히 불교에 접근할 수 없음을 알았다. 그가 스승 어우양징우를 도와 대장경[藏]의 핵심적인 문헌[要]을 가려 편찬한 『장요』藏要는 그런 노력의 결과였다. 양런산이나 어우양징우와는 다른 시대를 맞았다. 한문 불전을 연구하는 데 한문 이외의 다양한 자료가 동원되고, 중국 바깥의 연구 성과를 흡수해야 하는 상황이 되었다.

뤼청과 대조적인 인물은 근현대 중국 최고의 학승으로 불리는 인순印順이다. 그는 타이쉬의 제자로 샤먼 민남불학원에서 배웠다. 타이쉬가 기성불교의 개혁과 불교의 사회적 책무를 강조했다면 인순은 철저하게 불교연구에 매달렸다. 불전을 읽고 강의하고 글을 쓰는 일을 자신의 임무로 제한했다. 그는 불교인들이 쉽게 지식과 논리를 경시했기 때문에 불교계가 혼돈에 빠졌다고 생각했다. 인순은 지식을 중시하고 객관적인 연구에 치중했다. 불교를 하나의 진리체계로 생각한 타이쉬와 불교 역시 시대의 산물임을 인정한 인순은 때론 충돌했다. 인순은 자신의 입장이 오히려 불교적이라고 생각했다.

이른바 근대불교학은 유럽에서 태동했다. 메이지 시기 일본 승려들은 일찍부터 유럽에 유학하여 막 태동한 근대불교학을 학습했다. 산스크리트를 배우고 유럽 문헌학의 방법론을 익혔다. 이런 과정을 수십 년 지속했고, 그 결과 일본의 불교학은 완전히 새롭게 재편됐다. 그들은 고대 불교문헌을 정리하고 현대식 활자본 대장경을 출판하기도 했다. 19세기 말 중국의 불교연구도 벌써 일본의 연구 성과에 영향을 받았다. 양런산이 금릉각경처에서 판각하고 인쇄한 불전 가운데 상당수는 일본에서 이렇게 정리된 것들이다. 유럽이나 미국에서 직접 근대불교학의 세례를 받은 사람도 있었다. 대표적 인물은 탕융퉁이다.

탕융퉁은 1919년 하버드대학에 유학해 인도학 교수 찰스 랜먼Charles R. Lanman에게 산스크리트와 팔리어를 배웠다. 그는 그곳에서 서양철학과 함께 불교학 방법론을 익혔다. 1922년 귀국했고, 이후 여러 대학에서 가르쳤다. 베이징대학 교수로 있던 1938년, 탕융퉁은 『한위양진남북조 불교사』漢魏兩晉南北朝佛敎史를 출간했다. 그는 중국에 근대적 학문의 기초를 놓는다는 생각으로 중국 고대 불교사를 정리했다. 근대 시기 많은 학자들이 그러했다. 그들에게는 사명 같은 게 있었다. 미국 컬럼비아대학에서 실용주의 철학자 존 듀이John Dewey에게 배운 후스胡適, 1891~1962가 『중국철학사대강』中國哲學史大綱을 집필하고 국고國故 정리에 뛰어들었다. 논리학에 뛰어났고 서양철학 연구가 어울릴 법한 펑유란馮友蘭, 1894~1990은 『중국철학사』를 집필했다. 그들은 하고 싶은 것과 해야 하는 것 사이에서 늘 뒤쪽으로 기울었다. 탕융퉁도 그랬다.

탕융퉁의 『한위양진남북조 불교사』는 기념비적 작품이다. 중국에 불교가 처음 전래된 한대漢代부터 불교가 중국화되는 시기인 위진남북조시대에 걸쳐 불교사상의 전개를 사상사의 맥락에서 기술했다. 청대 고증학자들이 행한 엄밀한 문헌고증과 역사고증, 그리고 서양철학의 개념분석 등이 결합됐다. 불교문헌뿐만 아니라 기타 고대문헌을 동원하여 불교 쪽으로 논의를 좁혀 가는 방식을 채택했다. 완벽하게 학술로서 불교연구가 된 셈이다. 그에게서 불교연구는 불교 내부의 것이 아니었다. 그것은 국학이었고 그도 묵묵히 국학의 임무를 감당했다. 이 책은 지금도 중국 불교연구의 필독서다. 이렇게 근대불교학은 전통의 것만도 아니고 서구 근대의 것만도 아니다. 둘은 결합했고, 그 결합으로 상승했다.

2. 장타이옌의 학습과 고경정사

출생과 학습

이 책의 주인공 장타이옌은 지금까지 살핀 근대불교의 특성 가운데 굳이 말하자면 구세불교救世佛敎에 해당한다. 물론 그것을 비켜 가는 부분도 있다. 그에게 불교는 학술이기도 하고, 철학이기도 하고, 국학이기도 했다. 하지만 그가 불교를 통해서 가장 하고 싶었던 것은 혁명도덕의 건립이었고, 근대문명 비판이었다. 장타이엔의 제자이자 중국 근대문학의 빛나는 별, 루쉰魯迅, 1881~1936은 사망하기 얼마 전 몇 편의 글을 썼다. 스승 장타이엔에 관한 글이다. 그는 "선생은 혁명사革命史상에 남긴 업적이 학술사學術史상에 남긴 업적보다 크다"고 말한다.[15] 혁명가 장타이엔은 분명 장타이엔 생애의 일부였다. 루쉰은 가장 뜨거운 장타이엔을 기억하고 싶었다.

장타이엔은 청淸 동치同治 7년(1868) 음력 11월 30일에 태어났다. 양력으로 하면 1869년 1월 12일에 해당한다. 고향은 중국 남부 저장성 항저우부 위항현余杭縣이다. 저장성은 예부터 중국 강남의 문화 중심지였다. 고대뿐만 아니라 근대에도 많은 지식인을 배출했다. 특히 항저우는 남송의 수도였고, 청대에는 고증학 연구의 중심지였다. 근대 많은 지식인이 항저우의 시후 근처에서 문학단체나 혁명단체를 만들어 활동했다. 그곳은 지식을 실험하고 증폭하는 공간이었다.

항저우는 불교의 고장이기도 하다. 주위에 불교 사찰이 대단히 많다. 당말 참선과 정토수행을 함께 해야 한다고 주장한 영명연수永明延壽는 시후 근처 영은사靈隱寺에 오래 머물렀다. 차로 유명한 룽징龍井을 지나면 명대 고승 연지대사蓮池大師 주굉株宏이 머문 운서사雲栖寺가 굵은 대나무 숲속에 있다. 그는 이곳에서 『죽창수필』竹窓隨筆을 썼다. 숲을 들어서면 왜 '대나무 창'[竹窓]이라고 했는지 알 수 있다. 항저우는 중국불교의 역사를 고스란히 기억한다. 항저우 근처 닝보寧波에는 천 수백 년 역사의 고찰 천동사天童寺와 아육왕사阿育王寺가 버티고 있다. 이런 고찰은 중국뿐만 아니라 한국이나 일본의 고승이 수행하기도 한 곳이다.

장타이엔이 태어난 위항도 항저우의 이런 분위기 속에 있었다. 그의 원래 이름은 쉐청學乘이었고, 나중에 빙린炳麟으로 개명했다. 자는 메이수枚叔였다. 젊은 날 명말청초 때 활동한 학자 고염무顧炎武를 사모해서 타이옌太炎이라고 호를 지었고 이름도 장絳으로 고쳤다. 고염무의 이름이 강絳이었다. 9세 때부터 13세까지 외조부 주요첸朱有虔으로부터 유가 경전을 배웠다. 주요첸은 어린 외손에게 고전을 교육했을 뿐만 아니라 명나라 말기와 청나라 건국 시기 역사를 가르쳤다. 장타이옌은 『동화록』東華錄이나 『명계패사』明季稗史를 읽고 청초 만주족이 자행한 폭압을 알았다. 저런 책들은 주로 명말청초 비사를 다루었다. 주요첸은 손자에게 청나라에 대해 저항운동을 전개한 학술가 왕부지와 고염무의 저작을 가르쳤다.

당시 한족 지식인이 명말청초 역사를 자식에게 가르친다는 것은 대부분 명말 만주족의 한족 탄압을 알리고 명나라 유민의 저항의식을 대물림하려는 의도였다. 외조부가 찬양한 저런 학자들은 명나라가 망한 후 청조에 저항했을 뿐만 아니라 학문적으로도 대단히 뛰어났다. 이런 조기 교육은 장타이옌에게 강한 영향을 주었다. 철부지 아이에게 모태신앙 같은 것을 안겨 주는 짝이었다. 그런 신앙이 때론 아이를 단단하게 만들기도 하지만 때론 딱딱하게 만들기도 한다. 장타이옌이 보인 반청혁명과 학술에 대한 믿음은 어찌 보면 터무니없을 정도로 굳건했다. 그에게 민족과 학술은 하나의 신앙이었다.

1880년 외조부 주요첸은 자신의 고향인 저장성 하이옌海鹽으로 돌아갔다. 이후 장타이옌은 부친 장쥔章濬에게 글을 배웠다. 대대로 문향이 짙은 집안이라 장서가 대단히 많았다. 그때부터 책읽기는 그의 삶이 되었다. 장타이옌은 사서四書와 『노자』, 『장자』를 탐독했다. 공부가 무럭무럭 자랐다. 1883년 부친의 명에 따라 고향에서 실시된 동자시童子試에 응시했다. 글 읽은 아이가 제일 먼저 도전하는 시험이었다. 장타이옌은 시험 도중에 간질이 발작해서 시험을 포기했다. 첫 과거가 황당하게 끝났다. 부친도 더 이상 아들에게 과거공부를 권하지 않았다.

고경정사와 스승 위웨

1890년 부친 장쥔이 병으로 사망했다. 이후 온 식구가 항저우로 이사했다. 장타이옌은 부친의 유언에 따라 한때 부친이 근무하기도 한 항저우 고경정사詁經精舍에 입학했다. 고경정사는 가경嘉慶 6년인 1801년 저장의 순무巡撫 완원阮元이 『경적찬고』經籍纂詁를 편찬한 곳에 설립한 서원이다. 완원은 일찍이 광저우에 학해당學海堂을 설립하기도 했다. 그렇다. 학문이라는 게 바다와 같은 법이다. 여름날 물놀이 정도로 바다를 온전히 느낄 수 없듯 학문도 몸을 통째로 던져야 조금 알 수 있는 법이다. 완원은 젊은 학생들을 학문의 바다에 던져 넣었다.

완원이 항저우에 설립한 고경정사의 '고경'은 경서[經]에 주석[詁]한다는 의미다. 정사精舍는 원래 기원정사나 죽림정사처럼 불교 수행처를 가리킨 말인데, 불교 범위를 벗어나 강학과 학문 연구를 진행하는 곳을 가리키게 됐다. 고경정사의 설립자 완원은 조선학자 추사 김정희가 사모한 인물이기도 하다. 김정희는 완원의 성을 따라 자신의 호를 완당阮堂이라고 했다. 그는 조선에 산재한 금석문 자료를 완원에게 보내기도 한다. 완원은 그 자료를 꽤 중요하게 평가했다. 완원은 「서호 고경정사기」西湖詁經精舍記에서 말한다.

> 성현의 도리는 경전에 있고, 경전[經]은 주석[詁]하지 않으면 분명하지 않다. …… '고경'詁經은 과거의 학업을 잃지 않고 새로운 앎을 보조하는 것이다.[16]

청대 학술은 고증학이 주류였다. 고증학은 요즘 쓰는 말이고 당시에는 '고거학'考據學이라는 표현을 주로 썼다. 고대문헌을 연구할 때, 고증[考]

을 통해서 정확한 근거[據]를 밝히는 학문이다. 청대 학자들은 문헌 연구를 위해서 다양한 측면을 고려했다. 박학樸學이라는 말도 등장했다. 이는 학문을 할 때 '화려한 이론이나 문장 수식'[華]이 아니라 훈고나 교감 등 믿을 만한 증거를 통해서 '본래 모습'[樸]을 탐구하는 학문 태도이다. 그래서 허학虛學이 아니라 실학實學이라고도 했다. 고거학이 기본적으로 유교경서를 중심으로 진행됐기 때문에 경학經學이라는 말도 썼다. 이것은 문헌학에 기초한 전문적인 경서 연구를 가리킨다.

청대 경학에는 두 가지 흐름이 있었다. 이것은 경서 연구에서 어떤 주석서 또는 어떤 판본을 기본으로 삼느냐 하는 문제와 관련된다. 그 두 가지 흐름은 고문경학과 금문경학이다. 진시황의 분서갱유焚書坑儒 이후 전한의 학자들은 잔존하는 유가경서와 자신의 기억을 갖고 '당시 글씨체'[今文]로 경서를 복원했다. 이후 공자의 집을 수리하다 '한대 이전 글씨체'[古文]로 된 대량의 죽간을 발견했다. 둘의 차이는 꽤 컸다. 후한대에는 어떤 문헌을 따르느냐에 따라 학문 성향이 달라지기에 이른다. 당대 이후 주로 고문으로 된 경서를 지지했다. 청대 들어서도 마찬가지였다.[17]

청대 경학의 기본은 분명 고문경학이다. 하지만 18세기 장존여莊存與나 유봉록劉逢祿 등과 같은 이른바 상주학파常州學派가 출현해 금문경학이 세를 얻기 시작했다. 결국 고문경학과 금문경학이 서로 교차하기까지 했다. 청말의 고경정사는 크게 두 가지 학술 방향을 견지했다. 첫째, 경학 연구에서는 금문경학과 고문경학을 포괄하는 쪽으로 발전했다. 그래서 다양한 문헌을 가르치고 연구했다. 둘째, 유교 경서를 넘어 제자학諸子學을 연구했다.[18] 제자학은 유학 외에 제자백가 시대의 여러 학문 전통을 연구하는 것이다. 유학에서 이단시된 『순자』나 아니면 『장자』나 『노자』 등 다양한 문헌이 학문 영역 안으로 들어왔다. 그것을 이단이 아니라 경서로 취급했다.

장타이옌은 고경정사에서 산장山長(지금으로 보자면 교장)으로 있던 위웨 俞樾, 1821~1907를 만났다. 위웨는 한림원 편수관을 지냈고 관직에서 물러난 뒤 고경정사에서 오랫동안 학생을 가르쳤다. 대진戴震, 단옥재段玉裁, 왕념손王念孫, 왕인지王引之 등으로 이어지는 이른바 대단이왕戴段二王의 청대 고증학 정통을 잇는 학자였다. 위웨는 경학과 제자학을 중시했다. 그가 쓴 『군경평의』群經平議나 『제자평의』諸子平議는 지금도 학자들이 이용한다. 또한 불교에 대해서도 상당한 관심을 가졌다. 불교 경론에 대해 주석서를 쓰기도 했다. 굳이 말하자면 위웨는 금문경학에 치우쳤다. 고문경학가로 자처한 장타이옌이지만 스승 위웨의 영향으로 『순자』나 『장자』 등 다양한 문헌에 관심을 가졌다. 이렇게 고경정사 내에는 다양한 학문 경향이 공존했다.

변법활동과 『소보』 사건

1894년 조선의 동학농민봉기를 기점으로 일본과 청은 첨예하게 대립하고 결국 청일전쟁이 발발했다. 서해에서 치른 전투에서 이홍장李鴻章이 야심차게 육성한 북양해군은 궤멸했다. 시모노세키 조약으로 전쟁은 종결됐다. 중국인은 자신들이 일본에 치욕을 당했다고 분개했다. 지식인의 이런 분개는 곧바로 무능한 청 정부에 대한 공격으로 전환됐다. 그 해 캉유웨이가 베이징에 과거시험을 치르기 위해 모인 거인擧人들을 규합해서 정부에 항의한 이른바 '공거상서'公車上書가 있었다. 이후 새로운 지식인들은 각지에서 교육과 매체를 통한 사회계몽을 도모했다.

캉유웨이는 1895년 상하이에 '강학회'講學會를 설립했다. 몸은 고경정사에 있었지만 정치개혁에 관심을 많았던 장타이옌은 강학회에 가입했다. 1896년 량치차오·왕캉녠汪康年 등이 상하이에서 『시무보』時務報를 창간했고 얼마 후 장타이옌을 초청했다. 그는 스승 위웨의 반대에도 무릅쓰고 이듬해 1월 항저우를 떠나 상하이에 도착했다. 7년 고경정사 생활을 마감하고 이제 세상을 향해 말하기 시작했다. 유신지사와 함께 시국을 논하고 정부를 성토했다. 하지만 『시무보』 활동도 그리 순탄하지 않았다.

량치차오 등은 자신들의 스승 캉유웨이를 '교황'敎皇이니 '남해성인'南海聖人이니 하는 말로 받들었다. 장타이옌은 이런 우스꽝스런 짓을 수용할 수 없었다. 결국 그 해 4월 그들과 헤어지고 항저우로 돌아온다. 그는 오랜 벗 쑹수宋怨, 1862~1910와 함께 『경세보』經世報를 창간하여 저장 지역 사회운동을 이끌었다. 쑹수는 독실한 불교도였다. 장타이옌은 그때를 이렇게 회상한다. "서른 살쯤에 쑹핑쯔宋平子[쑹수]와 사귀었는데 핑쯔는 불서 읽기를 나에게 권했다. 처음에 『열반경』, 『유마경』, 『기신론』, 『화엄경』, 『법화경』 등을 읽기 시작해서 점차 불교의 이치에 접근했지만 전심으로 정밀하게 공부한 점은 없었다."[19] 이때의 장타이옌은 이렇게 불연佛緣을 살짝 밀쳤다.

1902년 장타이옌은 차이위안페이蔡元培, 1868~1940 · 쭝양宗仰, 1865~1921 등이 상하이에 설립한 애국학사愛國學社에 참여했다. 애국학사는 청 정부에 반발하면서 남양공학南洋公學에서 자퇴한 학생을 모아 중국교육회에서 1902년에 설립한 학교였다. 차이위안페이는 훗날 5·4운동 시기 베이징대학 교장으로 재직하며 신문화운동의 계기를 마련한 인물이다. 혁명화상 쭝양은 그곳에서 불교를 강의했다. 장타이옌은 그들과 함께 강의하고 공부했다. 당시 일본에서 돌아와 애국학사에 기거한 스무 살 청년 쩌우룽鄒容은 청 정부를 비판한 『혁명군』革命軍을 썼다. 장타이옌은 이 책의 서문을 쓴다. 「『혁명군』서序」에서 혁명과 광복의 의미에 대해 말했다.

내가 듣기로 동족이 왕조가 서로 바뀌는 것을 혁명이라고 하고, 이족이 왕조를 선양하거나 뺏는 것을 멸망이라고 한다. 동족이 제도를 개혁하는 것을 혁명이라고 하고, 이족을 아예 몰아내는 것을 광복이라고 한다. 지금 중국은 이미 오랑캐 역적에게 멸망당하였기 때문에 마땅히 광복을 도모해야 하지 혁명을 말할 게 아니다. 쩌우룽이 『혁명군』이라는 서명을 붙인 것은 무슨 까닭인가? 그 의도는 단지 이족을 몰아내는 것만이 아니라 정치나 학술, 풍속이나 품성까지 개혁하고자 해서다. 그래서 '혁명'이라는 거대한 이름을 붙였다.[20]

여기서 장타이옌의 반만주족 의식이 잘 드러난다. 그는 만주족 청 정부를 전복하는 것은 혁명이 아니라 광복이라고 생각했다. 저들과 동족이 아니기 때문에 혁명이라는 말은 부합하지 않는다고 본 것이다. 그럼에도 불구하고 쩌우룽의 책이 『혁명군』일 수 있는 까닭은 우리 내부의 습속을 온통 바꾼다는 문화의 혁명 또는 의식의 혁명을 인정했기 때문이다. 적어도 정치적인 입장에 한정한다면 광복이 맞다. 그래서 장타이옌은 차이위안페이와 광복회를 조직하기도 했다.

장타이옌은 「『혁명군』 서」를 『소보』蘇報에 발표하고 나서 결국 필화를 입는다. 청 정부에 대한 강렬한 비판은 그를 감옥으로 밀어넣었다. 체포되어 조사를 받는 과정에서 조사관이 자신의 신원을 확인하자 청나라 백성임을 거부하고 "나는 명나라 유민이다"라고 답변했다. 청나라 백성임을 거부해 버린 것이다. 1903년 장타이옌은 3년형을 선고받고 상하이 감옥에 갇혔다. 이 '『소보』 사건'은 중국 천하를 떠들썩하게 했다. 특히 개혁을 열망하는 청년 지식인들은 저 두 사람, 장타이옌과 쩌우룽에게 열광했다. 고문경학자 장타이옌이 혁명가 장타이옌이 되는 순간이었다.

3. 불교 수용과 혁명논설

옥방 안의 자유자재

장타이옌은 감옥에 있는 동안 애국학사에서 같이 활동한 혁명동지 쭝양과 편지를 주고받으면서 불교서적에 손대기 시작했다. 장타이옌은 "어떻게 화를 당해 옥방 신세를 지게 되자 비로소 『유가사지론』瑜伽師地論, 『인명론』因明論, 『성유식론』成唯識論을 전문적으로 읽었고 유식학[瑜伽]에 더할 게 없음을 알았다"[21]고 회상한다. 예나 지금이나 옥방에서 열람할 수 있는 글은 제한적이다. 하지만 종교서적은 비교적 수월하게 접근할 수 있었다. 그것도 난해하기 이를 데 없는 책들이야 불온서적 축에 끼기나 하겠나. 하지만 장타이옌은 그것을 불온서적으로 만들었다.

  장타이옌이 언급한 위의 문헌들은 불교 이론 가운데 유식학과 논리학에 속한다. 굳이 서양철학의 용어를 빌리자면 불교 '인식론'이라고 할 수 있다. 유식唯識은 글자대로 풀면 일체 존재자는 모두 의식에 의해서 표상되고 또한 포착된다는 말이다. 그러하기에 실체로서 대상은 상정할 수 없다. 나아가 실체로서 나를 상정할 수 없다. 유식학에서는 의식이 인식대상과 인식주체를 어떻게 드러내는지 그리고 어떻게 인식 활동이 일어나는지 소상히 밝힌다. 이때 매우 정치한 논리와 엄밀한 분석을 행한다. 이런 점이 고증학자 장타이옌과 잘 맞았다. 장타이옌은 완전히 불교로 전향했다.

  상하이감옥에 갇혀 3년 동안 오로지 미륵彌勒과 세친世親의 저술만 공부했다. 미륵과 세친의 학술은 명상名相 분석으로 시작해서 명상의 배제로 끝난다. 학문의 방식이 내가 평생 행한 박학樸學과 유사하여 쉽게 맞았다. 이것을 깨닫고 나서 대승의 심오한 경지를 깨달았다. 내 생각엔 석가의 심오한 이론은 전국시대 제자들을 훨씬 뛰어넘는다. 정명도·정이천과 주희 이하는 더 말할 것도 없다.[22]

미륵과 세친은 유식학을 대표하는 고대 인도의 철학자다. 대표적인 유식계 경전인 『해심밀경』解深密經은 미륵보살이 주인공이고, 『유가사지론』도 미륵보살이 지었다고 전해진다. 중국에서 가장 많이 읽은 유식학 문헌 『성유식론』의 기본 골격인 『유식삼십송』唯識三十頌은 세친의 저작이다. 유식학은 갖가지로 일어나는 의식을 세밀하게 분류하고 그것을 분석한다. 이것은 마치 개념을 정의하고 그것의 내용을 분석하는 듯하다. 분류된 그런 의식이 바로 명상名相이다. 개념이자 의식의 형상이다. 이것을 분석하는 이유는 결국 그것이 의식의 조작이며 실체가 아니라는 사실을 밝혀 그것을 극복하기 위해서다. 대단히 종교적인 이유라고 할 수 있다.

유식학은 명상의 분석이라는 점에서 청대 고증학의 학문 경향과 흡사하다고 할 수 있다. 장타이옌은 유식학의 철학적 탁월함에 탄복했다. 장타이옌의 주저 『제물론석』齊物論釋을 최초로 일본어로 번역한 아라키 겐고荒木見悟는 말했다. "장타이옌은 자내증自內證의 철학으로 장자를 읽고 있는데 그것은 그가 파란만장한 생애를 통해서 깨달은 인간 존재의 심연과 관련 있다. 거칠지만 박력으로 충만하다."[23] 자내증은 내심內心으로 스스로 진리를 깨달은 것을 두고 하는 말이다. 굳이 진리가 아니라도 수행을 통해서 스스로 체득한 경험이나 통찰을 가리킨다. 이런 경험을 통해서 세계관의 전환이나 철학적인 상승을 맛본다. 장타이옌은 옥방에서 종교적이고 철학적인 전회를 경험했다. 그리고 그것이 자신의 사상과 삶을 온통 바꾸었다.

혁명활동과 불교논설

1906년 장타이옌은 상하이감옥에서 만기 출옥했다. 젊은 쩌우룽은 옥방을 견디지 못하고 이미 병사했다. 쑨원孫文, 1866~1925은 장타이옌에게 사람을 보냈다. 그는 결국 쑨원이 활동하고 있던 도쿄로 향했다. 그 해 7월 15일 도쿄에서 유학하고 있던 중국인 학생들이 반청운동의 선봉장 장타이옌에 대한 환영회를 개최했다. 중국인 유학생 수천 명이 환영회에 참석했다. 아마 그 어디쯤 루쉰도 있었을 것이다. 장타이옌은 환영회장에서 의미심장한 발언을 했다. 그는 청년 동지들에게 혁명을 위해서 가장 필요한 두 가지를 말했다.

> 첫째, 종교로 신심을 일으켜 국민도덕을 증진시켜야 합니다. 둘째, 국수國粹를 통해서 민족성을 일깨우고 애국의 열정을 북돋아야 합니다.[24]

웬 종교이고, 웬 국수인가. 반청혁명의 선봉장 장타이옌에게 혁명의 사자후를 기대한 청년 지식인들은 어리둥절했다. 장타이옌은 서슴없이 말한다. "중국은 본래 불교국이다. 불교만이 도덕을 증진시킬 수 있다." 그가 불교를 통해서 가장 강조한 것은 "자신을 의지하지 남에게 의지하지 말라"였다. 장타이옌은 신념을 요구했다. 아울러 문화 정체성으로서 국수를 강조함으로써 종족혁명을 위한 민족의식을 각성시켰다.

장타이옌은 도쿄에 도착하고 오래지 않아 동맹회에 가입했다. 또한 1906년 9월부터 1908년 10월까지 동맹회 기관지 『민보』民報의 주편으로 활동했다. 량치차오가 이끈 『신민총보』新民叢報가 입헌군주제를 주장한 반면 『민보』는 혁명을 통해 청 정부를 전복해야 한다고 주장했다. 이들의 대립은 일반적으로 입헌파와 혁명파의 투쟁이라 불린다. 이 두 집단은 여러 차례 논쟁을 벌였는데 그 중심에는 량치차오와 장타이옌이 있었다. 장타이옌은 혁명논설로 청 정부와 입헌파를 성토하면서 여러 편의 불교논설을 발표했다. 장타이옌에게 혁명과 불교는 두 가지가 아니었다. 장타이옌의 불교논설이 바로 혁명논설이었다. 그는 불교로써 혁명을 추동하고자 했다.

장타이옌이 일본에 도착한 첫 해 『민보』에 처음 발표한 글이 「구분진화론」俱分進化論이었다. 발전은 늘 좋은 방향으로 진행되는 게 아니라 나쁜 방향으로도 진행됨을 말한다. 그는 '진보'에 대한 막연한 환상을 비판한다. 이어서 「무신론」, 「혁명도덕설」, 「건립종교론」, 「인무아론」人無我論 등을 발표하였다. 모두 불교논설이자 혁명논설이었다. 1907년 그는 「오무론」五無論, 「국가론」을 발표했고, 1908년에는 「신아헌정설 비판」駁神我憲政說, 「사혹론」四惑論, 「대의제가 가능한가?」代議然否論를 발표했다. 이런 글에서는 종족혁명에 대한 열정과 근대사회에 대한 반성이 겹친다.

1910년 장타이옌이 평생 가장 자랑스러워한 글이 완성된다. 『문시』文始와 『제물론석』이다. 이 두 편의 글에 대해 장타이옌은 "『제물론석』과 『문시』는 일자천금의 가치"라고 호언할 정도였다. 여불위는 『여씨춘추』를 쓰고 한 자라도 허투루 들어간 게 있으면 한 자에 천금을 내겠다고 했다. 장타이옌은 적어도 저 두 글에 대해선 그런 기세였다. 신문화운동의 한 깃발 후스는 『중국철학사 대강』을 쓰면서 "교감이나 훈고를 주로 하는 제자학 말고 하나의 이론을 가진 계통적인 제자학이 장타이옌에게서 출현했다"고 말한다.[25] 『제물론석』은 철학적으로는 「제물론」의 장자철학과 대승불교의 유식학, 그리고 서양철학이 결합했다. 아울러 혁명가 장타이옌의 혁명정신이 깃들어 있다.

1909년 장타이옌은 『민보』 복간과 관련해서 쑨원과 대립했다. 그는 결국 동맹회를 탈퇴하고 1910년 도쿄에서 광복회를 다시 조직했다. 당시 중국의 정세는 급박하게 흘러갔다. 1911년 10월 10일 우창武昌에서 혁명군이 봉기했다. 바로 신해혁명辛亥革命이 발발한 것이다. 혁명의 열기는 빠르게 전국으로 확산되었다. 청 정부가 붕괴되자 장타이옌은 11월 15일 상하이로 돌아왔다. 그는 중화민국中華民國이 들어서자 추밀원 고문을 맡았다. 신해혁명 이후에도 여전히 정치 일선에 있었지만 결코 중심에 서지는 못했다. 더구나 그의 입장은 더 이상 혁명가 진영에 있지 않았다.

신해혁명 이후 장타이옌은 쑨원이 아니라 위안스카이袁世凱나 뤼위안홍黎元洪 같은 군벌 실력자에게 희망을 가졌다. 그들을 지지하고 그들과 교류했다. 혁명동지들은 장타이옌의 이런 정치적 판단과 행동에 실망했다. 급격한 보수화라고 말할 수도 있고 아니면 혁명 성공 이후 정치적 목표를 상실했다고 말할 수도 있다. 장타이옌의 제자이자 루쉰의 동생인 저우쭤런周作人, 1885~1967은 "더 이상 스승이 아니다"라고 말할 정도였다. 그에게는 장타이옌이 혁명가였기에 스승일 수 있었다. 장타이옌은 정치적으로 점점 후퇴했다. 세상은 나아가는데 그는 멈춰 있었다. 그것은 분명 후퇴였다.

강학과 제자

장타이옌은 평생 학술가로 산 인물이다. 열심히 배웠고, 열심히 가르쳤다. '국학대사'國學大師라는 칭호는 사후가 아니라 당대에 벌써 따라다녔다. 1906년 도쿄 도착 후 첫마디가 종교심과 국수였다. 특히 '국수'의 발굴과 선양, 그리고 계승을 위해서 '국학강습회'를 조직했고, '국학진흥사 강의'를 개설했다. 그리고 『민보』에 「국학강습회 서序」를 발표했다. 그는 학술이 단지 학술에서 끝나지 않음을 강조했다.

국학은 국가 성립의 원천이다. 경쟁의 시대에 단지 국학을 붙잡고 있다 해서 국가를 건립할 수 있는 건 아니다라는 말은 들었다. 하지만 국학이 부흥하지 않고서 국가가 자립할 수 있다는 건 아직 듣지 못했다. 국가가 망하고서도 국학은 망하지 않는 경우는 있어도 국학이 먼저 망했는데 여전히 국가가 견딘다는 경우는 들어 보지 못했다. 그러므로 오늘날 국학을 일으킬 사람이 아무도 없어서 국가의 존망에 영향을 줄 것이니 장래에 더욱 위험하지 않겠는가?[26]

장타이옌은 저런 공개강좌 외에 1908년부터 자신의 처소에서 루쉰을 비롯한 중국인 유학생을 상대로 꽤 전문적인 강의를 진행했다. 그는 단옥재의 『설문해자주』說文解字注나 학의행郝懿行의 『이아의소』爾雅義疏 등 문자학을 강의했다. 장타이옌은 강의를 시작하면 네 시간 동안 쉬지도 않고 진행했고, 글자 한 자에 이야기가 넘쳐났다. 글자가 어떻게 변천했고, 중국 각 시역에선 그것을 어떻게 발음하는지 설명했다. 그는 젊은 날 고경정사에서 한 공부를 청년들에게 물려주려 했다. 근대화된 신식교육을 받으러 일본에 유학 온 젊은이들은 엉뚱하게도 중국 학술의 가장 전통적이고 가장 깊숙한 부분을 만날 수 있었다.

강의에 참석한 유학생은 루쉰과 그의 동생 저우쭤런, 첸쉬안퉁錢玄同, 1887~1939, 쉬서우창許壽裳, 1883~1948 등과 황칸黃侃, 1886~1935, 왕둥汪東, 1890~1963 등이다.[27] 학생들은 수업 내용은 무척 어려웠지만 장타이옌에게 강렬한 인상을 받았다. 저들은 훗날 근대 중국학술에서 특별한 지위를 차지하게 된다. 루쉰은 비록 문학가였지만 그의 풍부한 고전 이해와 깊은 사유는 문학이라는 울타리를 훌쩍 벗어났다. 황칸은 1907년부터 장타이옌에게 문자학을 배웠고 나중에는 베이징대학에서 문학을 가르쳤다. 그는 국학 방면에서 가장 뛰어난 제자였다. 황칸은 베이징대학에 근무하면서 류스페이劉師培, 1884~1919의 제자가 되기도 했다. 류스페이는 장타이옌과는 상당히 다른 학문적 입장을 취한 인물이다.

장타이옌이 도쿄 시절에 간행한 저술은 상당수 강의 과정에서 완성됐다. 강의하면서 자료를 준비하고, 강의를 통해서 내용을 정리하거나 모자란 점을 보충했다. 비록 공간은 비좁았지만 강의 내용은 광활했다. 장타이옌은 타국에서 만난 중국인 제자들에게 전통 학술의 속 깊은 곳을 보였다. 그는 분명 혁명과 학술을 함께 했다. 제자 쉬서우창은 다음과 같이 장타이옌을 회고했다.

> [장타이옌 선생은] 도쿄에 머물며 강학을 한 시기, 저술에 소홀하지 않았다. 고대[문자]의 의미가 사라지는 게 슬프고, 민간의 언어를 정리하지 않는 것이 안타까워 『문시』를 지어 언어의 근원을 밝혔다. 다음에 『소학답문』小學答問을 지어서 문자의 근본을 보였다. 『신방언』新方言을 저술하여 고금을 서로 통하게 했다. 또 『국고논형』國故論衡 상권 11편은 모두 『소학』의 핵심적인 의미를 말했다.[28]

이상 쉬서우창이 언급한 저술은 문자학이나 언어학 방면에서 장타이옌의 가장 중요한 저작이었다. 『민보』 편집으로 가장 바쁘고, 정치적으로 가장 예민할 때였지만 학술적 성취도 가장 컸다. 1911년 신해혁명으로 봉건 중국이 무너졌다. 쑨원이 임시대총통에 취임하지만 얼마 안 있어 봉건 중국의 유산이기도 한 위안스카이가 권력을 잡는다. 이 시기 장타이옌은 위안스카이 측에 가담했다. 위안스카이는 봉건 중국을 복원하려 들었다. 그리고 스스로 황제가 되겠다고 나섰다. 장타이옌은 위안스카이의 일련의 조치에 반대하다가 1913년 베이징 용천사龍泉寺에 유폐됐다. 그는 위안스카이가 사망한 1916년 6월까지 그곳에 머물렀다.

장타이옌이 용천사 유폐 시기 동안 꼼짝달싹 못한 것은 아니다. 거주 이전의 자유는 박탈당했지만 그곳에서 지속적으로 중국 고전을 강의했다. 당시 사법부에 근무하고 있던 제자 우청스吳承仕, 1884~1939가 장타이옌의 강의를 기록했다. 이 강의록은 1917년 『도한미언』^{訄漢微言}이라는 이름으로 베이징에서 출판됐다. '도한'은 장타이옌의 별호였다. '도'訄에는 크다[大]는 의미와 밝힌다[明]는 의미가 있다. 이렇게 보면 지금껏 제대로 드러나지 않은 중국 학술[漢]을 널리 밝히겠다[訄]는 의미로 풀 수 있다. 장타이옌은 학술가로서 그런 사명을 자신에게 짐 지웠다.

"『도한미언』은 불교유식론을 중심으로 해서 그것과 중국의 노자·장자, 공자·맹자 등 유교·도가·주역·현학·이학 등을 비교하고 관통하여 매번 하나의 의미를 발휘했다."[29] 중국사상사에서 유식학을 이론 중심으로 해서 다른 사상을 회통시킨 경우는 극히 드물다. 장타이옌은 대단히 특별한 시도를 한 셈이다. 당시 베이징에서 망명생활을 하고 있던 조선의 학자 변영만卞榮晩, 1889~1954도 강의에 참석한 적이 있다. 변영만은 강의 참석 이후 장타이옌에게 편지를 써서 자신을 소개하기도 했다.[30]

1922년 장타이옌은 장쑤성江蘇省 교육회의 초청으로 4월부터 6월까지 3개월에 걸쳐 토요일 오후에 상하이에서 열 차례에 걸쳐 '국학' 강의를 행했다. 수강신청자가 600명에 달했다. 장소가 협소했고 낙오하는 사람이 많아서 제9강에는 7~80명 정도였다.[31] 이 강의는 차오쥐런曹聚仁, 1900~1972이 기록했고 이 해 11월 상하이 태동도서관에서 『국학개론』國學槪論이라는 이름을 달고 출판됐다.[32] 도쿄, 베이징 이후 세번째 국학 강의였다. 전체 강의는 크게 '국학개론'과 '국학의 학파'로 나뉘었다. 개론에서는

'국학의 본체'와 '국학 연구의 방법'을 다루었다. 국학의 학파는 경학·철학·문학으로 나누었다.

1935년 9월 16일 장타이옌은 장쑤성 쑤저우蘇州에서 '장씨국학강습회'를 정식으로 개설했다. 제자 첸쉬안퉁, 황칸, 왕둥, 우청스 등이 발기인으로 참여했고, 돤치루이段祺瑞·우페이푸吳佩孚 등 몇몇 정치인들이 찬조했다. 「장씨국학강습회 간장簡章」에서는 "중국 고유문화를 연구하고 국학인재를 배양하는 것을 종지로 삼는다"라고 밝혔다.[33] 아울러 잡지 『제언』制言을 발간했다. 장씨국학강습회에 참여한 사람은 단순히 젊은 학생이 아니라 대학 교수나 교사같이 이미 기본적인 학습을 거친 이들이 대부분이었다. 그들은 장타이옌에게 좀더 높은 수준의 국학을 배우고 싶어 했다.

이때 장타이옌에게 배운 제자로는 팡쥔龐俊, 1895~1964, 선옌궈沈延國, 1914~1985, 쉬푸徐復, 1912~2006, 주지하이朱季海, 1916~2011, 왕중뤄王仲犖, 1913~1986 등이 있다. 이들은 이후 중국의 대표적인 문헌학자가 되었다. 팡쥔은 장타이옌의 대표작 『국고논형』의 중·하권을 주석한 『국고논형소증』國故論衡疏證 중·하권을 1940년대에 지었고, 그의 제자 궈청융郭誠永, 1913~1998이 1984년 『국고논형』 상권을 주석한 『국고논형소증』 상권을 완성한다. 이 책은 3대가 참여한 작업이라고 할 수 있다. 쉬푸는 2000년 장타이옌의 『구서』訄書를 교감·주석한 『구서상주』訄書詳注를 내놓았다. 이들은 젊은 날 스승 장타이옌에게서 학술뿐만 아니라 학술에 대한 열정을 배웠다. 바로 그 힘으로 수십 년 꿈적 않고 버틸 수 있었다.

2장_불교 시간론과 진화론

1. 근대적 시간과 진화론의 중국 유입

근대적 시간

장타이옌이 산 근대는 어떠했을까. 그가 수용하기도 하고 거부하기도 한 근대는 중국에 어떻게 닥쳤을까. 비서구에서 근대는 새로운 시간 혹은 새로운 속도에 대한 감각이다. 시간은 과연 뭘까. 시간의식은 '지속성과 변화'를 인식하는 인간의 정신활동이다.[1] 하지만 인류가 탄생했을 때부터 시간에 대해 감각한 것은 아니다. 고대인은 내세관념처럼 시간관념을 추상하여 획득했다. 하지만 현대인에게 시간은 매순간 감각된다. 날이 밝든 그렇지 않든 정해진 시간에 일어나 부리나케 회사로 달려간다. 시간은 대단히 소중한 것이며 심지어 대단히 두려운 것이다.

우리가 출근하지도 않고, 밖에 일하러 나가지도 않는다면 과연 하루를 그렇게 잘게 쪼갤까? 그리고 그렇게 열심히 시간을 확인할까? 아마 아닐 것이다. 우리는 쉽게 시계로 시간을 단일화하지만 시간의식은 지역마다 또는 사람마다 다르다. 역사를 열심히 기술하는 중국인에 비해 인도인은 역사서가 별로 없다. 분명 다른 시간관념을 가지고 살았다. 잠시가 한 시간인 곳도 있고, 일주일인 곳도 있다. 하지만 시간관념 자체를 인정한다면 그것을 몇 가지로 유형화할 수 있다. 철학적인 논의를 빌리면 "관념론적 관점과 실재론적 관점, 그리고 상관적 관점" 셋이다. 이들 셋의 차이는 이렇게 구분할 수 있다.

"관념론적 관점에 의하면, 시간은 하나의 개념에 지나지 않고 그 때문에 의식에만 관계한 것이다. 실재론적 관점에 따르면 시간이란 자기 충족한 것이 되며, 다른 어떠한 것에도 의존하지 않는다. 최후에 상관적 관점에 따르면 시간은 물론 개념이며, 따라서 의식에 의존하지만, 그러나 동시에 자연계에 계속 일어나는 사상事象의 한 기능인 것이다. 이 견해로는 의식 없이 시간은 있을 수 없고 또한 사상 없이도 시간은 있는 것이다. 시간의 전제로서 사상의 계기를 확인하는 것이 있고, 이것은 사상의 발생을 필요로 함과 동시에 기억력을 갖춘 관측자가 불가결하게 된다."[2]

위와는 다른 방식으로 시간관념을 구분할 수 있다. 그것은 순환적 시간과 직선적 시간이다. 이런 구분이 다소 상투적일 수도 있다. 흔히 이 둘을 동양과 서양의 구분으로 사용하기 때문이다. 하지만 결코 아니다. 저 두 관념은 모두 서양에 존재한 것이다. 순환적 시간은 자연의 주기적 반복 등에서 발견하는 되돌아오는 시간이다. 시간의 흐름, 즉 변화는 반복이라는 질서를 가진다. 오랫동안 이것은 삶의 리듬을 결정했다.[3] 세시풍속의 경우, 정확히 자연의 순환적 시간을 인간 삶의 순환적 시간으로 끌어들인 행위라고 할 수 있다. 전통적 시간은 대부분 이런 경향이 짙다. '과거·현재·미래'라는 시간관념을 놓고 보면 "전통적 시간 속에는 과거와 현재밖에 존재하지 않는다. 미래는 근본적으로 차단되어 있다."[4] 미래는 벌써 과거가 자리 잡고 있고, 때 되면 현재로 그것이 밀고 들어온다.

이에 반해 직선적 시간은 시간의 전개를 말한다. 이른바 기독교적 역사관이 바로 이런 것이다. 이 시간에는 천지창조와 최후의 심판이라는 시간 선분의 양끝이 있다. 물론 이런 종말론적 경향이 기독교 시간관의 전부는 아닐 테다. 근대적 시간관념은 직선적 시간관이라는 점에서는 기독교의 그것과 비슷하지만 종말이 아니라 역사의 발전이라는 면에서는 다르다. 계몽주의자들은 인간의 시간, 즉 역사를 발전이라는 개념으로 이해하고자 했다. 칸트도 마찬가지였다. 그는 「세계시민적 관점에서 본 보편사의 이념」(1784)에서 "역사는 인류라는 종이 완전한 시민으로 통일되기 위한 발전과정"[5]이라고 설명했다.

직선적 시간의 근대적 형식을 마련한 인물은 헤겔이라고 할 수 있다. 그는 역사는 절대정신의 자기실현이라고 말한다. 헤겔은 『정신현상학』에서 "궁극적 진리는 실체뿐만 아니라 이에 못지않게 주체로 파악돼야 한다"[6]고 말했다. 절대정신은 진리로서 실체일 뿐 아니라 그 자체가 주체로서 작동한다. 여기서 자기실현이라는 말이 중요하다. 헤겔은 "역사 전체를 합목적적 발전과정으로 개념화하고, 그 발전의 방향에 따른 진전을 진보로 정의한다."[7] 이렇게 헤겔의 시간관은 직선적 시간관일뿐더러 목적론적 시간관이다. 헤겔은 『역사철학』에서 세계정신은 자신은 배후에 있으면서 아무런 상처도 받지 않고 인간을 조종하여 싸우게 한다고 말한다. 하나의 집단적인 목적을 향해 개인의 개별적 의지는 극복되고 지양된다. 바로 헤겔의 변증법이다.

19세기에 등장한 가장 독특한 시간관(혹은 역사관)은 다윈의 생물진화론과 결합한 사회진화론이다. 다윈은 『종의 기원』 3장과 4장에서 각각 생존경쟁과 자연선택을 다뤘다. 진화론자들은 여기서 자연은 합목적적으로 배제와 선택을 행한다는 것을 학습했다. 이제 역사의 발전을 위해

'이성의 간지^(奸智)'나 신의 섭리 같은 것은 필요 없다. 다윈의 진화론은 발전 개념에 초월적 무엇이 아니라 과학적 근거를 제공했다.[8] 다윈에 올라탄 사회진화론자들은 여기서 한술 더 떠 '우승열패'나 '약육강식'류의 이야기로 다윈의 생물진화론에 덧칠을 했다. 다윈은 『종의 기원』에서 생물진화의 합목적성이 아니라 생물의 변이 능력을 말했다. 바로 변이의 능력이 진화의 능력인 셈이다.[9]

허버트 스펜서^(Herbert Spencer) 같은 사회진화론자는 다윈이 발견한 자연의 발전법칙을 인간사회로 끌어들였다. 그는 사회적 유기체도 개체적 유기체와 마찬가지로 "성장하고, 성장할수록 복잡해지고, 복잡해질수록 각 부분의 상호의존도는 높아지고, 그 생명은 구성 단위의 생명과 비교하면 매우 길고 어느 경우에나 이질성의 증대와 함께 통합도 촉진된다"[10]고 말한다. 바로 이질성의 증대와 통합이야말로 진화의 원리인 셈이다. 스펜서는 사회유기체가 바로 이 원리를 완수할 수 있다고 생각했다.

진화론과『천연론』

19세기 중반 서구에서 다윈의 생물진화론은 큰 반향을 일으켰다. 스펜서의 사회진화론도 그런 맥락에서 출현했다. 생물진화가 사회진화 혹은 사회진보와 개념적으로 결합했고, 그 결과 사회진화론은 세계관처럼 작동하기에 이른다. 근대 중국에서 받아들인 서구의 시간관은 시계로 계량화된 시간이나 태양력을 기본으로 하는 서양역법이 아니라 바로 진화론이라는 세계관이었다. 중국에서 진화론은 전통적인 시간관념을 부수고, 맑스의 말처럼 세계를 해석하는 게 아니라 세계를 변혁하는 이론으로 상승하기도 했다. 적어도 서구의 변혁이론이 본격적으로 적용되기 전까지 그랬다.

청말 변법유신을 이끈 캉유웨이康有爲는 당시 번역된 서양서적을 통해 진화론을 수용하고, 그것을 중국적으로 응용했다. 그는 『춘추공양전』春秋公羊傳의 삼세설三世說을 차용하여 인류 역사를 3단계, 즉 지극히 혼란스런 시대(거란세據亂世), 태평세로 상승하는 시대(승평세昇平世), 태평한 시대(태평세太平世)로 나눈다.[11] 태평세는 이상사회다. 캉유웨이는 『춘추동씨학』春秋董氏學(1896)에서 이것을 '크게 하나 되는' 대동사회大同社會라고 했다. 이것은 표현이 비록 고전적이고 전거도 고대문헌에서 가져왔지만 분명 근대적 진화관념의 영향 속에 있다. 그는 사회는 무질서해 보이지만 필연적으로 발전한다고 생각했다. 그렇다고 가만히 앉아 있으면 발전할 거라고 몽상하지는 않았다. 그는 적극적으로 변화를 견인하고자 했다. 바로 그 속에서 발전이 가능하기 때문이다.

캉유웨이는 변화와 발전이라는 테제에 매달렸다. 물론 그의 목표는 '제도개혁'[變法]이었다. 변화가 곧 발전은 아니지만 변화 없이 발전은 요원했다. 그는 1895년 「변하면 통하고 통하면 오래 간다」變則通通則久論라는 글에서 다음과 같이 말한다. "하늘이 오래됐지만 낡지 않은 것은 변할 수 있었기 때문이다. …… 땅이 오래됐지만 낡지 않은 것은 변할 수 있었기 때문이다."[12] 변화를 절대적으로 긍정하였고 그것이 장구함이라는 일종의 발전을 초래한다고 생각했다. 그래서 그는 『공자개제고』孔子改制考(1894)에서 공자를 변화의 신봉자이자 제도 개혁가로 묘사했다. 캉유웨이의 이런 방식은 모두 '옛것에 의탁해서 현실제도를 개혁하겠다'[託古改制]는 의도였다.

캉유웨이처럼 옛것을 빌려오는 방식이 아니라 서구의 진화론을 곧바로 소개한 인물도 있었는데 바로 옌푸嚴復, 1854~1921다. 그는 1870년대 후반 영국 그리니치 해군대학에 유학하면서 직접 서구문물을 접했다. 옌푸는 1879년 귀국 후 중국에 서구 학술을 소개하는 데 힘을 쏟았다. 그는 1898년 토머스 헉슬리$^{Thomas\ Henry\ Huxley}$가 쓴 『진화와 윤리』$^{Evolution\ and\ Ethics}$(1894)를 『천연론』^{天演論}이라는 이름으로 번역했다. '천연'^{天演}은 영어 '에볼루션'^{evolution}의 번역어다. 헉슬리는 다윈의 강력한 지지자였지만 말년에는 진화론이 말하는 생존경쟁이나 자연선택을 통해서는 사회가 정상적으로 유지될 수 없다고 생각했다. 그는 자유방임에 가까운 스펜서류의 사회진화론에 반대했고, 책 제목에서 알 수 있듯 오히려 '윤리'를 고민했다.

옌푸는 당시 중국인 번역가가 그랬듯 의역을 서슴지 않았고, 주석 형태로 자신의 견해를 첨부했다. 주희가 사서에 주석을 달아서 사서를 공자나 맹자의 책이 아니라 자신의 책으로 만든 것과 유사했다. 옌푸는 이 책에서 헉슬리의 논의와 다윈의 진화론, 그리고 스펜서류의 사회진화론까지 소개했다. 이때 진화론은 '인간은 냉혹한 생존경쟁에 내몰려 있고, 경쟁에서 실패하면 자연적으로 도태된다'는 꽤 무시무시한 이론이다. 하지만 이런 위협적인 언사 때문에 사람들이 『천연론』에 열광한 것은 아니다. 이 책이 변화 속에 진보가 있고, 중국은 적극적으로 그 변화를 받아들여야 함을 이론적으로 역설했기 때문이다. 그래서 중국인들에게 진화론은 절망이 아니라 희망일 수 있었다.

이렇게 보면 『천연론』은 각성제 역할을 했다. 청말의 중국인들로 하여금 중국이 천하가 아니라 단지 수많은 나라 가운데 하나임을 감각하게 했다. 이와 함께 국가의 보존이라는 목표를 제시한다. 옌푸는 『천연론』 「역자 서문」에서 헉슬리가 '자강을 통해 종족을 보존하는 일'에 대해 설명한다고 말한다.[13] 이 견해는 실제 헉슬리보다는 스펜서의 영향이 컸다. 옌푸는 진화의 단위를 개체가 아니라 종족 혹은 사회 단위로 생각했다. 그에게 "스펜서의 사회진화론은 사회학 또는 종족의 보전을 위한 공례를 제시하는 것"이었다. "사회야말로 진화의 단위요, 진화의 산물이라고 믿었다."[14] 이런 경향은 근대 계몽사상가들이 보인 '사회나 국가[소]'에 대한 강조와 연결된다.

『천연론』은 상권 「도언」과 하권 「본론」으로 구성됐다. 진화에 대한 이야기는 상권에 주로 할당했고, 하권은 사회의 진화와 윤리 문제를 관련시켜 설명했다. 그런데 독특한 점은 불교나 인도철학 관련된 내용이 많다는 사실이다. 옌푸의 편집 때문이 아니라 원서 자체가 그렇다. 헉슬리는 불교나 인도종교의 몇몇 개념을 동원해서 생존경쟁 가운데 드러나는 인간의 욕망에 대해 반성했다. 무제한적인 생존경쟁은 본능이나 욕망에 기초할 수밖에 없다. 헉슬리는 이런 욕망과 본능을 조절하고 극복해야 한다는 입장에 선다. 그는 불교의 카르마^{karma}이론, 즉 업설^{業說}을 거론했다.

> 대체로 카르마는 대대로 조금씩 달라지는데, 과거의 일이라 하더라도 현재의 행위에 의해 변하게 할 수 있기 때문이다. 이 점이 바로 그들의 학설이 훈수^{薰修}의 과정을 중요하게 여기는 까닭이다.[15]

카르마[業]는 사람의 행위를 가리키지만 '삶의 습속'이라고 말할 수도 있다. 이것은 과거이기도 하고 현재이기도 하고 심지어 미래이기도 하다. 욕망도 크게 보면 여기에 포함된다. 카르마이론에서는 과거의 행위가 분명 현재로 밀려온다. 하지만 현재의 행위를 통해서 기존 행위의 결과를 변형할 수 있다. 이 변형으로 새로운 미래를 초래한다. 변형의 방법이 바로 훈수다. 대승불교의 한 유파인 유식학에서는 훈습^{薰習}이라는 용어를 즐겨 썼다.

유식학이 말하는 훈습에서 '훈'薰은 냄새가 몸에 배는 것을 말한다. '습'習은 신체가 기억하는 행위다. 자신의 행위가 정보가 되어 자신에게 스며들어 저장된다는 사유다. 저장된 정보를 종자種子라고 부른다. 언젠가 자라서 결과로 열매 맺기 때문이다. 어느 순간 종자가 결과로 나타나는 것을 '현행'現行이라고 말한다. 현실로 작동한다는 뜻이다. 유식학에서 깨달음을 향한 수행은 불교의 진리[正]를 듣고[聞] 익혀서 유익한 정보를 만들고[薰習] 그것이 결국 좋은 결과로 나타나는 과정이다. 이것이 이른바 정문훈습正聞薰習이다. 훈수는 이런 훈습을 통한 수행이다.

> 카르마, 즉 업이 훈수를 통해서 조절될 수 있고 추악하고 탐욕스런 일도 이를 통해서 조금씩 없어질 수 있는 것이라면, 자기만을 위한 뿌리 깊은 사욕과 죽기 싫어하고 살기를 바라는 커다란 미혹은 모두 이 방법을 통해서 그 질곡에서 벗어날 수 있을 것이다.[16]

헉슬리는 생존경쟁을 통해서 윤리적인 사회에 도달할 수 있다고 낙관하지 않는다. 인간은 악한 욕망도 가졌기 때문이다. 그래서 헉슬리는 "선도 진화하지만 악도 진화하지 않은 적이 없다"고 말한다.[17] 헉슬리의 생각과 스펜서의 생각, 그리고 옌푸의 생각이 뒤섞인 『천연론』에는 이렇게 진화에 대한 낙관과 회의가 교차한다. 이것은 근대 중국이 보인 진화론에 대한 이중성이다. 나중에 살필 량치차오와 장타이옌의 차이에서 잘 볼 수 있다.

사회의 진보와 개인의 죽음
근대 중국에서 사회진화론을 사회계몽뿐만 아니라 정치적으로 사용한 인물은 량치차오梁啓超다. 옌푸가 사회진화론을 통해서 부국강병의 꿈을 꾸었다면 량치차오는 근대국민국가의 수립을 위해서 그것을 이용했다. 이런 이유 때문에 그에게 진화의 단위는 개체가 아니라 집단, 특히 국가 단위였다. 량치차오의 진화론에서는 개인의 진화나 이익은 집단의 이익에 제약되고 구속된다. 옌푸가 생각한 사회진화론의 강화라고 할 수도 있다. 량치차오는 국가 단위의 생존경쟁을 어쩔 수 없는 것으로 긍정했다. 심지어 그런 생존경쟁을 통해서 국가는 더욱 발전한다고 생각한다. 그는 진보를 논하면서 이렇게 이야기한다.

> 경쟁이 진화의 어머니라는 견해는 이미 철칙이 되었다. 유럽에서 그리스 열국시대에는 정치와 학술이 모두 매우 발달했다. 로마가 분열하여 여러 나라가 되자 다시 근세의 발전이 지금까지 이어졌다. 모두 경쟁의 분명한 효과다.[18]

량치차오는 진화론에서 말하는 생존경쟁이 사회발전의 원동력임을 철저히 인정하라고 말한다. 그가 호출하는 근대적 인간[新民]은 이 경쟁을 통해서 자기 발전을 꾀해야 한다. 그런데 이 경쟁은 단지 개인 단위에서 작동하는 것이 아니라 국가 단위에서도 작동한다. 량치차오는 오히려 국가 단위의 경쟁이나 진보를 더 중시한다. 이것을 근대적인 용어로 고쳐보면 사덕私德과 공덕公德의 문제라고 할 수 있다. 일찍이 일본의 근대 계몽사상가 후쿠자와 유키치福澤諭吉는 『문명론의 개략』文明論之概略에서 사덕과 공덕의 관계를 중시했다. 그는 사덕은 공덕에 어느 정도 복종하는 것이라고 보았다.

량치차오는 「공덕을 논함」(1903)이란 글에서 "공덕은 여러 국가의 원천이다. 집단에 유익하면 선이고 집단에 무익하면 악이다"라고 말한다.[19] 윤리적 판단의 기준이 집단가치에 있음을 분명히 한다. 이것은 집단적 이익을 초래한다면 그것으로 선하다는 것인데 앞서 말한 헉슬리가 『진화와 윤리』에서 비판적으로 반성한 점이다. 스펜서 같은 사회진화론자들이 생존경쟁과 자연선택을 통해 '살아남은 것이 결국 선하다'고 한 논리와 일면 유사하다. 물론 스펜서는 국가 단위의 집단주의에 적극적으로 반대했다.

옌푸가 진화를 집단 단위로 상정했듯 량치차오도 지극히 집단 단위로 진화를 생각했다. 그는 '신민'이라는 말을 풀면서 "일국이 세계에서 독립하려면 반드시 그 국민만이 가지는 특질이 있어야 한다"라고 말한다.[20] 여기서 독립은 후쿠자와가 『문명론의 개략』에서 말한 것처럼 서구세계와 당당히 맞설 수 있는 근대국가의 탄생을 말한다. 마루야마 마사오(丸山眞男)는 이것을 '주권적 국민국가의 건설'이라고 말했다.[21] 량치차오가 보기에도 국민국가 건설을 위해 분명 개인이 필요했다. 봉건 시대의 노예적 인간으로는 근대국가를 수립할 수 없다. 그가 그렇게 경쟁의 장에 뛰어들라고 부추기는 것도 근대적 시민을 호명하는 것에 다름 아니다. 개인 능력의 극대화가 결국 집단가치에 부흥할 것이다.

『천연론』의 논의와 량치차오의 몇몇 논설을 비교하면 대단히 재미있는 점이 있다. 그것은 량치차오도 진화론을 말할 때 불교의 카르마이론을 동원한다는 사실이다. 그런데 의도는 헉슬리와 많이 다르다. 량치차오는 "지금 우리의 행동·말·느낌 각각의 이미지는 카르마의 총체 가운데 곧바로 새겨져 영원히 소멸하지 않는다"[22]라고 말한다. 헉슬리가 개인 욕망을 억제하여 윤리로 나아가는 방법으로 카르마이론과 훈수 개념을 사용했다면 량치차오는 그것을 통해 개인의 진보와 희생이 결국 집단에 의해 계승되고 기억될 것임을 증명했다. 그는 카르마의 지속을 생물학에서 말하는 유전과 관련시켰다.

진화론자가 유전을 말하는데 일체 중생이 생명이 있는 기간에 경험하는 일이나 행위, 습성 모두 그 자손에게 유전되는 것을 이야기한다.[23]

량치차오는 개별자의 행위가 그가 죽은 이후에도 지속된다는 것을 카르마이론이나 유전설을 통해서 설명했다. 그는 여기서 개인의 죽음과 집단을 통한 개인의 지속을 다룬다. "우리들은 모두 죽는다. 우리들은 모두 죽지 않는다. 죽는 자는 우리들 개체고, 죽지 않는 자는 우리 집단이다."[24] 량치차오는 개인의 노력과 희생이 집단으로 총화되는 과정을 생물 진화의 한 과정처럼 묘사했다. 그는 옌푸보다 훨씬 강한 어조로 집단 단위의 진화를 지지했다. 그는 심지어 "벤저민 키드Benjamin Kidd의 '죽음은 인류 진화의 한 원소'라고 한 말은 실로 명언이나"라고 찬양한다.[25] 죽음에 대한 너무도 손쉬운 긍정은 일본 군국주의자의 전유물일 것 같지만 아니다. 량치차오 같은 중국 계몽가도 소리 높여 외쳤다.

량치차오는 「정치학 대가 블룬칠리의 학설」(1903)에서 블룬칠리Johann K. Bluntschli의 국가유기체론을 소개하면서 말한다. "국가 자체가 목적이다. 진정 국가는 제일의 목적이고 각 개인은 이 목적을 달성하기 위한 공구일 뿐이다."[26] 량치차오의 이런 태도가 그의 전 생애에 걸쳐 관철된 것은 물론 아니다. 그가 이른바 계몽논설을 열심히 발표한 『신민총보』新民叢報 시절의 것이다. 그에게 진보는 절대적으로 국가 단위의 것이었고, 개인은 그것에 부속된 것으로 간주됐다. 국가 간 경쟁 속에서 국가는 개인을 동원할 수 있고, 개인의 권리를 제한할 수 있다고 생각했다.

2. 불교 시간론과 진화론 비판

헉슬리와 장타이옌

장타이옌은 량치차오와 전혀 다른 방식으로 『천연론』을 독해했다. 그는 스펜서의 음성이 아니라 『진화와 윤리』의 저자 헉슬리의 음성에 귀 기울였다. 헉슬리는 『진화와 윤리』에서 자연 상태처럼 무제약적인 생존경쟁이 사회의 진보를 이끌 것이라는 사회진화론에 분명히 반대했다. 사회진화론자는 우주 진화의 원리를 인간사회에 적용하고자 했다. 헉슬리가 보기에 저들은 인간사회가 진화 과정을 스스로 관리할 능력이 있다고 전제했다.[27] 하지만 헉슬리는 거기서 윤리를 기대할 수 없다고 생각했다. 그는 『진화와 윤리』 서문에서 패러독스를 하나 소개했다.

> 윤리라는 자연은 우주라는 자연으로부터 탄생했지만, 자신을 탄생시킨 어버이와는 적대적일 수밖에 없다.[28]

헉슬리는 패러독스같이 보이는 이 사실이 바로 진리임을 주장했다. 그는 윤리를 말하기 위해서 진화를 버리지 않았고, 진화를 말하기 위해서 윤리를 버리지 않았다. 만약 진화가 늘 좋은 방향으로 진행된다면 결코 윤리에 대한 고려를 할 필요가 없을 것이다. 하지만 현실에서 진화는 결코 좋은 방향이라고 말할 수 없다. 장기적으로 보면 좋은 방향으로 진화할 것이라고 말할 수도 있다. 하지만 결코 그렇지 않다. 자연세계에서도 마찬가지다. 발전의 의미에 부합하는 단순한 상태에서 복잡한 상태로 변화하기도 하지만 거꾸로 복잡한 상태에서 단순한 상태로 변하기도 하는 것이다.[29]

모든 종류의 진화는 언제나 진보하는 방향으로만 진행하는 것이 아니라 같은 조건 아래에서도 무한정 변화의 조짐을 보이지 않을 수도 있으며, 또한 퇴보하는 방향으로 진행할 수도 있음을 1862년 이후 나는 줄곧 강조해 왔다.[30]

자연세계에서도 진화는 진보나 발전의 형태로 진행되지 않는다. 자연세계뿐만 아니라 인간사회도 마찬가지다. "인간사회에서는 선과 악이 함께 작용하고 있다."[31] 생존경쟁과 자연선택이라는 진화의 원리에 인간사회를 그냥 맡겨 둘 수는 없다. 스펜서가 보인 사회진화에 대한 낙관은 헉슬리에게 보이지 않는다. 장타이옌은 헉슬리의 이런 점을 배웠다. 장타이옌은 근대 사회진화론을 비판한 「구분진화론」俱分進化論에서 "도덕 면에서는 선도 진화하고, 악도 진화한다. 생활 면에서는 쾌락도 진화하고 고통도 진화한다"[32]라고 진단한다.

장타이옌이 말한 '구분진화'俱分進化는 이중의 진화라고 할 수 있다. 장타이옌 연구자 왕판썬王汎森에 따르면 「구분진화론」에서 '구분'俱分은 고대 인도철학의 한 전통인 승론학파가 「십구의론」十句義論에서 제기한 '10범주' 가운데 아홉번째 범주다.[33] '구'는 공통의 의미고, '분'은 상이함을 나타낸다. 장타이옌은 선과 악, 고와 락은 진화한다는 사실에서 공통[俱]되지만 그 방향은 전혀 다르다[分]고 생각했다. 무쇠로 만든 칼과 괭이는 무쇠라는 점에서는 함께 어울릴 수 있지만 죽음을 부르는 무기와 농사를 행하는 농기구로서 나뉠 수밖에 없다.[34] 장타이옌은 사회의 발전에도 이 개념을 적용했다.

장타이옌은 진화는 상반된 두 방향으로 진행된다고 생각했다. 달리 말하면 진화와 퇴화가 함께 진행된다고 할 수 있다. 그래서 그는 사회진화나 역사발전을 쉽게 낙관하지 않았다. 이것은 사회진화론에 대한 헉슬리의 걱정과 유사하다. 그러나 당시 대부분의 중국 지식인들은 사회진화론을 통해 역사발전의 꿈을 꿀 수 있었다. 그러기에 그것에 열광했다. 그들이 보기에 장타이옌의 우는 소리는 괜한 걱정이었다. 이런 맥락에서 장타이옌은 「구분진화론」을 시작하면서 다윈이나 스펜서 그리고 헉슬리가 아니라 헤겔을 거론한다.

> 근세 진화론은 헤겔에서 시작한다. 진화라는 분명한 표현은 없지만 '세계의 발전은 이성의 발전'이라는 말에선 이미 진화론이 싹텄다.[35]

절대이성의 자기실현으로서 역사 전개는 언제나 정답이다. 비록 다윈의 진화론이 절대이성 같은 초월적 존재를 소거했지만 역사의 발전법칙이나 인간사회까지 침투한 이른바 '자연'은 신의 다른 이름이었다. 사회진화론자들은 인간의 다툼이 결국 절대이성의 전개에 다름 아니듯, 인간의 생존경쟁은 자연선택을 통해서 사회발전으로 승화한다고 생각했다. 장타이옌이 보기에 생물진화론이나 사회진화론은 모두 헤겔의 발전론에 기대고 있었다. 다윈은 생물현상 속에서 증거를 수집했고, 스펜서는 사회현상에서 그것을 확인했을 뿐이다.[36]

장타이옌은 결코 사회진화를 낙관할 수 없다고 말한다. 그는 헉슬리를 인용하여 "세계는 날로 진보하고, 생활은 점점 복잡해지지만 일체 유정 중생은 옷 입고, 밥 먹고, 잠잘 때 그들의 욕구를 충족시킬 만한 방법이 부족하면 서로 다투고 서로 죽이는 행위가 그치지 않을 것"[37]이라고 말한다. 헉슬리는 인간의 욕망은 결코 윤리적으로 작동하지 않음을 간파했다. 그러기에 조절하고 제약해야 함을 주장했다. 장타이옌이 보기에도 세계는 절대이성이라는 재판관이 주재하는 게 아니었다. 그는 쇼펜하우어가 『의지와 표상으로서의 세계』에서 한 말을 인용한다. "세계의 성립은 의욕의 맹목적인 활동 때문이고, 지식은 그것에 부역할 뿐이다."[38] 장타이엔은 이 말을 빌려 이성적인 세계발전에 반대했다.

헉슬리는 『진화와 윤리』에서 진화론에 대해 윤리적인 교정을 시도했다. 근대 중국에 살았던 장타이엔은 당시 지식인들의 사회진화론 추수追隨에 대해 비판했다. 그는 '진화'가 서구에서 수입된 근대 관념임을 잘 알고 있었고, 그것을 진리처럼 쫓아다녀서는 안 된다고 주장했다. 장타이엔은 네 가지[四] 근대적 보편(공리·진화·유물·자연)이 미혹[惑]이라고 비판한 「사혹론」四惑論에서 진화는 허구임을 천명한다.

> 진화[進]란 본래 아뢰야식[根識]의 미망이 구성한 것이지 실제로 진화가 있는 것은 결코 아니다. 상식으로 봐도 일체 물질은 근본적으로 증가하지도 않고, 감소하지도 않는다. 이쪽에서 보면 진화할지 모르지만 저쪽에서 보면 퇴보일 뿐이다. 도대체 뭘 진화라고 하겠는가.[39]

장타이엔은 여기서도 유식학 개념을 이용했다. 진화는 그저 관념일 뿐임을 말한다. 그에 따르면 진화나 발전은 어떤 사태를 선별적으로 관망한 결과이다. 상대주의적인 입장이 다소 보이기도 한다. 최근 일어난 사건으로 설명해 보자. 2011년 3월 일본 동북지역에 지진과 쓰나미 피해가 있었다. 지역민들은 그리 동요하지 않고 차분하게 이 엄청난 재난에 대처했다. 하지만 얼마 후 지진 여파로 후쿠시마 원자력 발전소 내 전기 공급이 중단되었다. 이로 인해 일부 원자로가 파괴되어 방사능 누출 사고가 발생했다. 위험 수준이 구소련의 체르노빌 원전 사고와 비슷하다고 했다.

후쿠시마 원전 사고에 즈음하여 국내 한 언론사에서 체르노빌 사고 관련자와의 인터뷰를 실었다. 체르노빌 원전 사고 당시 핵심부인 운영통제실에 근무한 올렉시 브레우스는 체르노빌이 당신에게 어떤 의미냐는 기자의 질문에 이렇게 답한다. "예전에는 지식과 기술을 믿었다면 지금은 마음의 눈으로 보는 게 내 일이다. 원자력 기술의 발전은 진보일 수도 있지만 퇴보일 수도 있다. 우리는 기차에 탔지만 원하는 때에 내릴 수 없다."[40] 진보의 경험은 물론 영광되지만 퇴보의 경험은 거의 존재 소멸에 가깝다. 경험자를 남기지 않을 정도로 무지막지하다. 과학뿐만 아니다. 자본주의 경제발전도 마찬가지일 게다. 경제발전이 선인 듯하지만 과연 그게 돈을 위한 것인지 인간을 위한 것인지 분간하지 못한다.

우승열패와 호승심

장타이옌은 「구분진화론」에서 선도 진화하고 악도 진화한다고 했다. 그는 "선과 악은 훈습성과 아만심我慢心 때문에 함께 진화한다"라고 말한다.[41] 훈습이나 아만我慢은 불교유식학에 등장하는 개념이다. 장타이옌도 진화를 다루면서 량치차오처럼 유식학의 종자설을 이용했다. 그는 "윤회를 가지고 말하면 선악종자善惡種子는 갈마업식羯磨業識"이라고 정리한다.[42] 갈마는 카르마를 가리킨다. 업식은 행위를 아뢰야식阿賴耶識이 기억했다는 말이다. 그것이 다음 생으로 전이되어 다시 행위로 전개된다.

장타이옌은 "생리적인 면에서 보자면 선악종자는 조상에서부터 유전된 업식"이라고 말한다.[43] 불교를 떠나 생물학 용어를 사용하면 선악종자는 유전된 내용이다. 유전을 통해서 점차 어떤 능력이 고양된다는 견해이다. 실제 생물진화론에서 이런 점들을 인정하는지는 알 수 없지만 장타이옌은 유전에 비유해서 선악종자의 훈습과 그것의 현행을 말한다. 선악의 이중진화와 종자설을 연결시킨 것은 장타이옌의 독특한 점이다. 물론 유식학에서도 선악의 현행을 인정하지만 그것의 완벽한 극복을 말하기도 한다. 유식학에서는 '정문훈습'을 통해서 깨달음이 가능하다고 말한다. 정문훈습은 무엇인가?

'정문'正聞은 간단히 말하면 불법[正]을 듣는다[聞]는 의미이다. 불법을 듣는다는 것은 선한 행위를 행한다는 말이기도 하다. 바로 이런 행위가 아뢰야식에 선한 종자로 훈습된다. 이런 방식은 헉슬리가 『진화와 윤리』에서 언급한 카르마이론과 같은 맥락이다. 훈습된 종자가 결국 이전 행위의 결과를 기계적으로 초래할지도 모르지만 자신의 행위를 통해서 새로운 종자를 만들어 결국 자신을 개선한다. 장타이옌은 인간 자체의 선악이 아니라 아뢰야식에 보관된 기억이 결국 현행하여 선하거나 악한 행위를 초래한다고 분석했다. 유식학의 논의를 빌린 이런 관점이 완벽하게 불교와 결합되는 것은 아니지만 적어도 불교적 해석을 시도했다고 말할 수는 있다.

헉슬리는 사회진화론자들이 그렇게 미화한 생존경쟁의 바탕은 인간의 욕망임을 지적했다. 적어도 이 욕망의 작동에서 사회적 윤리를 담보할 수 없다는 것이 그의 주장이었다. 장타이옌은 바로 이 욕망이 결국 공동체의 윤리를 파괴하고 악의 진화를 촉진한다고 생각했다. 그는 이 점을 설명하기 위해서 유식학의 아만심을 거론한다. 그는 아만심을 들어서 악성의 존재를 밝힌다. 유식학의 주요 텍스트인 『유식삼십송』唯識三十頌에서는 여덟 가지 식 가운데 제7말라식第七末那識이 네 가지 근본 번뇌와 함께 일어난다고 지적한다.[44] 네 가지 번뇌는 아치我癡·아견我見·아만我慢·아애我愛다. 이들은 모두 자아와 관련된 집착이다.

불교에서는 실체적 자아를 인정하지 않는다. 유식학에서도 마찬가지다. 그렇다면 자아의식은 어떻게 발생할까. 유식학에서는 자아의식의 출현을 말라식으로 설명한다. 장타이옌도 "말라식이 아뢰야식을 집착하여 자아로 여기고 한순간도 놓지 않는다"라고 말한다. 그렇기 때문에 자아의식은 집착의 한 형태로 일어난다. 『성유식론』成唯識論의 해석을 따르면 앞서 말한 네 가지 번뇌 가운데 아치는 자신이 결국 무아임을 알지 못함이다. 이 알지 못함이 바로 무명無明이다. 아견은 자아가 아닌 존재자를 분별해서 자아로 삼는 행위다. 아만은 아견으로 조작한 자아에 의지해서 마음이 교만한 것이다. 자신을 높이는 행위다. 아애는 자기애착이다.[45] 자기도취라고 할 수도 있다. 『유식삼십송』에서 아만은 단지 네 가지 가운데 하나인 데 반해 장타이옌은 아만으로 네 가지 자기집착을 포괄했다.

장타이옌은 아만심을 말하면서 먼저 고대 희랍철학자들이 말한 진·선·미 개념을 이용한다. 그도 인간이 본질적으로 진·선·미를 추구함을 인정한다. 그런데 이것만 가지고는 선악을 설명할 수 없다. 진·선·미를 추구하는 마음에는 어디에서도 악한 성질이 없다. 선 아니면 중립이다. 선의 추구는 그야말로 선성善性이고, 진의 추구는 일부는 선성이고 일부는 중립적인 무기성無記性이다. 무기는 선이나 악으로 기록되지 않음이다. 미는 전적으로 무기성이라고 말한다. 장타이옌은 이 세 가지에 호승심好勝心을 추가한다. 호승심은 이기고자 하는 마음이다. 이 이기고자 하는 마음은 내가 타인을 이기려는 마음이다. 강력한 자아의식에 근거한다. 지금도 흔히 말하듯 승리를 통한 자존감이나 성취감의 획득이라고 할 수 있다.

지금 인간의 성격에 진·선·미를 선호하는 마음 외에 승리를 선호하는 호승심이 있음을 살피겠다. 호승심에도 두 가지가 있다. 첫째, 목적이 있는 호승심이다. 둘째, 무목적의 호승심이다. 오욕五慾과 재산, 권위, 명예를 추구하여 경쟁하는 사람은 그 승리 추구가 승리를 한계로 삼지 않고 사업이나 사물의 완성을 추구한다. 이것이 목적이 있는 호승심이다. 만약 오욕과 재산, 권위, 명예를 추구하여 경쟁하는 것이 아닌 경우, 닭이나 귀뚜라미처럼 천성이 싸우길 좋아하고 인류도 그런 감정을 가지고 있다. …… 명예를 추구할 필요도 없이 단지 승리를 획득하고자 할 뿐이다. 이것이 무목적의 호승심이다. 이 호승심은 집착으로부터 발생한다. 이름하여 아만심은 순수하게 악성惡性이다.(「구분진화론」)[46]

무목적의 호승심을 근대적인 용어로 고치면 선천적인 경쟁심이다. 쇼펜하우어식으로 말하면 승리에 대한 맹목의지이다. 장타이옌은 그것을 순수하게 악성이라고 말한다. 이것은 장타이옌이 근대문명을 바라보면서 제시한 개념이다. 욕망의 무한 확장을 동력으로 하는 자본주의가 요구하는 바이다. 신자유주의 시대인 오늘날에는 근대보다 훨씬 속도감 있고 높은 빈도로 경쟁에 투입된다. 자본주의적 삶의 방식이 이식될 때, 장타이옌은 거기서 목적 없는 분투를 보았다. 단지 승리를 위한다면 거기에는 힘의 논리만 있을 뿐이다. 적자생존이나 자연도태 등 진화론식의 용어가 개입할 법한 순간이다. 박노자는 근대 한국에서 사회진화론의 전개를 설명하면서 그것이 일종의 '힘 숭배' 논리가 되었다고 말한다.[47] 한국뿐이겠나.

타이쉬의 불교진화론

근대 중국에서 불교적 입장에서 진화론을 비판하고 평가한 인물로 고승 타이쉬太虛를 들 수 있다. 그는 진화론을 전면적으로 부정했다기보다는 불교적인 의미의 진화론을 제시했다. 타이쉬는 「세계만유는 진화하는가?

아니면 퇴화하는가?」라는 제목으로 진화론에 대한 강연을 행했다. 장타이옌이 「구분진화론」에서 제기한 이중진화론을 연상시키는 제목이다. 그는 진화 관념을 몇 가지 층위로 구분한다. 먼저 불교적인 것과 비불교적인 것으로 나눈다. 비불교적인 것에는 첫째 물질 본위의 진화론과 신 본위의 퇴화론으로 나뉜다. 타이쉬는 이것을 각각 단견론斷見論과 상견론常見論이라고 평가한다.[48]

타이쉬는 물질 본위의 진화론을 일종의 유물론으로 취급한다. 그가 보기에 유물론은 물질의 취산과 그것의 전개로 세계를 설명한다. 단지 물질의 취산에 의해 세계가 구성되고 진화한다면 업보설이나 윤회설은 설 자리가 없다. 붓다 시대 이른바 육사외도六師外道 가운데 차르바카Cārvāka로 불린 유물론 그룹이 있었다. 불교에서는 이들이 윤회를 부정하고 도덕을 부정한다고 비판한다. 불교인들이 보기에 저들의 주장은 인간이 육체적 죽음을 맞으면 그것으로 끝이고 그가 한 행위는 기억되지 않고 소멸한다는 단멸론이었다. 타이쉬는 물질 본위의 진화론은 불교적으로 보자면 이런 단견론이기에 결코 수용할 수 없었다. 그럼 신 본위의 퇴화론은 무엇을 의미할까.

근대 시기 진화론이 중국이나 한국에 유입되면서 불교인들은 그것이 기독교의 창조론을 과학적으로 비판한다고 생각했다. 그래서 불교인들 가운데 진화론이나 기타 과학에 우호적인 경우가 많았다. 기독교에 비해 불교가 과학적이고 합리적임을 강조했다. 하지만 근대과학이 불교를 지지한 것은 결코 아니다. 과학지식과 불교가 상충하는 점은 부지기수다. 타이쉬가 말하는 신 본위의 퇴화론은 꼭 기독교를 염두에 둔 것은 아니다. 인간을 포함한 세계 만물이 신의 파생물이거나 피조물이라면 그것들의 변화는 원본인 신에게서 점차 멀어지는 과정일 수밖에 없다. 이런 구조에서는 기원으로 복귀하는 것만이 진화다. 일반적 세계의 전개는 퇴화일 뿐이다.

　타이쉬는 기원으로 회귀를 주장하는 인도 브라만교와 중국 유교가 신 본위의 퇴화론에 해당한다고 보았다. 인도 육파철학 가운데 하나인 상키아철학이 내세운 전변설轉變說도 이런 맥락에서 이해할 수 있다. 순수체가 오염되어 세계로 전개하는 방식이다. 유교는 요순 시대나 주나라의 예의도덕이 시간이 지남에 따라 타락했다고 본다. 그래서 그 순정한 예의도덕을 회복하려고 한다. 이것은 본래로 회귀하는 방식이다. 이런 입장에 서면 역사의 전개는 퇴화에 가깝다. 아무리 발전하더라도 결국 원래 자리에 돌아가는 것 정도이다. 물론 방식은 복고주의를 사용하지만 실제 미래를 지향했다고 변명할 수도 있다. 하지만 저런 관념이 가지는 과거지향이나 수구성은 부정할 수 없다.

　타이쉬는 이렇게 불교의 전통적인 외도비판 방식으로 진화론을 비판했다. 그럼 그가 생각하는 불교진화론은 어떤 것일까. 그는 이를 다시 두 가지로 나눈다. 불교와 유사하지만 사실은 불교가 아닌 것과 불교적인 것이다. 타이쉬는 불교인들 가운데도 불교를 오해해서 앞서 말한 단멸론과 상주론에 가까운 주장을 펼치는 사람이 있다고 보았다. 대승불교의 공사상이 홍기했을 때 모든 존재자가 공하기 때문에 어떤 가치나 희망도 이야기할 수 없다는 '악취공'惡取空에 빠진 자들이 있었다. 타이쉬는 바로 이런 부류가 진화의 끝에 결국 세계 소멸이 도래할 것을 걱정하는 허무주의자라고 비판한다. 허무주의에 대한 타이쉬의 비판은 근대적인 맥락에서 읽으면 대단히 건전한 사고다. 그는 삶에 대한 부정이 아니라 끊임없이 삶을 긍정한다.

　타이쉬는 악취공에 빠진 자와 달리 진여·법신·여래장 같은 개념을 실체로 파악한 경우는 상주론에 맞먹는다고 비판했다. 실제 불교인들 가운데 저런 개념을 실체로 파악하는 경향이 있다. '실체'라는 말에 대해서는 대단히 경계하지만 저 개념을 운용하고 이해할 때 절대적 존재로 파악하기 일쑤다. 타이쉬는 불교 내에서 저런 개념을 다소 실체론적으로 운용한 것에 대해 방편적인 사용이었음을 강조했다. 비록 잘못이 있지만 우호적으로 이해했다. 어쩌면 승려로서의 한계였는지 모른다.

그럼 진정한 불교 입장은 뭔가. 타이쉬는 불교의 입장을 세간의 윤회론과 출세간의 환멸원상론還滅圓常論으로 구분한다. 세간의 중생들은 업력 때문에 윤회하고, 출세간의 성자는 번뇌의 소멸로 순수한 활동만 남는다. 타이쉬가 보기에 세간에서 말하는 진화나 퇴화는 실은 단편적인 견해일 뿐이다. 그는 본질적으로는 진화와 퇴화를 말할 수 없다는 입장이다. 어떻게 보면 장타이옌의 이중진화론에 동조한다고 할 수 있다. 타이쉬는 다음과 같이 말한다.

> 세간의 윤회론. 기세간器世間은 형성[成]·지속[住]·파괴[壞]·소멸[空]의 네 단계, 유정세간有情世間은 현존재[本有]·죽음 순간의 존재[死有]·죽음 이후 존재[後有]·태어나는 순간의 존재[生有] 등 네 존재[四有]로 윤회한다. 대승과 소승에서 말하는 12인연은 무명으로부터 노사老死에 이르고, 노사에서 무명에 이르는 마치 고리같이 끝이 없이 잠시도 끊어지지 않는다. 『장자』에서 염유冉有가 "천지가 있기 이전에 대해서 말씀해 줄 수 있습니까?"라고 하자 공자가 "옛날은 지금과 비슷하다. 옛날도 없고, 지금도 없다. 처음도 없고 끝도 없다. 윤회의 의미이다"라고 답했다.[49]

기세간은 중생이 생활하는 세계를 가리킨다. 그릇[器]에 음식이 담기

듯 중생은 그 속에서 생활하기 때문이다. 중생을 하나의 세계로 간주하여 중생세간이라고 한다. 중생과 같은 의미인 유정有情이란 말을 써서 유정세간이라고도 한다. 이 세계는 발전처럼 보이지만 결국 생성과 소멸을 반복한다. 유정세간, 즉 중생은 네 단계 존재양식을 가진다. 현존재, 죽음 순간의 존재, 죽었지만 아직 태어나기 전 존재, 윤회하여 다시 태어난 존재이다. 윤회한다는 건 이런 과정의 반복이다. 그렇다면 생성과 지속은 진화이고, 파괴와 소멸은 퇴화일까. 현재 삶과 다시 태어남은 진화이고, 죽음과 그 이후는 퇴화일까. 이것은 봄과 여름은 진화이고 가을과 겨울은 퇴화냐고 묻는 것과 유사한 질문이다. 만약 그렇다고 하더라도 진화와 퇴화는 두 손 꼭 잡고 있는 형국이다.

진화와 퇴화 가운데 하나만 이야기하면 단편적일 수밖에 없다. 만약 이 둘을 다 이야기하는 진화라면 그것을 진화라고 할 수 있을 것이다. 중생의 일상적인 삶 속에서는 진화와 퇴화가 뒤섞여 있다. 윤회를 지속하는 한에서는 이런 상황을 회피할 수 없다. 이런 상황을 돌파하는 것이 출세간이다. 만유의 생멸유전이 세간이라고 한다면 출세간은 번뇌 없고 흔들림 없이 완전한 상태로 번뇌 종자가 작동하지 않는 상황이다. 타이쉬는 '원상'圓常이라는 표현을 썼다.

타이쉬는 출세간에서도 환멸론·진화론·원상론으로 구분한다. 환멸론은 모든 불교에서 공통된 점이다. 12연기의 순관順觀과 역관逆觀을 말할 때, 역관에 해당한다고 할 수 있다. 무명을 원인으로 해서 생·노사 등이 발생함을 알아차리는 게 12연기의 순관이라고 하면 무명을 타파하여 저런 문제를 해결하는 것은 12연기의 역관이다. '환멸'이라는 말은 문제를 제거하여[滅] 본래 모습을 회복[還]하는 것을 말한다. 물론 초기불교의 입장에서 보면 회복이라는 말이 적당하지는 않겠지만 대승불교를 중심에

둔 타이쉬에게는 익숙한 표현이었다. 그렇다면 타이쉬가 제시한 대승 고유의 진화론 혹은 변화론은 어떤 것일까.

> 대승불공大乘不共의 인위因位인 보살법은 진화론이 된다. 대개 제6주住가 신불퇴信不退가 되고 제7주가 행불퇴行不退가 된다. 초지初地는 증불퇴證不退가 된다. 초지를 증득하기 전에 우연히 증득하는 일이 있더라도 불퇴는 불가능하다. 제8지에 이르는 것이 염불퇴念不退가 된다. 매 순간 생각들이 지혜의 바다로 들어간다. 이것은 적극적인 진화론이다. 불과佛果에 이르면 원만하기 때문에 다시 진화하는 일이 없고, 균등하고 항상하기 때문에 다시 변화하는 일이 없다. 그래서 원상론이라고 한다.[50]

대승불공에서 '불공'不共은 공통되지 않다는 말로 독자적이라는 의미다. 그래서 '대승불공'은 '대승의 독자적인' 혹은 '대승 고유'라고 풀 수 있다. 『화엄경』 같은 대승경전에서는 수행자는 부처의 경지에 도달하기까지 여러 수준의 단계를 거쳐야 한다고 말한다. 주로 보살이 닦은 수행의 정도와 관련된다. 수행의 결과[果]는 부처이고 거기에 도달하려는 수행과정은 모두 조건[因]이고 이유이다. 그래서 보살의 단계는 인위[因位]라고 하고 부처의 단계는 과위[果位]라고 한다. 보살은 수행을 통해서 높은 수준으로 한 계단씩 올라가야 한다. 타이쉬는 이런 과정에서 진화론을 보았다.

보살의 수준에서는 자칫하면 미끄러져 물러설 수도 있다. 생물의 생존경쟁이나 자연도태처럼 퇴보도 가능하다. 그래서 수행의 전진을 요구한다. 점진적으로 수행이 진척됨에 따라 불퇴전의 경지에 도달하고 결국 부처의 과위를 획득하면 다시 진화하는 일은 없다. 질적으로 균등하고 항상하기 때문에 변화는 일어나지 않는다. 타이쉬는 이것을 원상론이라고 했다. 여기서 타이쉬가 진화론을 불교적인 의미에서 수용하고 있음을 볼 수 있다. 진화론에 대한 단순한 거부나 지지가 아니라 불교와 그것의 같음과 다름을 분명히 보였다고 할 수 있다.

3장_문명과 야만

1. 문명론의 정치 함의

문명과 야만

동아시아 근대는 새로운 시간관뿐만 아니라 새로운 문명론의 유입을 맛보았다. 다양한 충돌과 함께 모방이 존재했다. 그럼 문명이란 무엇일까. 문명을 뜻하는 영어 "시빌리제이션civilization의 어원은 도시화란 의미를 가진 라틴어 시빌리자시오civilizatio에서 왔다."[1) 단순히 어원 분석에 따르면 문명화란 결국 인간이 숲이나 동굴에서 나와 도시에 기거함이다. 시민이 된다는 말이기도 하다. 그것은 자연 상태에서 벗어나 문화를 이룩하는 과정 전체를 말한다. 문명화란 말에는 보통 가치가 개입한다. 혈거穴居하는 삶보다 대리석 건물에 사는 삶이 더욱 훌륭하고 선하다는 생각이 깔려 있다. 고등한 것과 하등한 것의 차이다.

고대 그리스 문명을 건설한 에게해 연안 국가는 유럽문명을 정초했다. 이후 로마제국은 도시국가에서 출발하여 거대한 식민지를 경영하기에 이른다. 그들은 여러 곳에 도시를 건설했다. 로마의 장군 카이사르가 쓴『갈리아전기』는 전쟁의 기록임과 동시에 털북숭이 바바리안을 문명화한 기록이기도 하다. 로마가 기독교를 국교화한 이후 그들의 정복은 이제 종교적 은총이기까지 했다. 이런 생각은 그리스나 로마시대로 종결되지 않았다. 근대에도 있었고 지금도 있다. 현대는 무력이 아니라 자본에 의해 감행되는 점이 다를 뿐이다. 동일 국가 내에서도 정복은 일어나 내부 식민화가 진행된다.

고대문명 가운데 하나인 중국문명도 오랫동안 문명과 야만이라는 도식을 사용했다. 중국에서는 문명이 꼭 도시를 중심으로 하지는 않았다. 그리스의 폴리스 같은 정치공동체로서의 도시도 없었다. 그래서 단지 도시와 그 바깥이라는 방식으로 문명과 야만을 구분할 수는 없었다. 고대 중국인들은 주변 다양한 민족에 대해 남만南蠻·북적北狄·서융西戎·동이東夷라는 표현으로 인종적 편견을 드러냈다. 그것은 문화적 편견으로 확대됐다. 유교의 창시자 공자도 이런 연장선상에 있었고, 그도 상당히 배타적인 문화관을 가졌다.

어떤 문명이 단일한 기원을 갖기란 불가능하다. 문명은 혼종의 결과다. 사실 이 점은 쉽게 알 수 있다. 중국 역사를 보면 중국문명은 하나의 문명으로 보이지만 그것은 다수 문화의 집합체일 뿐이다. 중국을 최초로 통일한 진나라 시황제도 한족이 아니라는 설이 유력하다. 중국문명은 실제 혼종의 결과이지만 내부에서는 문명론이나 정통론이 끊임없이 제기됐다. 중국에선 문명론을 '이하론'夷夏論이라 부른다. 고대 중국인들은 자신이 하夏 민족의 후예라고 생각했고, 다른 민족을 오랑캐[夷]라고 불렀다. 그래서 문화가 떨어진 오랑캐와 우수한 자기 민족이라는 구분을 곧잘 이하론으로 묘사했다.

현재 13억 중국 인구 가운데 한족이 90% 이상이라고 하지만 그들이 모두 한족의 후예라고는 누구도 믿지 않는다. 실제 문명론은 혈연 정체성이 아니라 문화 정체성에 의해서 지탱된다. 또는 그것으로 조작된다. 중국 역사에서 가장 거대한 문명 충돌은 불교의 전래를 계기로 발생했다. 두번째를 꼽으라면 서구 근대와의 만남일 것이다. 고대 중국인이 불교를 처음 접했을 때도 이하론을 들먹였다. 위진남북조시대 남조 양나라의 승려 승우僧祐가 편찬한 『홍명집』弘明集에는 당시 중국인들의 불교비판과 그에 대한 반박이 실려 있다. 승우는 불교에 대한 오해를 없애고 불교의 가르침을 널리[弘] 밝히겠다[明]는 의도로 『홍명집』을 편찬했다.

『홍명집』에는 불교에 대한 오해[惑]를 풀어 준다[理]는 뜻의 「이혹론」理惑論이 초반에 등장한다. 여기서 말하는 오해는 당시 제기된 불교에 대한 비판을 가리킨다. 당시 일부 중국인은 불교가 오랑캐의 것이라는 이유로 불교를 거부했다. 「이혹론」의 저자 모융牟融은 말한다. "전하는 말에 '북극성은 하늘의 중심에 있지만 사람의 입장에선 북쪽에 있다'고 한다. 이런 것으로 보면 중국[漢地]이 꼭 세상의 중심은 아니다."[2) 중심과 주변은 이렇게 상대적인 관념일 뿐이다. 무엇을 기준으로 삼느냐에 동서남북은 바뀔 수밖에 없다. 문화도 마찬가지로 어느 입장에 서느냐에 따라 문명과 미개로 나뉠 뿐이다. 그것의 기준은 임의적이고 지역적이다. 승우는 불교가 서역에서 전래됐다고 해서 거부하거나 폄하할 게 아님을 역설했다.

오랫동안 문명인으로 자처한 중국인은 근대에 들어 자신을 야만인으로 취급하는 서양 열강의 태도에 당혹스러워한다. 아편전쟁 같은 서구 충격 이후 중국 내에서 중체서용中體西用이나 동도서기東道西器 같은 논의가 출현했다. 이는 여전히 서구문명을 인정하지 않으려는 행태였다. 기본적으로 '중국=문명'과 '서구=야만'이라는 도식에서 벗어나지 못했다. 그러나 이후 수차례 전쟁에서 패하자 자신의 처지를 깨닫기 시작했다. 또한 서구에 대한 이해가 높아지자 서구가 단순히 총칼로 이룩된 문명이 아님을 알았다. 이제는 문명·야만의 해석권이 중국 정부에 있지도 않았고, 유교 지식인에게도 있지 않았다. 해석권은 무력을 동원한 서구 열강에 넘어갔다. 현실은 서체서용西體西用이나 서도서기西道西器를 요구했다.

장타이옌의 문명론은 어떻게 보면 모순이다. 청 정부에 대항하여 혁명을 외칠 때는 전통적인 이하론에 입각한 듯 보인다. 그는 만주족을 중국의 정통왕조로 인정하지 않았다. 거의 오랑캐 수준으로 취급했다. 그는 저들에게 복수를 해야 한다고 외쳤다. 이에 비해서 서구 제국주의의 문화적 침입에 대해서는 문명과 야만 도식을 부수는 방식으로 저항했다. 이때 보인 논리는 이하론을 통해서는 도저히 이해할 수 없는 것이다. 그는 서구문명론을 제국주의 논리라고 생각했다. 장타이옌은 주저 『제물론석』齊物論釋에서 이렇게 말한다.

> 마음이 겸병兼幷에 있는 자들은 밖으로 잠식이라는 말을 꺼리고 고상한 이야기로 본래 의도를 숨긴다. 저 야만인을 문화에 참여하게 하려 한다고 말한다면, 이것은 분명 문명과 야만이 구분된다는 견해로서 걸왕桀王과 도척盜跖의 효시가 된다.[3]

장타이옌은 여기서 문명과 야만을 구분할 수 없음을 역설한다. 그것은 단지 침범이나 약탈을 위한 핑계에 지나지 않는다고 지적한다. 그가 보기에 서구인은 비서구 지역에서 바로 이런 짓을 자행하려고 했다. 그들은 비문명을 야만이라고 하고 그것을 일종의 병리적 상태로 보았다. 이런 행태는 유럽과 비유럽이라는 도식뿐만 아니라 유럽 내에서도 시도한 문명적인 것과 야만적인 것의 구분에서 드러난다. 유럽에서도 산업혁명 시절 시골아이가 때 빼고 광내어 도시 노동자가 되는 것을 문명의 기적처럼 그렸다. 신이 인간에게 보인 기적과 다를 바 없었다.

장타이옌은 당시 상당수 지식인들이 서구문명이 중국의 발전 방향이라고 생각할 때 오히려 그것을 비난했다. 그는 먼저 지적한다. "야만인은 소나 거북을 섬기고 문명인은 상제를 섬긴다." 얼핏 보기에 야만인은 열등하고 유럽인은 우등한 것 같다. 동물이나 나무, 아니면 바다나 강을 숭배하는 경우를 보고 유럽인들은 비웃었다. 종교에도 문명의 것이 있고, 야만의 것이 있다고 생각했기 때문이다. 근대적 종교관에는 이른바 진화론적 사고가 강하게 개입했다. '정령신앙→다신교→유일신교' 같은 발전관을 갖고 있었다. 물론 기독교를 최고에 위치시켰다. 장타이옌은 이렇게 비꼰다.

> 지금 두 사람이 있는데 한 사람은 소뿔이 말할 수 있다고 하고 한 사람은 말뿔이 말할 수 있다고 한다면 잘못은 둘 다 마찬가지다. 그런데 소뿔은 말하지 못하지만 존재하기야 한다. 그래서 틀린 게 하나다. 말뿔은 말하지도 못하고 존재하지도 않는다. 그래서 둘이나 틀렸다.[4]

장타이옌이 보기에 야만인은 소뿔이 말한다고 하는 쪽이고, 문명인은 말뿔이 말한다고 하는 쪽이다. 동물이나 나무에 있는 정령을 숭배하는 것과 저 하늘에 보이지 않는 상제를 숭배하는 것. 나는 곰의 자손이라고 말하는 것과 나는 하나님의 창조물이라고 말하는 것. 이 둘은 사실 별로 차이가 없다. 그런데도 곰의 자손은 야만이 되고 신의 피조물은 문명이 된다는 발상은 종교적 혹은 인종적 편견에서 기인했을 뿐이다. 그런데도 근대 시기 기독교 같은 서구종교는 꽤나 지적이고 세련된 이미지를 가졌다. 또한 고급한 종교처럼 보였다. 장타이옌은 문명론과 결합한 기독교의 기만성을 비판했다.

량치차오의 인종론과 역사학

근대 시기 문명론은 유럽 국가에서는 식민지 경영의 핑계가 됐고 중국같이 비서구 국가에서는 민족국가 수립이라는 과제와 관련됐다. 1900년대 근대민족국가 수립을 위해서 백방으로 뛰어다닌 계몽사상가 량치차오. 그는『신민총보』시절 문명론과 인종론을 제기하여 이 역할을 담당했다. 그는 다분히 제국주의 입장에 서 있었다. 량치차오는 인종의 차등적 능력을 인정했다. 백인종의 우열함을 인정하고, 흑인종의 하등함 또한 인정한다. 그럼 황인종은 어디에 위치할까? 량치차오는 중국인 등 황색인종은 백인종에 가깝기 때문에 일정한 노력을 통해서 백인종에 근접할 수 있다고 주장했다. 량치차오는「장차 중국 인종이 강해질 것임을 논함」(1899)이란 글에서 다음과 같이 말한다.

> 장차 실력으로 전 세계를 개척하고 통솔할 자 누구인가? 바로 우리 중국 인종이다. 백인은 교만하여 힘들게 일하길 싫어하고, 흑인이나 종색인樱人, 오스트랄로이드은 나태하고 어리석다. 그렇기 때문에 이 일은 우리 황인을 제외하면 감당할 수가 없다. 북미와 호주는 지금 백인종의 식민지가 되었다. 남미와 아프리카는 의심할 바 없이 반드시 황인종의 식민지가 될 것이다.[5]

세계 인종을 네 가지로 크게 분류하는 방식은 지금에야 그렇게 통용되지 않지만 당시에는 주요한 분류법이었다. 종색인은 호주 원주민 등 태평양이나 인도양 열도 지역 인종을 가리킨다. 량치차오는 인종적 차등은 제국과 식민지라는 결과로 드러날 것이라고 본다. 이후 역사는 백인종과 황인종 간의 투쟁이 될 것임을 암시한다. 량치차오식으로 보면 황인종의 대표는 당연히 중국 인종이다. 량치차오에게 문제는 백인종과 황인종 간의 격차를 어떻게 줄이느냐 아니면 황인종이 어떻게 백인종을 추월할 것인가였다.

량치차오는 1902년 『신민총보』 창간호부터 연재한 『신사학』新史學에서 새로운 역사학을 정의하면서 인종론을 거론했다. 『신사학』은 중국 근대 역사학의 출발이라고 일컬어지기도 한다. 그는 여기서 역사를 세 가지로 정의했다. 첫째, 그에게 "역사는 진화의 현상을 서술함"이다.[6] 량치차오는 역사가 단순히 사실의 나열이 아님을 분명히 했다. 그는 먼저 우주의 현상을 순환과 진화 둘로 구분했다. 또한 순환은 반복일 뿐 진보가 아닌 데 반해 진화는 앞으로 나아갈 뿐 회귀하지 않음을 지적했다. 량치차오는 역사학은 바로 끊임없는 생장과 끝 모를 진보를 관찰하는 것이라고 선언한다. 그가 보기에는 맹자도 역사를 "한 번 태평하다가 한 번 혼란하다"一治一亂(『맹자』, 「등문공」하)는 식의 순환론에서 벗어나지 못했다.[7]

중국 지식인 사회에서 이 일치일란의 역사관은 전통적인 역사관의 전형처럼 취급됐다. 하지만 량치차오는 맹자가 전체 역사를 보지 못하고 한 시대가 진보하고 퇴화하는 것만을 보고서 역사를 그렇게 판단했다고 생각했다. 그는 실제 역사는 나선형으로 진보하는데 맹자는 그것을 닫힌 원환으로 파악했음을 지적했다.

둘째, "역사는 인간 집단[人群]의 진화현상을 서술함"이다.[8] 개인의 발전이 아니라 집단의 진화이다. 량치차오는 점층적으로 단계를 높이면서 역사를 정의한다. 세번째로는 이렇게 말한다.

역사는 인간 집단의 진화 현상을 서술하여 그것의 공리공례公理公例를 탐구하여 장악하는 것이다.[9]

여기서 '공리공례'는 당연히 역사법칙을 말한다. 사회진보를 위한 학문이 바로 역사학이며 그것의 임무는 그 법칙을 찾아내는 일이다. 그런데 법칙을 찾는다는 것이 단지 이론적 완결성을 위한 것이 아님도 밝힌다. 량치차오에게 역사학은 미래를 견인하는 실용적 도구다. 그가 보기에 "역사는 과거의 진화로써 미래를 인도하는 것이다." 량치차오가 굳이 '신사학'이라고 제목을 단 까닭이 여기에 있었다. 중국의 진보를 위한 역사법칙의 탐구가 바로 역사학인 셈이다. 역사학자는 진보의 공식을 찾아야 했다. 량치차오는 신민新民을 호명했듯 신사학을 호명한다.

량치차오는 재밌게도 논의를 인종론에서 시작했다. 그는 『신사학』의 한 부분인 「역사와 인종의 관계」에서 역사학을 다시 정의한다. "역사는 인종의 발달과 그것의 경쟁을 서술함이다. 인종을 제외하면 역사는 없다."[10] 여기서 인종은 현재 우리가 몇 가지로 구분하는 그런 인종 개념이 아니다. 인종은 하위에 온갖 민족을 포함하는 개념이다. 그래서 량치차오는 중국 인종이라는 말을 쓴다. 인종이라는 말 대신 민족이라는 말을 써도 무방할 듯하다. 량치차오의 이런 인종론이나 역사관에는 어느새 우승열패 혹은 생존경쟁이라는 진화론이 짙게 배어 있다.

량치차오가 행한 역사에 대한 세번째 정의와 관련해서 주목할 만한 사람은 단재 신채호申采浩, 1880~1936다. 그는 1931년 6월 『조선일보』에 게재한 「조선사 총론」에서 역사를 말한다. "역사란 무엇이뇨? 인류 사회의 '아我와 비아非我'의 투쟁이 시간부터 발전하며 공간부터 확대하는 심적 활동 상태의 기록이다." 적어도 한국인들에게는 대단히 유명한 말이다.

신채호식이라면 조선사는 조선민족과 타민족의 투쟁 기록이다. 량치차오는 역사를 한 인종 혹은 한 민족의 투쟁 기록이라고 이야기했다. 역사를 집단 간 투쟁의 기록으로 보는 경향은 근대 시기 자주 보인다.

인종과 역사를 관련시키는 것은 량치차오의 독특함만은 아니다. 그는 『신사학』을 쓰면서 일본 학자 우키타 가즈타미浮田和民, 1860~1946가 쓴 『사학통론』史學通論에 많이 의거했다.[11] 우키타는 이 책에서 인종론을 역사학에 끌어들였다. 근대 시기 우생학이나 골상학 등에 기반한 제국주의적 인종론이 등장했다. 이것은 고대부터 존재한 혈통적 선민의식의 근대화 혹은 과학화라고 할 수 있을 것이다. 히틀러도 사람 불러다 놓고 신체 사이즈 재는 일을 꽤 했지 않나. 일본 같은 후발 제국주의 국가의 경우 서구와 다른 방식으로 그것이 전개됐다. 서구의 우수성을 인정하고 '인종개량'이라는 차원에서 인종론이 제기됐다.

량치차오는 『신사학』에서 역사적 인종과 비역사적 인종을 구분한다. 그가 기준으로 삼은 것은 자결自結이다. 자결할 수 있으면 역사적 인종이고 못하면 비역사적 인종이다. "자결할 수 있는 인종은 다른 인종을 배척하고, 자결할 수 없는 인종은 다른 인종에게 배척당한다. 다른 인종을 배척하는 자는 자신의 인종을 확장하여 다른 인종을 침식한다."[12] 여기서 '자결'이라는 말이 인상적이다. 3·1운동의 이념적 계기로 일컬어지는 '민족자결주의'의 경우도 민족의 운명을 해당 민족 스스로 결정해야 함을 역설했다. 물론 윌슨이 제창한 민족자결주의와 량치차오의 자결은 다르다. 윌슨은 약소국가도 자신의 운명을 결정한 권리가 있음을 역설한 것이다.

량치차오는 국가에 대해 이렇게 이야기한다. "하나의 국國은 단체의 가장 큰 범위고, 경쟁이 최고조에 달한 것이다. 만약 나라 경계를 합쳐서 국가를 부순다면 그런 일의 가능성 여부를 막론하고 경쟁이 단절되고 문명 역시 그와 더불어 끊어지지 않겠는가?"[13] 량치차오는 역사적 인종에서 나아가 '세계사적 인종' 개념을 제시한다. 이 개념에서 자결의 분명한 의도가 드러난다. 그는 국가 간 경쟁을 통해서 국가가 발전하고 문명이 발전한다는 쪽이다.

> 같은 역사적 인종이지만 세계사적 인종과 비세계사적 인종의 구분이 있다. 무엇을 세계사적 인종이라고 하는가? 그 문화와 무력이 단지 본국의 영토나 본국의 인민 자손에만 미치지 않고 그것을 확충하여 외부에까지 미쳐 전 세계 인류가 그 영향을 받아서 발달과 진보에 도움이 되는 것을 세계사적 인종이라고 명명한다.[14]

여기서 량치차오가 생각하는 인종발전의 지향을 확인할 수 있다. 그가 「장차 중국 인종이 강해질 것임을 논함」에서 밝힌 제국주의 중국에 대한 꿈이다. '문화와 무력'이 본국을 넘어 다른 국가나 민족에게 미쳐서 그들의 발달과 진보에 도움이 된다는 말에 주목해야 한다. 이것은 제국주의 열강이 식민지 경영에 착수할 때 내세운 근대화나 문명화 논리가 아닌가. 일본이 조선을 식민지화하여 결국 조선을 근대화시켰다고 하는 방식과 유사하다. 그는 민족 간 투쟁을 통해서 세계사적 인종이 되자고 독려한다.

맹자의 문명론과 그 비판

장타이옌은 중국 지식인들에게 광범위하게 퍼진 진화론과 인종론이 범벅된 문명론을 거부했다. 그는 과연 문명이 무엇인가 되짚는다. 량치차오는 문명의 발전은 인간의 지혜가 발전하는 것이라고 보았다. 이에 반해 장타이옌은 하나의 문명 속에서도 지혜와 어리석음이 동시에 전진한다고 생각했다. 그는 「구분진화론」俱分進化論에서 제시한 선과 악의 이중진화론을 문명론에도 적용시킨다. 문명[智]과 미개[愚]의 병진이다. 장타이옌은 『국고논형』國故論衡에서 인간의 본성을 탐구하면서[原性] 문명과 야만을 언어와 연관해서 설명했다. 그에 따르면 문명은 '형상에 대한 인식'[知相]과 '개념에 대한 인식'[知名] 둘을 가리킨다.

야만이나 미개는 저 둘 가운데 '형상에 대한 인식'은 작동하지만 '개념에 대한 인식'은 미약한 경우다. 그런데 장타이옌이 보기에 야만인은 일상적인 '다섯 감각에 의한 인식 능력'[五識]은 무척 뛰어나다. 문명인은 개념을 통한 추상적인 인식이 뛰어나다. 하지만 오히려 이 개념에 붙들려 잘못을 저지른다.[15] 여기서 개념[名]은 다양하게 해석할 수 있다. 전통적인 의미에서는 명분이나 역할이라고 할 수 있고 근대적인 의미에서는 이념이나 세계관이라고 할 수도 있다.

유학에서 말하는 정명설正名說은 바로 이름을 바로잡기 위한 투쟁이다. 고대 중국의 많은 전쟁이 바로 이 이유로 자행됐다. 물론 다른 실리적인 이유가 있었겠지만. 그래서 명분을 가진 전쟁은 그저 전쟁이 아니라 정벌征伐이라고 말했다. 장타이옌은 『제물론석』에서 의도적으로 한 장을 구분하여 문명론을 언급했다. 여기서 그는 근대적 문명론을 중국 고전 속에서 비판했다. 그가 보기에는 전통 속에도 제국주의 열강이 빌미로 삼는 문명론이 등장한다. 먼저 『장자』 「제물론」 본문을 보자.

> 옛날에 요堯가 순舜에게 물었다. "나는 숭宗, 회膾, 서오胥放 세 나라를 정벌하려 하는데 정사에 임할 때 어쩐지 마음이 편하지 않습니다. 무엇 때문일까요?" 순이 대답했다. "저 세 나라의 군주는 쑥풀이 무성한 곳에 사는 미물과 같습니다. 임금께서는 왜 그렇게 불편해하십니까? 옛날에 열

개의 해가 출현하여 만물을 낱낱이 비춘 적이 있습니다. [그래도 열 개 해가 서로 방해하지 않았는데] 하물며 도덕의 광채가 저 해를 뛰어넘는 사람이겠습니까?[16]

요와 순은 유교에서 말하는 성인이다. 이른바 유교적 유토피아인 요순시대를 통치한 군주다. 요는 자신이 저런 미개국을 공략하는 게 불편하다. 더구나 그 이유를 모른다. 그런데 순은 저런 미개국의 군주를 무성한 쑥풀 속에 사는 벌레 정도 취급하면서 그리 신경 쓸 일이 아니라고 한다.[17] 「제물론」이 인용하는 요와 순이 유학 전통 속의 요와 순이라고 말하기는 어렵다. 장자는 오히려 그들을 비판하려 한다. 위 인용문에 따르면 순은 도덕적으로 혹은 문화적으로 우위에 있으면 침략전쟁도 가능하다는 입장이다.

위진시대 곽상郭象은 『장자주』莊子注에서 이 부분을 풀면서 요와 순이 공통으로 가진 '문명과 야만'이라는 사유를 비판했다. "사물이 거처하는 데 누추한 곳이란 없다. 쑥풀이 무성한 곳도 세 사람에게 훌륭한 곳일 수 있다."[18] 곽상의 주장은 문화적 상대주의라고 할 법하다. 곽상은 다시 이야기한다. "만약 존재자가 자신의 속성을 펼치고 각각 그것이 편하게 여기는 바를 편해하고 가깝고 멀거나, 그윽하거나 심오하다는 구분 없이 무엇에라도 자연스러움으로 대처하여 모두 그것의 완전함을 획득하면 그는 당연하지 않을 수 없고 나도 기쁘지 않을 수 없다."[19] 그는 문명과 야만을 나누는 절대적 기준을 거부한 셈이다. 이는 장자철학의 문명론이라 할 법하다.

문명론과 관련해서 사실 장타이옌이 가장 신랄하게 비판한 인물은 맹자다. 그는 맹자 비판을 통해서 당시 제국주의 비판을 기도했다. 『맹자』

「등문공」 하편에는 "갈백이 밥 먹이는 자를 원수로 여긴 일"이 등장한다. 갈 땅의 임금 갈백이 제사를 지내지 않자 탕 임금이 제사용 고기와 곡식을 보낸다. 그런데도 제사를 지내지 않자 이제는 사람을 보내서 농사를 돕게 한다. 갈 땅 사람이 그들에게 음식을 주자 임금 갈백이 핍박한다. 그래서 탕 임금은 갈 땅을 정벌하고 이 일을 시작으로 연쇄적으로 11국을 정벌한다.

맹자는 탕이 갈 땅을 정벌한 것을 두고 "천하를 탐해서가 아니라 필부를 위해서 복수했다"고 평가했다. 주희는 이 부분에 주석을 달면서 탕 임금이 "천하를 값지다[富]고 여겨 그것을 획득하려 한 게 아니다"라고 평가했다. 탕 임금은 제국적 욕망이 있었던 게 아니라 저들 백성의 자유와 인권을 위해서 어쩔 수 없이 전쟁을 수행했다는 이야기다. 지금도 자유나 민주, 심지어 인권이라는 이름으로 전쟁이 일어나기도 한다. 이매뉴얼 월러스틴Immanuel M. Wallerstein은 『유럽적 보편주의』에서 다른 나라의 문제에 개입할 수 있는 개입권에 대해 다룬다.[20] 미국은 후세인 정권이 대량살상무기를 개발하고 있다는 핑계를 대고 이라크를 침공했다. 후세인 정권이 축출되고 나자 미국 국방장관은 그것이 착오였음을 인정했다. 그것이 사실이라 하더라도 '대량살상무기'가 제일 많은 나라는 미국 아닌가. 미국 정부 논리대로 하면 다른 나라도 힘을 합쳐 미국을 공격해야 한다. 그러나 실제 그런 일은 없다. 개입권은 미국에게만 있기 때문이다.

탕 임금에게도 과연 개입권이 있을까. 맹자는 있다고 하는 쪽이다. 그런데 맹자는 전쟁하기 좋아하는 사람은 극형에 처해야 한다고 말한 적이 있다(『맹자』「이루」상). 그렇다면 맹자가 찬양한 탕 임금의 정벌은 전쟁이 아니라는 말인가. 맹자에게 이름을 바로 잡는 전쟁, 즉 윤리적 전쟁은 전쟁이 아니다. 동서양을 막론하고 위정자들은 명분을 획득하고 전쟁에 나서고자 한다. 탕 임금도 종교적인 이유로 명분을 확보했다. 그리고 전쟁을 감행했다. 그는 십자군이었다. 사실 미국도 대량살상무기 제거라는 인류애적인 명분으로 전쟁을 시작한 셈이다. 탕 임금은 갈 땅 사람들에게 일종의 해방군이 되었다. 장타이옌은 이 일을 거론하면서 맹자의 모순을 지적했다.

> 성탕과 이윤伊尹의 계획을 살펴보면 대개 종교에 의지해서 다른 나라를 공격했다. 진실로 소·양·제사용 곡식은 임금이 공급하기 어려운 게 아니며, 방탕하여 제사를 지내지 않는다고 해서 이웃 나라에서 따질 게 아니다. 그래서 소문을 조작하고 거짓말에 기대어서 이내 사람들을 보내서 밭 갈게 하고 그들이 갈백을 의심하고 두렵게 했다. 아이가 도륙당하자 복수로써 명분을 삼았다. 지금 다른 국가를 공격하여 영토를 뺏는 방식이 모두 이런 것이다. 저 대유(맹자)는 오히려 다시 현혹되어 있다.[21]

예나 지금이나 종교는 매우 정치적이다. 근대에 서구가 비서구 지역에서 벌인 많은 전쟁의 이유가 선교사 박해였다. 선교를 핑계로 다른 나라를 침략하는 것이다. 탕 임금이 제사를 빌미로 전쟁을 벌인 것과 비슷하다. 근대적으로 보면 제사는 종교 행위다. 중국 각지에서 활동한 선교사들은 지역 주민과 많은 마찰을 빚었다. 많은 오해와 또한 정치적 의도가 그 속에 있었다. 그것은 누구의 잘못을 떠나서 있을 수밖에 없는 일이었다. 이런 일은 곧잘 정치적 문제로 비화했고 애꿎은 사람들이 곤혹을 치렀다. 올가미를 치고 기다리고 있는 사냥꾼처럼 서구 열강은 중국을 노려보고 있었던 셈이다.

불교인들은 곧잘 불교의 이름으로 전쟁을 감행한 적이 없음을 강조한다. 이는 이슬람이나 기독교에 비해 불교는 평화의 종교임을 뽐내는 행위로 보인다. 상대적으로 보면 그 말이 꼭 틀린 것은 아니다. 단지 불교라는 이름으로 전쟁을 진행한 적은 없기 때문이다. 그런데 꼭 맞는 말도 아닌 게 불교라는 이름으로 전쟁에 적극적으로 참여한 경우는 적지 않기 때문이다. 일본불교는 태평양전쟁 시기 철학적·종교적으로 열심히 전쟁에 참여했다. 식민지 시대의 조선불교도 마찬가지였다. 그 부역자들은 해방 이후에도 호의호식했다. 그런데도 부끄러운 줄 모르고 세월이 그랬으니 그들도 피해자란다. 세월이 그랬어도 안 그랬던 사람은 뭐가 되나.

2. 행복 환상과 문명국가

신아헌정설 비판

1907년 10월 17일 일본 도쿄에서 량치차오 등 입헌파 중국 지식인들이 중심이 되어 정문사政聞社를 결성했다. 이들은 「정문사 선언서」에서 청 정부 개조와 전제정치 반대를 천명했고, 그 방법으로 입헌정치를 제시했다. 그들은 입헌정치가 곧 국민정치임을 강조했다. 또한 그렇게 하려면 국민정치를 감당할 자질 있는 국민이 필요한데 불행히도 아직 중국은 그렇지 못하다고 평가했다. 정문사는 중국인이 정치[政]에 대한 이해와 견문[聞]을 넓히도록 한다는 취지로 설립됐다.

  정문사의 의회설립운동은 당시 청 정부가 발표한 예비입헌에 호응한 것이다. 그들은 청 정부가 속히 의회를 설립하고 사법권을 독립시킬 것을 주장했다. 가톨릭 신학자이자 입헌파 지식인 마량馬良, 1840~1939이 정문사 대표를 맡았다. 그는 취임 연설에서 특이하게도 국가와 신아神我의 관계에 대해 언급했다. 그는 이듬해 4월 정문사 기관지 『정론』政論에 이 연설문을 「정당의 필요와 그 책임」이라는 제목으로 게재했다. 마량은 왜 엉뚱하게도 '신아'를 언급했을까.

그런데 신아는 무엇인가. 중국 고전에서 신아라는 말은 등장하지 않는다. 그것은 근대 일본에서 인도철학을 번역하면서 발생했다. 인도철학의 하나인 상키야학파에서는 인간의 영원한 자아를 상정했다. 그들은 그것을 푸루샤^{puruṣa}라고 했는데 근대 일본에서는 이를 신아로 번역했다. 이것은 형이상학적 실재로서 자아다. 마량이 꼭 상키야학파의 개념을 염두에 두고 이 용어를 사용한 것 같지는 않다. 오히려 기독교에서 말하는 영혼에 가깝게 사용한 게 아닐까 생각한다. 그는 분명 근원적 실재로서 이 개념을 사용했다. 그렇다면 신아와 국가는 도대체 무슨 관계가 있는가. 그는 신아 개념을 통해서 인간의 선험성을 말하려 했다.

마량은 인간은 선험적으로 행복을 추구하고, 그것을 만족시키는 방법으로 공동체를 형성한다고 말하다. 국가는 행복을 실현하는 장이다. 장타이옌은 1908년 6월 『민보』^{民報} 21호에 「신아헌정설 비판」^{駁神我憲政論}을 발표한다. 먼저 장타이옌이 인용한 마량의 이야기를 들어 보자.

국가의 기원은 어디에 있는가? 생명이 있는 존재 가운데 자아를 아끼지 않는 게 없다. 이른바 자아는 육체적 자아[形我]와 정신적 자아[神我]가 있다. 금수는 육체적 자아의 존재를 알지만 신아의 존재를 알지 못한다. 그래서 영원히 사회를 이루지 못한다. 인류는 단지 육체적 자아의 편안함으로써만 만족하는 게 아니라 반드시 정신적 자아의 행복을 추구한다. …… 인류는 혼자를 싫어하고 사회를 이루는 것을 좋아한다. 이것은 전적으로 천성에서 기인했고 이 때문에 가족에서 나아가 부락을 이루고, 부락에서 국가가 된다. 금수는 가족이나 부락을 이루지 못하지만 인류는 그렇게 할 수 있다. 오직 신아가 있음을 안다. 그래서 야만인은 국가를 이루지 못하고 문명인은 그렇게 할 수 있다.[22]

이상은 마량의 이야기다. 생명 가진 존재자는 자기 보존이나 안전에 대한 욕구가 있다. 여기서 자기는 단지 육체만을 가리키지 않는다. 마량은 신아라는 말로 정신적 자아를 이야기했다. 정신적 자아의 욕구는 무엇인가. 육체적 평안이 아니라 정신적 행복이 금수와 인간을 구분하는 잣대가 된다. 마량은 신아라는 개념을 통해서 바로 행복을 이야기하고 싶었다. 아리스토텔레스도 인간은 행복을 추구하는 동물이라고 말했다. 과연 그런지 알 수 없지만 이 '행복'이라는 주제는 오랫동안 인간에게 고민거리를 제공했다.

마량은 인간은 천부적으로 행복을 추구하고 바로 그 점이 인간이 금수가 아니라 인간일 수 있게 한다고 말하는 셈이다. 유교에서 인·의·예·지가 있어야 인간일 수 있다고 한 것과 사뭇 다르다. 행복 추구에 대한 천부인권적 선언은 서구 근대를 이해하는 데 중요한 단서가 된다. 더구나 그 행복 추구가 공동체의 구성과 관련되면 국가 문제에 와 닿는다. 다음은 토머스 제퍼슨이 작성한 미국 「독립선언서」 일부다.

> 우리는 다음을 자명한 진리라고 생각한다. 모든 사람은 평등하게 태어났으며, 조물주로부터 양도할 수 없는 권리를 부여받았다. 그 권리 중에는 생명, 자유, 행복의 추구가 있다. 이 권리를 확보하기 위해 인류는 정부를 조직했으며, 이 정부의 정당한 권력은 인민의 동의로부터 유래한다.[23]

마량이 개인의 행복 추구와 국가를 연결하듯 미국 「독립선언서」도 국가의 독립(수립)이 천부인권을 수호함을 말한다. 비록 신으로부터 받은 권리이지만 이왕 받은 이상은 신이 뭐라 해도 양도할 수 없다. 굳이 이것이 근대와 관련되는 까닭은 행복은 신이 내게 던진 운명이 아니라 인간이 스스로 그것을 개척해야 하는 것임을 주장하기 때문이다. 제퍼슨은 정부가 인간의 천부적 권리를 수호하지 못할 때는 그 정부를 해체할 수 있다는 혁명권을 말하기까지 했다.

> 전통사회에서 인간의 외적 상황 및 우연을 확정하는 데 사용되었던 행복이라는 개념은 근대사회에 들어서면서 인간의 내적 상태를 묘사하게 되었다. 이와 동시에 행복은 인간에게 우연히 주어진 운명이 아니라, 인간이 자유롭게 책임지고 만들어 가야 할 역사가 되었다.[24]

인간은 행복의 주재자로서 신에게서 행복의 집행권을 뺏어 왔다. 이제 인류는 생명과 자유와 행복 추구라는 권리를 확보하기 위해 신전을 건립하는 것이 아니라 정부를 조직한다. 거꾸로 말하면 국가의 기원은 이 권리를 확보하려는 바람에 있다. 그런데 이 행복 추구라는 것을 미국 자본주의와 관련시켜 보면 막스 베버의 『프로테스탄티즘의 윤리와 자본주의 정신』이 떠오른다. 인간의 종교적 구제, 달리 말하면 행복의 성취는 부의 획득으로 확인한다. 개인이 부를 획득하는 과정이 공정할 수 있도록 국가는 관리하고 감독해야 한다.

마량은 「독립선언서」에서 제기하는 세 가지 권리 가운데 행복 추구만을 거론한 셈이다. 물론 자본주의적 행복을 거론한 것은 아니다. 인간이 추구하는 행복은 국가 수립이라는 조건이 필수임을 주장할 뿐이다. 이는 개인의 행복 추구를 공적 공간과 연결시키려는 의도이다.

행복 추구와 폭력

마량은 개인의 확대로서 사회발전은 결국 문명화의 과정이라고 말한 셈이다. 그것은 맹자의 "소수의 즐거움보다는 다수의 즐거움이 낫다"는 언급처럼 인간은 더 큰 행복을 추구하게 돼 있다는 생각이다. 공리주의자 벤담이 말한 '최대 다수의 최대 행복'을 연상시킨다. 마량도 인간의 행복을 말하지만 실은 공리주의 입장에 서 있다. 그래서 국가라는 단위에서 행복을 구현해야 함을 역설한다. 그는 이것을 신아의 확대이자 완성이라고 말한다. 마량의 입장은 사실 량치차오의 입장을 대변한 것이다. 량치차오는 국가가 개인의 행복을 지킨다는 수준이 아니라 실은 국가가 개인의 큰 행복임을 말했다.

만약 국가 자체가 개인 행복의 최종 근거라면 이제 개인은 기필코 국가를 보호해야 한다. 량치차오는 대아大我나 소아小我 같은 개념을 자주 사용했다. 대아와 소아는 각각 국가와 개인에 해당하는 개념이다. 그렇다면 국가를 통한 큰 행복은 어떻게 가능한가. 결국 폭력이 동원된다. "작은 나라 적은 백성[小國寡民]으로 사는 즐거움이 큰 나라 많은 백성[大國衆民]으로 사는 즐거움보다 못하다면 다른 나라를 침략하지 않고서는 그런 즐거움을 어디에서 찾겠는가?"[25] 국가발전이라는 커다란 행복을 위해 행복할 기회를 놓친 개인이 얼마나 많은가. 알지 못하는 전쟁에 이리저리 끌려다니는 노예 같은 병사들이 얼마나 많은가. 그들이 더 큰 나라의 백성이 된들 무어 그리 행복하겠는가.

박애로써 함께 사용하는 것을 묵자는 겸사兼士라고 하고, 침략해서 빼앗는 것을 상앙은 겸병兼倂이라고 한다. 그 표현은 '함께한다'[兼]로 동일하지만 함께하는 방식이 다름은 물불과 흑백의 세력이 함께하지 못하는 것과 같다. '다수의 즐거움'이라는 말을 끌어다가 제국주의를 장식하는 것은 경사라는 이름으로 겸병주의를 꾸미는 것과 같다. 마씨는 가톨릭 신부라서 말할 때 어쩔 수 없이 온건한 면이 있다. 하지만 그의 의도를 밀고 가 보면 금철주의(무력주의)와 그리 멀지 않다.[26]

장타이옌은 이쯤에서 신아헌정설의 정치 의도를 폭로한다. 그가 보기에 마량의 논리는 개인은 행복을 추구하고, 더 크고 완전한 행복을 얻기 위해 결국 국가 건설을 지향할 수밖에 없다는 것이다. 량치차오는 「나의 생사관」에서 개인은 자신의 완성을 위해서 자신을 국가에 투척해야 함을 말했다. 그것이 영원히 사는 방법이고 자기를 완성하는 방법이라고 말했다. 마량은 영원함이나 완성 대신 행복을 거론한 것이다.

장타이옌은 집단을 위해 희생하는 개인을 들녘에서 밭 가는 소에 비유한다. 들판에 풀은 지천인데 소는 "사람들을 위해서 쟁기를 끈다. 가쁜 숨을 내쉬며 땀에 젖어 밭에서 일하지만 수확한 곡식을 소가 먹을 수는 없다."[27] 특별히 그럴 일도 아닌데도 무던히 매달리는 형국이다. 수많은 개인이 이런 모습이다. 현실에서 이런 노골적인 폭력성은 점점 줄어든다. 하지만 법률이나 제도가 아닌 '사회적 합의'라는 기준으로 개인에게 이런 것들을 요구한다.

이런 입장에 따르면 "후손을 위해서 나의 현재 삶은 희생될 수 있다"는 위험한 발상도 가능하다. 현실을 미래에 저당잡힌 꼴이다. 하지만 사실 "이것은 도덕의 영역에서 가능한 것이지 책임 영역에서 당위는 전혀 아니다."[28] 그래서 그것은 선택상황이다. 문제는 우리에게 선택의 기회를 주지 않는다는 점이다. 더구나 이런 문제는 가족 안으로 진입한다.

장타이옌이 비판하는 '공리'처럼 가족 사이에서 일어나는 일들은 책임 이상의 무게다. 자신의 미래나 과거의 형상화가 비록 난해하더라도 자식의 경우는 문제가 달라진다. 자식은 단지 현재의 모습이 아니라 과거와 현재와 미래라는 매우 긴 시간의 것이다. 그런 시간에 자신(부모)의 삶이 끼어든다. 여기서 행복이라는 개념이 포장지처럼 등장한다. 장타이옌은 이런 시스템에 국가가 개입하고 있음을 간파했다. "명목상 '자식에 대한 부모의 책임'이라고 말은 하지만 사실은 국가에 대한 인민의 책임이다."[29] 희생이라는 숭고한 말로 자발성을 요구하지만 이때 행사하는 건 실은 집단적 폭력일 뿐이다.

2부 / 보편세계와 무의 근대

4장 _ 보편의 성립과 아뢰야식

1. 메이지철학과 쇼펜하우어

쇼펜하우어의 발견

장타이옌은 청대 고증학의 마지막 적자라고 할 수 있다. 그는 청대 학술의 전통을 고스란히 계승했다. 하지만 거기서 그치지 않고 자신의 철학을 시도했다. 그래서 후스 같은 이는 장타이옌이 스승 위웨보다 뛰어날 수 있었다고 평가한다. 그렇다면 장타이옌이 철학을 할 수 있었던 계기는 무엇일까. 캉유웨이도 못하고, 량치차오도 못한 철학을 유독 그만 할 수 있었던 것은 왜일까. 장타이옌은 방대한 고증학 지식을 습득한 데다가 대승불교를 수용했고, 거기다 메이지 일본을 통로로 서양철학을 흡수했다. 대승불교와 서양철학이 결합하면서 그는 그야말로 철학을 할 수 있게 됐다.

지식의 흡수력으로 치자면 량치차오가 장타이옌을 훨씬 능가했다. 하지만 량치차오는 철학 자체보다 그것을 활용하는 데 관심을 가졌다. 그래서 그가 수용한 서양사상은 대부분 사회철학이나 정치철학이었다. 칸트를 소개할 때도 국가주권과 인민주권의 문제에 집중했다. 그는 심지어 칸트가 말하는 자유는 인민이 주권자인 국가에 복종할 자유라고 규정했다. 장타이옌은 량치차오에 비해 훨씬 깊은 곳까지 들어갔다. 비록 근대적 철학 훈련을 받은 일본의 메이지철학자에 비해서는 투박했지만 전통 지식인 가운데서는 거의 유일하게 철학을 형성할 수 있었다.

장타이옌이 수용한 서양철학 가운데 주목할 만한 것은 쇼펜하우어다. 그에게 쇼펜하우어 철학을 알린 인물은 아네사키 마사하루姉崎正治, 1873~1949다. 아네사키는 일본에 쇼펜하우어를 일찍부터 소개한 이노우에 데쓰지로井上哲次郎의 도쿄대학 제자였다. 또한 그는 독일에 유학해서 쇼펜하우어협회의 창설자이자 니체의 친구인 파울 도이센Paul Deussen에게 쇼펜하우어 철학과 산스크리트를 배웠다. 이후 쇼펜하우어의 『의지와 표상으로서의 세계』를 『의지와 현식現識으로서 세계』란 제목으로 번역했다. 그가 쓴 『종교학개론』宗敎學槪論(1900)이나 『상세 인도종교사』上世印度宗敎史(1900)는 장타이옌의 저작에 자주 등장했다. 특히 장타이옌이 사용하는 주요한 철학개념에 결정적인 영향을 미치기도 했다.

일본의 연구자 고바야시 다케시小林武는 장타이옌 연구에서 메이지 일본의 영향을 중시한다. 그는 기존 장타이옌 연구는 "전통 학술의 대가이거나 민족주의자"로서 장타이옌에만 주목하여 학술과 정치를 중심으로 진행했는데 이것은 "중국이라는 지知의 폐쇄계 가운데서 고찰된 것임"을 지적한다. 장타이옌은 메이지철학의 세례 속에서 전 지구적인 지적 환경에서 생활하고 사유했으며, "그의 사상적 궤적은 중국사상이 지의 개방계 가운데 자신을 상대화시켜 재생한 사례라고 할 수 있다"고 덧붙인다.[1] 장타이옌이 도구로 사용한 앎은 단지 중국의 앎이 아니었고, 그가 생산한 앎도 단지 중국의 앎은 아니었다. 고바야시의 말대로 1900년대 장타이옌은 지의 개방계에 서서 생각하고 말했다. 그에 대한 연구도 개방계에서 진행해야 함은 물론이다.

일본 메이지철학 연구자 후나야마 신이치船山信一는 『메이지철학 연구』 서문에서 니시 아마네西周와 쓰다 마미치津田眞道가 네덜란드에 도착한 1862년을 일본 근대철학의 시작으로 잡는다. 물론 일본인 학자가 유럽에 도착했다고 해서 철학이 시작되는 건 아니지만 그것을 하나의 의미·사건으로 파악한 것이다. 철학이라는 말도 니시 아마네가 1874년 간행한 『백일신론』百一新論에서 처음 썼다. 그런데 『백일신론』은 니시가 메이지유신 직전 교토에서 행한 강연록임을 감안하면 실제로 일본 근대에서 '철학'은 메이지시대와 거의 동시에 시작했다고 해도 좋을 것이다.

니시 아마네는 쓰다 마미치, 후쿠자와 유키치 등과 함께 1873년 메이로쿠샤明六社를 결성했다. 메이로쿠샤는 메이지[明] 6년[六]에 설립했기 때문에 붙인 이름이다. 메이로쿠샤는 『메이로쿠잡지』를 발간하여 영국과 프랑스 등 유럽철학을 열심히 소개했다. "로크나 루소로 대표되는 18세기 영국과 프랑스 계몽주의 철학이 아니라 벤담, 콩트, 밀로 대표되는 19세기 부르주아 개량주의 철학이었다."[2] 실증주의의 이식이라고 할 수 있다. 메이지 10년대에는 나카에 조민中江兆民, 1847~1901 등에 의해 자유민권운동이 크게 일어났다. 이들은 로크나 루소의 자연법 사상을 이론적 기초로 받아들였다. 당시는 철학자의 철학이 아니라 계몽가의 철학이었다.

1877년 도쿄대학이 설립되어 제도권 철학이 시작된다. 1886년 도쿄대학은 도쿄제국대학으로 전환한다. 1889년 '대일본제국헌법'이 반포되고, 이듬해인 1891년 '교육칙어'敎育勅語가 반포된다. 교육칙어는 국민 동원을 위한 국민 계몽과 인간 개조를 지향했다. 우리나라의 '국민교육헌장'은 일본의 교육칙어를 모방한 것이다. 나이가 조금 있는 사람은 기억할 것이다. "나는 민족중흥의 역사적 사명을 띠고 이 땅에 태어났다." 이런 명령은 개인이 국가나 민족에 봉사하는 인간이게끔 했다. 제국헌법이나 교육칙어가 반포될 무렵 제도권 철학은 메이지 정부의 체제 강화를 위해 국가주의를 정립했다. 민권이 아니라 국권을 위한 철학함이었다. 그때 메이지 정부는 독일철학을 선택했다. 근대유럽의 후발주자인 독일은 국가 주도로 빠르게 근대화했기 때문에 같은 처지라 생각한 메이지 정부는 독일모델을 선호했다.

메이지 정부에게 독일은 법률·철학·교육 등 다양한 방면에서 좋은 모범이었다. 아카데미즘 철학은 애초 국가주의철학이 목표였기 때문에 단순히 서구철학을 수입하는 것이 아니라 그것을 통해서 천황제 '일본'을 강조하고자 했다. 국권주의나 국가주의에 입각한 철학자로는 도쿄대학 철학과를 졸업한 이노우에 엔료井上圓了와 이노우에 데쓰지로가 대표적이다. 엔료가 철학관을 설립하여 민간에서 이런 작업을 진행했다면, 데쓰지로는 도쿄제국대학에서 줄곧 이 임무에 힘썼다. 데쓰지로는 '교육칙어'가 반포되자 '칙어연의'勅語衍義를 써서 어용철학의 정수를 보였다.

메이지 10년대에 "이미 독일관념론이 동양적 형이상학과 결합되기 시작했다."[3] 쇼펜하우어 철학도 이때 일본에 상륙한다. 서양철학의 소개가 아니라 일본철학을 염원한 결과로 나온 것이 이노우에 데쓰지로의 '현상즉실재론'現象卽實在論이다. 이것은 동아시아 불교의 대표적 저작인 『대승기신론』大乘起信論(이하 『기신론』)의 핵심 개념인 진여眞如와 영국철학자 허버트 스펜서의 '불가지'不可知 개념에서 힘입었다. 철학적으로 불가지는 단지 '알 수 없어요'가 아니라 '알 수 없는 무한자'를 의미한다. 이노우에 데쓰지로는 진여를 불가지한 절대자이자 무한자로 파악했다. 이 무한자 개념은 근대 일본철학의 한 주제였고, 장타이옌도 본체本體를 말하면서 이 개념을 원용했다.

이노우에 데쓰지로가 『기신론』에서 주목한 것은 초월적 실재로서 진여가 번뇌하는 현상세계를 전개한다는 점이다. 진여 개념에 과연 세계 창조의 역능이 있는지는 좀더 궁구할 필요가 있지만 당시 데쓰지로의 입장은 분명해 보인다. "그는 불교의 개념인 진여를 신성과 같은 것으로 해석했다."[4] 중중무진하는 개별현상은 진여의 드러남이다. '무한'은 바로 무수한 현상을 드러내는 능력인 셈이다. 『기신론』에서 차별적 현상은 생멸하는 번뇌세계다. 궁극적으로 그것이 진여의 표현임을 말한다. 데쓰지로는 여기서 정반대의 두 가지 사실이 하나임을 보았다. 현상과 실재가 이질적이지 않고 합일함을 발견한 것이다. 그는 '현상즉실재론'을 통해 우리가 파악하는 현상은 그 자체로서 충분히 진실함을 주장하려 했다.

데쓰지로는 현상과 실재를 두 가지가 아니라 하나의 사실로 봄으로써 서구철학의 이원론을 극복하고자 했다. 서구철학을 단순히 이원론으로 규정하는 것은 물론 너무도 폭력적인 단정이지만 메이지관념론자들은 이원론을 서구 사유의 대표로 삼았다. 그것을 극복하면 서구가 그냥 극복되는 것인 양 달려들었다. 그들은 일본 전통 사유와 독일관념론의 결합으로 이 문제를 해결하고자 했다. 이 과정에서 절대나 무한자 개념을 적극적으로 사용했다. 이노우에 엔료 등 메이지 시기 불교철학을 정립한 이들은 "객관관념론→주관관념론→절대관념론"식의 관념론 발달사로 불교를 해석했다. 이렇게 진화론적인 불교 이해과 독일관념론의 결합은 이후 불교 이해를 강하게 규정했다.

한국에선 1920년대 일부 불교지식인들이 불교철학이라는 이름으로 이런 논의를 적극적으로 수용했다.[5] 해방 이전 틀이 완성된 김동화金東華의 『불교학개론』에서는 불교교리를 실상론과 연기론으로 구분하는데, 이것은 실재와 현상이라는 서양철학 개념의 불교 버전이었다. 아울러 교리

발달사 입장에서 전체 불교를 '업감연기론業感緣起論 → 뢰야연기론賴耶緣起論 → 진여연기론眞如緣起論'식으로 이해했다. 이런 도식화는 물론 방대한 불교이론에 대한 체계적인 이해에 유용했지만 유용한 만큼 위험하기도 했다. 메이지 불교철학자들은 『기신론』이나 화엄철학에 주목하면서 진여연기론과 법계연기론을 불교철학의 최고 단계로 끌어올리기도 했다. 메이지관념론에서 이런 절대주의는 천황주의나 국가주의와 관련됐다.

맹목의지와 근본무명

쇼펜하우어가 인도철학이나 불교에 큰 관심을 보였음은 잘 알려진 사실이다. 그의 저작 곳곳에서 이것을 확인할 수 있다. 메이지철학자에게 이 점은 대단히 경이로웠고 또한 반가웠다. 일본 전통에서 오랫동안 지속한 불교사유가 벌써 서구철학과 결합했다니. 그들이 이루고자 한 '불교와 서양철학의 조우'를 서양철학자가 일찌감치 시도했음에 감사했다. 그것은 하나의 모범이었다. 그런데 당시 서구철학과 자주 비교되고 결합한 불교는 특정한 성향의 불교였다. 바로 범신론적 불교다. 『기신론』의 진여나 화엄학의 법성法性 개념이 그런 예다. 이노우에 데쓰지로가 시도한 현상즉실재론도 이런 분위기 속에서 출현했다.

　쇼펜하우어는 『의지와 표상으로서의 세계』를 시작하면서 "세계는 나의 표상"이라고 했다. 여기서 나는 나의 의지다. 결국 세계는 내 의지의 표상이다. 의지는 칸트가 말하는 물자체이다. 그래서 세계는 맹목적 의지의 객관화다. 그가 말한 맹목적 의지는 불교적 표현을 쓰면 갈애渴愛다. 그것은 영원히 마르지 않을 것 같은 욕망이자 갈증이다. 번뇌는 이 갈애에서 쉼 없이 샘솟는다. 쇼펜하우어 철학의 일본 수용을 연구한 이노우에 가쓰히토井上克人는 메이지 시기 이노우에 데쓰지로가 시도한 쇼펜하우어

철학과 불교의 결합에 대해 이렇게 말한다.

> 추측건대, 불교의 초월적이고 내재적[覆藏]인 '진여'가 갖는 자기 내발적인 활동과 전개, 바꿔 말하면 진실재가 스스로 전개해 가는 '진여수연'[眞如隨緣]의 관념을 이노우에는 쇼펜하우어의 '맹목적인 의지'라는 발상 가운데서 읽었던 것은 아닐까. 요컨대 물자체인 '의지'는 이른바 진실재에 다름 아니고, 그것이 자발적으로 자기 전개해 간 것이다. 즉, '의지의 형이상학'을 쇼펜하우어나 하르트만[Ed. v. Hartman, 1842~1906]의 철학 가운데서 읽었던 것은 아닐까.[6)]

『기신론』에서 진여는 불생불멸[不變]하면서 자신의 청정한 본성을 지킨다. 그런데 진여는 또한 온갖 조건을 따라 전개된다[隨緣]. 이렇게 『기신론』은 불변과 수연이라는 진여의 상반된 두 가지 성격을 제시한다. 얼핏 보면 이원론 같지만 둘이 하나의 양면임을 강조하기에 일원론의 경향을 보인다. 앞서 말했듯 이노우에 데쓰지로는 모순처럼 보이는 이 상반된 성격에서 오히려 철학적 가능성을 발견했다. 진여는 실재로서는 초월적이고 불변하지만 현상으로서는 변화하고 전개한다. 진여의 자기 전개, 즉 세계 출현은 무명에 기인한다. 무명이 현상을 초래한 격이다.

인도 정통철학에서는 모든 것이 브라만의 현현임을 말한다. 이것이 바로 세계창조이다. "『우파니샤드』[Upaniṣad]에서는 세계를 브라만의 전개로 보는 전변설[轉變說]과 세계는 브라만이라는 유일한 실재를 근거로 하되 단순히 가상적으로 나타나 보이는 것에 지나지 않는다는 가현설[假現說]이 둘 다 발견된다."[7)] '전변'이라는 말은 불교유식학 문헌인 『유식삼십송』[唯識三十頌]에 등장하는 개념인데, 한 존재자가 다른 존재자로 전환[轉]하면서 세계가 전개[變]되는 방식이다. 유식학에서는 이를 두고 '식識 전변'이라는 말을 쓴다. '가현'은 글자 그대로 하면 거짓 드러남이다. 세계는 신기루 같은 환상임을 지적한다. 이런 경우 본질은 현상에서 드러나지 않는다. 인도 철학에서는 마야maya,幻 개념으로 거짓 세계를 말한다. 세계는 그저 환상이다.

『기신론』은 전변설에 해당하며 세계의 전개가 무명의 전개임을 말한다. 달리 말하면 세계는 번뇌의 전개다. 쇼펜하우어가 좋아하는『우파니샤드』에서는 이 전변설과 가현설이 함께 나타난다.『기신론』에서 말하는 실재와 현상은 한 뿌리이지만 그렇다고 현상 자체가 실재와 동시적으로 일치하지는 않는다. 실제 '현상즉실재론' 같은 즉각성[卽]은『기신론』이 아니라『금강경』金剛經이나 선종禪宗에서 주로 말한다. 니시다 기타로西田幾多郞, 1870~1945나 스즈키 다이세쓰鈴木大拙, 1870~1966는 공空 사상을 바탕으로 한 '즉'卽의 논리를 사용했다.

공 사상의 핵심 텍스트인『중론』中論에서는 '생사즉열반'生死卽涅槃, '번뇌즉보리'煩惱卽菩提 같은 언설로 현상과 실재가 '즉'하다고 말한다. 둘이 즉할 수 있는 까닭은『중론』첫 게송에서 말한 '불생즉불멸'처럼 발생도 본질 없음으로써 부정되고 소멸도 본질 없음으로써 부정될 때 둘이 소통하기 때문이다. 이 구절을 '생즉멸'이라고 표현하더라도 저 '즉'에는 부정어가 숨었음을 알아야 한다. 부정을 매개로 한 긍정이자 소통이다. 니시다가 발견한 것은『금강경』에 등장하는 '즉비'卽非다.『금강경』에서는 말한다. "여래가 말한 몸의 모양[相]은 곧[卽] 몸의 모양이 아니다[非]. 모든 존재자의 모양은 본질 없다. 만약 그런 모양이 모양 아님을 본다면 곧 여래를 볼 것이다." 분명 자기 부정을 통해서 비로소 존재의 본질에 닿을 수 있음을 지적한 것이다.

그렇다면 '생사즉열반'에서 실재는 열반이 아니다. '생사와 열반이라는 상반된 두 가지 판단을 나란히 세워 놓고 둘이 다르지 않다고 말함으로써 초래하는 우리 인식의 자유'가 실재다. "선과 악이 하나다"라고 했을 때, 선이 실재가 아닌 것과 마찬가지다. 나란할 수 없어 보이는 둘을 나란히 세워 놓았을 때 발생하는 효과가 있다. 그것이 공의 효과이고, 무의 효과이다. 이것이 '중관'中觀이고 '공관'空觀이다. 굳이 공을 실재라고 한다면 대승불교가 노리는 건 그 실재를 아는 게 아니라 수행자가 그것을 통해서 인식의 속박에서 벗어나는 거다. 실재는 바로 자유인 것이고, 중관이라는 실천이다. 메이지관념론들은 이런 '공' 개념을 현상과 실재라는 도식에 던져 넣음으로써 그것을 형이상학으로 타락시켰다.

철학사가인 코플스턴Frederick C. Copleston, 1907~1994은 쇼펜하우어의 관념론을 다음과 같이 정리했다. "쇼펜하우어의 체계를 초월론적·주관주의적 관념론으로서 그리는 것은 부당하지 않다. 그것은, 세계는 우리의 표상이나 표현이라고 주장한다는 의미에서 관념론이다."[8] 쇼펜하우어도 의지가 물자체임을 인정하지만 결국 의지의 극복을 통한 구제를 말했다. 『기신론』에서도 마찬가지로 무명을 극복하여 본래의 청정한 마음으로 돌아감, 즉 해탈을 추구한다. 그렇다면 물자체로서 의지도, 세계 전개의 추동자로서 무명도 극복 대상일 뿐이다.

현상즉실재론은 내재적 초월을 통해서 현상을 긍정하려는 기획이다. 이 의도를 훨씬 강화한 쪽은 니시다철학이다. 니시다 기타로는 "의지의 부정에 의한 해탈이나 열반에는 전혀 개의치 않고 거꾸로 의지의 무한한 능동성을 주장해, 철저하게 '절대자유의 의지'를 강조했다."[9] 이제 세계를 긍정할 수 있는 까닭은 세계가 무명의 전개가 아니라 오직 실재의 표현이기 때문이다. '본체론적 일원론'은 메이지관념론의 주제였고, 그

철학적 분투에 불교종단 출신 철학자들이 앞장섰다. 그것은 메이지불교의 철학화와 절대적인 관련을 맺었다. 쟝타이옌이 시도한 유식본체론唯識本體論도 크게는 메이지철학의 영향 속에 있었다고 할 수 있다. 그렇다고 전적으로 거기에 기대지는 않았다. 그에게는 일본과 다른 현실이 있었기 때문이다.

쇼펜하우어와 관련하여 일본 근대불교학에서 특기할 만한 사건은 1920년대 12연기의 무명 해석을 둘러싼 논쟁이다. 1920년대 초, 유명한 불교학자 기무라 다이겐木村太賢은 『원시불교사상론』에서 12연기의 무명 개념을 해석하면서 쇼펜하우어가 말한 삶에 대한 '맹목적 의지'를 빌렸다.[10] 이에 반해 우이 하쿠주宇井伯壽와 와쓰지 데쓰로和辻哲郎는 무명을 비롯한 12연기의 심리적 해석을 거부하고 그것을 하나의 논리형식으로 보려 했다.[11] 기무라는 이들의 해석을 칸트의 범주론에 따른 해석이라고 평가했다. 이것은 단지 1920년대 갑자기 일어난 사건이 아니다. 메이지 시기부터 칸트나 쇼펜하우어 철학은 불교해석에 직접적으로 참여했다.

이렇게 근대 이후 불교해석은 서구의 영향 속에 있었다. 그것이 다는 아니지만 상당히 강력한 영향을 미쳤다. 칸트나 쇼펜하우어에 대한 지식이 전혀 없다 해도 근대 이후 형성된 불교지식은 벌써 그것과 관련됐다. 더구나 일본 근대를 통한 각색 때문에 마치 그것이 불교의 본질인 것처럼 꽤 근사해 보였다. 그런데 가만히 생각해 보면 불교가 다른 종교나 철학의 영향을 강하게 받은 것은 비단 근대의 일만은 아니다. 인도에서부터 이미 그러했다. 불교는 『우파니샤드』의 철학이나 상키아철학이나 베단타철학 등 주류 철학과 깊이 교류했고, 그것의 일부가 불교로 잠입하기도 했다. 불교에서도 타자의 흔적을 쉽게 발견할 수 있다 하여 그리 놀랄 일은 아니다.

염세주의와 무의 철학

메이지관념론에서 쇼펜하우어의 영향은 분명하다. 쇼펜하우어 철학 가운데서 그의 형이상학 외에 메이지사조에 끼친 주요한 영향은 염세주의 pessimism다. 1898년, 청일전쟁(1894~1895) 승리 후 일본은 정치적으로는 급속도로 제국주의화했고 경제적으로는 산업화가 심화됐다. 얼마 뒤 일어난 러일전쟁(1904~1905)의 승리는 일본제국주의가 자기 체제에 대한 확신을 갖게 된 결정적 사건이었다. 국가주의가 강화되고 군비가 증가하면서 증세로 인한 인민의 고충은 한층 심해졌다. 국가 간 경쟁이 사회 내에서는 개인 간 경쟁을 유도했다. 사회불안이 고조되고 노동쟁의는 격화됐다. 개인주의나 사회주의 그리고 무정부주의 같은 반국가주의 입장의 사조가 출현했다. 또한 국가나 집단으로 수렴되길 거부하는 개인이 출현했다. 자아의 각성이었다.

각성한 자아는 삶이 편치 않은 법. 루쉰의 철방 비유처럼 깨어나도 출구는 없다. 근대 일본문학의 이정표인 나쓰메 소세키夏目漱石, 1867~1916는 시대와 불화하는 자아를 자주 묘사했다. 『한눈팔기』道草(1915) 같은 소설이 그러하다. 주인공 겐조는 사람 없는 거리를 다니면서 "너는 결국 무엇하러 이 세상에 태어났는가?"라는 질문을 받는다. 물론 자신이 던진 것이다. "모르겠어." 이렇게 답하지만 저쪽에선 다시 비웃는다. "모르는 게 아니지. 알아도 그곳에 도달할 수 없는 거겠지. 도중에 멈춰 있는 거겠지."[12] 겐조가 정말 알고 있었는지 몰랐는지 판단할 수 없지만 뻔히 답이 나와버린 시대를 살고 있었음은 분명하다. 답은 나왔지만 겐조는 답을 도출하는 시대의 방식을 납득할 수 없었다.

시대에 투항하면 삶은 단순 명쾌하다. 힘들지만 불안하지는 않다. 시대에 반할 때면 곤란해진다. 근대 일본만 그랬겠나. 스탈린의 소련도 그랬고, 마오쩌둥의 중국도 그랬다. 사회주의의 바이블 격인 맑스의 원전 읽는 걸 두고 반혁명분자로 몰 정도로 엉뚱했다. 공산당의 공식적 맑스 해석이 나와 있는데 원전에서 다른 걸 얻으려는 짓은 불순했다. 겐조같이 답이 뭔지 여전히 고민하는 개인은 그저 하릴없는 거리의 부랑자다. 거리의 부랑자일 수도 있고, 잠재적인 불안세력이기도 했다. 푸코식으로 하면 광인이다. 가둬야 한다. 그들은 시대가 부여한 할 일을 하지 않고 있기 때문이다. 불화가 적극적이면 저항이 되기도 한다. 그런데 저항에는 얼마만큼의 용기가 필요한 법이다. 고바야시 다케시는 당시 상황을 이렇게 말한다.

> 메이지 전기前期 청년이 정치적이고 자아의 확립을 국가의 독립과 중첩시킨 것에 반해 메이지 30년경부터 비정치적인 발상의 이른바 문학청년이 나타나 국가와 대립하는 지점에서 자아의 확립을 모색했다.[13]

사회는 사회대로 산업화 과정에서 발생한 여러 모순을 경험했고, 개인은 개인대로 자신이 놓인 현실과 자기 영혼의 불화를 경험해야 했다. 이런 분위기에서 지식청년들 사이에 쇼펜하우어의 염세주의가 풍미했다. 이노우에 데쓰지로가 철학적으로 사용한 쇼펜하우어가 국가주의를 향한 형이상학이었다면 문학청년이 흡수한 쇼펜하우어는 반시대적 고찰이었다. 장타이옌이 일본에서 생활한 메이지 30년대 후반은 쇼펜하우어의 염세적 분위기가 여전한 시기였다. 쇼펜하우어는 세계는 맹목의지의 객관화라고 했다. 맹목의지는 결코 만족할 수 없는 허기다. 그러기에 세계는 비극이고, 인생은 고苦다. 염세는 이렇게 출현한다.

하지만 염세로 영원히 삶이 종결하는 건 아니다. 쇼펜하우어는 맹목적 의지의 극복으로서 구제를 말한다. 『의지와 표상으로서의 세계』 제4권에서는 주로 쇼펜하우어의 윤리학이 등장한다. 그는 여기서 생에 대한 의지를 부정함으로써 구제(해탈)에 도달한다. 쇼펜하우어는 "우선 구제에 도달하기 위한 과정으로서 동고$^{同苦,\ Mitleid}$나 금욕 같은 윤리를 논하고, 마지막 절에서 구제사상을 총괄하는 '무'^{無}의 사상에 대해 언급한다."[14] 쇼펜하우어 윤리학에서 이 동고 개념은 중요하다. 공고^{共苦}라고도 번역되는데, 『도덕학 대원론』^{道德學大原論}이란 이름으로 일본에 쇼펜하우어의 윤리학을 소개한 나카에 조민은 이를 '측은지심'으로 번역했다. 장타이엔은 나카에 조민의 유교적 번역어 대신에 '비성'^{悲性}이라는 불교용어를 선택했다. 『유마경』^{維摩經}에서 유마거사는 "중생이 아프니 나도 아프다"고 했다. 고통의 공유다.

쇼펜하우어는 의지를 부정하고 구제를 말하는 『의지와 표상으로서의 세계』 제4권을 시작하면서 『우파니샤드』 라틴어 번역본인 『우프네카트』$^{Oupnek'hat}$를 인용한다. "인식의 도래와 함께 애욕은 거기부터 승화하기 때문이다." 전체 문장은 다음과 같다. "그들은 애욕은 처음을 갖지 않고 끝을 갖는다는 사실에 기초해서 마야^{maya}는 영원한 애욕임을 말한다. 왜일까? 왜냐하면 인식의 도래와 함께 애욕은 거기서부터 승화하기 때문이다."[15] 『기신론』 등 불교문헌에서 무명은 시작 없는 때부터[無時以來] 활동한다고 말한다. 그 무명은 바른 앎으로 척결할 수 있다.

위 『우파니샤드』 인용문에서는 욕망과 앎이 대비된다. 이를 불교적으로 고치면 무명과 지혜의 대비다. 쇼펜하우어가 인용한 『우파니샤드』의 욕망과 깨달음은 유식학에서 말하는 해탈의 구조와 유사하다. 유식학에서는 세계는 오직 식^{識}일 뿐임을 말한다. 세계를 표상하는 식은 허망분별로서 식이다. 식이 구성한 세계가 실체가 아니라 허망함[空]을 깨달아서 이른바 유식성을 체득하는 게 수행의 목표다. 이때 세계를 표상하는 식을 전환[轉]하여 지혜[智]를 획득[得]한다. 이른바 전식득지轉識得智이다. 쇼펜하우어는 『의지와 표상으로서의 세계』를 이렇게 끝낸다.

> 의지의 완전한 폐지 뒤에 남은 것은 아직 의지로 가득한 모든 사람에게는 무이다. 그러나 역으로 의지가 자신을 전환해 부정한 자에게는 모든 태양이나 은하를 포함해서 우리에게 너무도 현실적인 이 세계는 무다.[16]

이는 의지의 부정이자 무의 발견이다. 쇼펜하우어는 구제로서 무를 말한다. "고통의 세계로부터 해탈"이기 때문에 그것은 열반이다. "쇼펜하우어에게 무는 고뇌를 끊임없이 산출하는 의지의 결여라는 결여의 무이자 상대적 무이다."[17] 이런 뜻에서 보면 대승불교의 공 사상과 많이 닮았다. 무는 무라는 실재나 실체가 아니다. 그것은 절대의 무가 아닌 하나의 부정이다. "이 의미에서 무는 객관적 사실이 아니라 주체적 실천이라고 말할 수 있을 것이다."[18] 무의 실천을 통해서 번뇌와 고통을 극복한다는 쇼펜하우어의 구제사상을 두고 염세주의나 니힐리즘을 이야기하기란 곤란해 보인다. 이것은 불교에 대해서도 통용되는 이야기다. 모든 존재자는 연기하기 때문에 그것은 실체 없이 공하다. 그러하니 그것에 대한 집착이나 욕망을 중지해야 한다고 말하는 것이 니힐리즘이 될 턱은 없다. 쇼펜하우어의 무도 그렇고 대승불교의 공도 그렇고 그것은 하나의 실천이다.

근대 일본에서 무의 철학은 크게 두 가지 방향으로 진행됐다. 첫째는 쇼펜하우어나 니체 등을 통해서 염세주의나 개인주의, 혹은 니힐리즘 사조로 발전한 경우다. 이것은 반국가적인 색채를 띤다. 근대 일본에서 다카야마 조규高山樗牛, 1871~1902 등이 이런 사조를 이끌었다고 할 수 있다. 도바리 치쿠후登張竹風, 1873~1955는 1901년 『제국문학』에 4회에 걸쳐 발표한 「프리드리히 니체를 논함」에서 니체가 극단적인 개인주의자일 뿐만 아니라 극단적인 역사 배척가임을 지적했다.[19] 사실 니체는 문명의 파괴자를 자처했다. 근대 일본에서도 니체는 새로운 문명론이었다. 장타이엔의 근대 비판에도 니체의 분위기가 꽤 있다.

둘째는 니시다 기타로의 절대무絶對無가 대표한다. 니시다의 철학은 개인을 무화시키고 절대를 불러들인다. 이 무는 근대 일본관념론의 정점이다. 그것은 독일관념론을 토대로 발전한 메이지관념론의 완성이라고 할 수 있다. 이노우에 데쓰지로가 쇼펜하우어와 『기신론』을 비교하여 본체론적 일원론을 시도하면서 진여를 말하고, 이노우에 엔료가 그 진여라는 개념으로 물심이원론物心二元論을 극복하고자 했다면 니시다는 그 자리에 무를 갖다 놓았다. 이른바 '절대무의 장소'이다. 그것은 주어가 아니라 술어로서 존재한다. "술어면이 자기 자신 속에서 주어면을 갖는다." 주어는 술어에서 무한히 출현할 뿐이다. 그 무한함은 주어로 개별이 될 때 자신을 한정하면서 드러난다. 절대무의 자기 한정이다.

니시다는 불교의 화엄철학에서 말하는 '일즉다, 다즉일'一卽多 多卽一의 논리를 가지고 '절대모순의 자기동일성'을 말한다. 여기서 '즉'卽의 논리는 개체와 보편이 갖는 자기동일을 설명한다. 이 이론은 데쓰지로가 시도한 '현상즉실재론'의 발전된 형태라 할 수 있다. 왜 절대적 모순인가. 시간을 예로 들면, 순간은 무한한 시간 가운데 하나다. 그런데 한순간은 이전·이후 시간과 단절을 통해서만 성립할 수 있다. 그런데 시간은 연속을 반드시 전제한다. 하지만 그것을 구성하는 순간이 성립하려면 연속을 부정해야 할 처지에 놓인다. 개별로서 순간이 드러날 때는 시간이라는 무한과 절대모순적이지만 그렇게 해야만 시간이라는 동일성을 확보한다.

니시다의 절대무는 모습을 물을 수 없는 무無이자 무한無限이다. 그런데 개체는 이 무의 표현이고 그 표현 또한 실은 절대무의 장소에서 일어나는 일이다. 그는 1933년 쓴 「총설」에서 "우리는 이런 세계의 자기 한정으로서 이 안에 있고 여기에서 각자의 사명을 가진다"[20]고 분석했다. 10년 뒤인 1943년 니시다는 일본 육군의 요청에 의해 쓴 「세계 신질서의 원리」에서 "각자가 세계사적 사명을 자각하고 각자가 어디까지나 자기에 즉하면서도 자기를 넘어서 하나의 세계적 세계를 구성해야 한다"고 말한다. 간단히 말하면 그의 무는 일자이자 절대지만 그것이 무이기에 개체는 그것에서 벗어날 길이 없다. 쇼펜하우어나 니체의 무가 보편에 대한 개체의 독립을 강조했다면 니시다의 무는 개체를 무한에 가두는 역할을 했다.

장타이옌도 무를 말했다. 루쉰 문학도 무를 말했다. 다케우치 요시미 竹內好, 1910~1977는 대표작 『루쉰』에서 이리 말한다. "루쉰 문학의 근원은 무라고 불릴 만한 어떤 무엇이다. 그 근원적인 자각을 획득했던 것이 그를 문학가이게 만들었고, 그것 없이는 민족주의자 루쉰, 애국자 루쉰도 결국 말에 불과할 뿐이다."[21] 루쉰도 그렇고 사실 다케우치 본인도 근대 일본이라는 공간에 존재한 무의 철학에 닿아 있었다. 아니 굳이 일본 근대만의 무는 아니다. 당시 근대를 달리 사유하려 한 이라면 부정과 긍정 혹은 수동과 능동으로서 무를 생각해 봄 직했다. 장타이옌은 대승불교와 서양철학을 결합하여 보편의 성립을 밝히고, 그리고 다시 그것을 부순다. 거기에 무가 있다.

2. 보편세계의 구성

보편상과 다르마

장타이옌이 생활한 19세기 말~20세기 초는 동아시아에 새로운 보편이 등장한 때였다. 구질서와 신질서는 서로 싸웠다. 당연히 정치나 사회 그리고 문화 등 전 영역에서 심각한 교란이 있었다. 보편이 재구축되는 과정이었다. 보편은 얼핏 보면 시공을 초월하는 무엇이다. 하지만 우리는 각 시대마다 시대의 보편이 작동함을 역사에서 보았다. 시대가 바뀐다는 것은 바로 이런 보편의 전환을 가리킨다고 할 수 있다. 패러다임의 변화도 이런 식으로 생각할 수 있다. 일단 그것이 보편으로 작동한다면 우리는 단지 시대를 호흡하는 것만으로도 보편을 폐부 깊숙이 박는다. 일상에서는 쉽게 그것을 자신으로 오인하고, 그것에 순응하는 것이 자신의 길이라고 곧잘 믿는다. 보편은 한 시대가 가지는 권력의 지향이자 가치의 종합이다.[22]

보편은 시대가 구성한다. 그렇다고 보편이 임의적이고 허구적이라고 간단히 말해 버리지는 못한다. 그리 호락호락한 개념은 아니다. 그 보편을 단지 개념적으로만 파악하면 철학사에서 몇몇 사례를 거론할 수 있다. 서양 고대철학에서는 플라톤과 아리스토텔레스가 이데아 등 보편을 제시했고, 기독교에서도 태초의 말씀을 거론했다. 그 말씀은 하나의 질서로 기독교 사회에 작동한다. 근대철학에서는 데카르트나 칸트도 자신의 보편 개념을 창안했다. 데카르트는 이성에 기반해서 세계를 단정하게 이해할 수 있음을 강조했다. 칸트의 비판철학이나 계몽철학도 마찬가지였다. 이성의 적절한 사용으로 정교한 앎을 추구했다. 니체같이 비딱한 이는 그런 보편을 산산이 부수는 데 재미를 붙였다. 그는 반시대적이고 반역사적인 일에 몰두했다.

동양도 별반 다르지 않다.『중용』中庸에서는 사물에 부여한 하늘의 명령을 성性이라고 하고, 그것을 따르는 게 바로 도道라고 했다. 송대 유학자 정이程頤는 '천리'天理라는 보편 개념을 제시했다. 그는 개별 사물의 차이를 인정하면서도 그것들 속의 이理는 하나임을 주장했다. 보편, 즉 하나로서 이에서 개별 사물이 차이로 분화한다. 보편적 일자에서 개별 현상이 다양하게 분화함을 '이일분수'理一分殊라고 했다.[23] 주희는 보편을 이렇게 말한다. "도란 길과 같다. 사람과 사물이 그 이치의 자연스러움을 따른다면 날마다 사물을 쓰고 생활하는 그 사이에도 당연히 행해야 하는 길이 없을 수 없다. 이것이 도이다."[24] 유학에서는 천리나 천도 같은 말이 이렇게 등장했다.

불교라면 보편 개념에 해당할 만한 게 무엇일까. 물론 불교는 기본적으로 형이상학적 질서에 대해 무관심한 편이다. 세계를 꿰뚫는 하나를 상정하길 주저한다. 때론 강하게 그런 틀을 거부하기도 한다. 부정적인 의미에서 그런 보편을 거론하기도 한다. 하지만 불교 전통 가운데 보편 개념을 강하게 운용하는 경우도 있다. 특히 중국에서 고대 불교 주석가들이 생산한 개념 가운데 보편 개념에 해당할 법한 것들이 있다. 송대 유학자들이 제시한 '천리' 개념에도 실은 불교의 영향이 강했다. 형이상학적인 보편자 개념은 불교에도 분명 있었다. 『열반경』이나 『화엄경』을 주석하면서 우주적 본체와 유사한 이나 법성法性 개념이 등장했다. 나중에 이들 개념은 송대 성리학 형성에 지대한 영향을 미쳤다.

그렇다면 불교 전통에서는 상반된 두 견해가 존재한다고 할 수 있다. 여기서는 보편을 하나의 허구로 취급한 경우를 소개한다. 중관학과 더불어 대승불교의 두 기둥인 유식학에서는 우리가 파악하고 있는 세계는 '오로지 의식'[唯識]의 산물임을 주장했다. 결국 그것은 공한 것이고 그것에 매달려 일으킨 온갖 생각이나 고집은 망상일 뿐이라고 말했다. 그들은 이 앎으로 번뇌에서 탈출하고자 했다. 그렇다면 유식학도 끝내는 존재자의 공함을 말했다.

고대 동아시아인이 많이 읽은 유식학 문헌 가운데 최고는 역시 『성유식론』成唯識論이다. 최고라는 이야기는 철학적 완성도가 가장 뛰어나다는 말이 아니라 획득한 권위가 크다는 말이다. 『성유식론』이란 책 제목은 유식성을 완성한다는 뜻이다. 이 책은 일종의 주석서이다. 무엇을 주석했냐 하면 고대 인도의 불교철학자 바수반두Vasubandhu, 世親가 쓴 『유식삼십송』이다. 당나라 고승 현장玄奘은 인도 유학 시절 유식학을 연구했다. 그는 귀국 후 바수반두의 『유식삼십송』에 대한 인도학자들의 견해를 모아서 번역했다. 그래서 현장의 『유식삼십송』은 편역서라는 말이 맞다. 『유식삼십송』 첫 송은 이렇게 시작한다.

> 임의적인 자아[我]와 대상[法]은 갖가지로 바뀌는데 그것은 식識이 달라진 결과다.[25]

별말 아닌 것 같다. 하지만 철학자들이나 주석가들은 이런 구절로 밤을 샌다. 아我와 법法은 요즘 말로 하면 주관과 객관이라고 할 수 있다. 바로 이 두 범주로 우리는 세계를 구성하고 활동한다. 그런데 바수반두는 이것이 식의 활동임을 지적한다. '자아'와 '대상'은 실체가 아니라 '자아'나 '대상'으로 의식활동을 한다는 말이다. 결국 대상은 바깥의 사물이 아니라 의식활동의 단단한 형식을 가리킬 뿐이다. 의식의 거푸집 같은 것이다. 이런 틀을 가진 우리의 의식은 어떠한 것이 다가서더라도 일정한 모습으로 응고시킬 준비가 되어 있다.

『성유식론』에서는 법, 즉 다르마Dharma를 궤지軌持라고 풀었다. 불교 용어로서 다르마는 대단히 많은 뜻이 있다. '불법'佛法이니 '정법'正法이니 할 때는 진리나 가르침을 말한다. 충북 보은에 있는 속리산俗離山 법주사法

住寺의 '법' 자도 이런 의미다. 세속[俗]의 번뇌 망상이 떠나가고[離] 그 자리에 불법[法]이 깃든다[住]는 뜻이다. 이와 달리 '제법'諸法이니 '법성'法性이니 할 때는 존재자를 가리킨다. 사물의 의미에 더 가깝다. 이 밖에도 많은 의미가 있다.

근대불교학에서는 산스크리트 단어를 이해하는 데 어근 분석을 중시한다. 이것은 중국 문자학자들이 한자를 이해할 때 『설문해자』 등을 통해서 어원을 따지는 것과 비슷하다. 동서양이 그리 다르지 않다. 다르마도 그런 식으로 접근할 수 있다. 다르마는 '가진다'는 의미인 동사 드르^{dhṛi}를 어원으로 한다.[26] 가진다는 말은 여러 가지로 전환할 수 있다. '붙잡다' 혹은 '가두다' 등등. 『성유식론』에서도 이런 의미를 살려서 풀었다. 현장은 다르마, 즉 법을 '궤지'라고 주석했다. 현장의 제자 규기窺基는 『성유식론』을 주석한 『성유식론술기』成唯識論述記에서 '궤지'를 다음과 같이 분석했다.

> 법은 궤지다. 궤軌는 궤범軌範으로 사물에 대해서 이해하는 것이고 지持는 임지任持로서 자상自相을 잃지 않음이다.[27]

하나씩 풀어 보자. '궤'는 마차의 바퀴자국이란 뜻이다. 고대에는 마차가 성문을 들어설 때 마차의 바퀴가 바닥에 패인 홈에 딱 들어맞아야 했다. 중국 진시황이 천하를 통일하고 가장 먼저 한 일이 이런 규범의 통일이었다. 그는 제국이 하나의 규범을 갖고 하나의 보편세계로 조직되길 바랐다. 마차가 그 홈에서 벗어날 경우 성안으로 진입할 수 없듯 제국의 보편을 따르지 않으면 존재할 수 없었다. 격외格外의 것이 되고 마는 것이다. 이렇게 해서 궤는 법칙이나 규범을 뜻하게 된다. 규기는 궤를 궤범으로 분명하게 풀었다. 기차의 탈선이 죽음을 의미하듯 규범을 위반할 경우

배제의 대상이 된다. 여기서 법은 보편적 규율이다.

그럼 궤지에서 '지'는 무엇인가. 지 자체로는 '보존하다'라는 뜻이다. 규기는 지를 임지라고 했는데 이를 "자신의 모습을 잃지 않음"이라고 풀었다. 무슨 뜻일까. 여기서 한자 '임'任은 '마음대로[任意] 무엇을 했다'고 할 때처럼 '대로'에 해당할 것이다. 한자 뜻은 '맡기다'이다. 이 말은 개별성을 나타낸다. 나는 나대로, 너는 너대로. 각각 스스로 맡고 책임짐이다. 그렇다면 '임지'는 개별의 영역에서 자신을 지키는 활동이다. 그래서 흔히 '임지' 다음에 자성自性이나 자상自相 등 개별을 가리키는 말이 따라 붙는다. 법은 자신의 본래 모습을 지키는 개별을 나타내기도 한다.

법이란 말이 갖는 법칙이나 규범의 의미와 사물 각각을 나타내는 존재자의 의미는 보편과 개별이라는 현대용어로 바꿀 수도 있다. 현장은 세간뿐만 아니라 불교에서도 자아와 법을 말하지만 그것은 가설假說일 뿐 그것에 실체가 있는 건 아니라고 말한다. 객관으로서 법은 그것이 보편상이든 개별상이든 임의적일 뿐이라고 지적한다. 일상을 운영하는 원리가 있는 듯 보이고, 거기서 살아가는 나도 사실로 존재하는 듯 생각된다. 하지만 그런 크고 작은 규율이 실은 의식의 조작임을 유식학은 천명한다.

성심과 원형관념

『유식삼십송』에 따르면 자아와 법은 임시적이다. 그것은 의식에 팬 규율이다. 하지만 임시적임에도 영원한 것처럼 작동한다. 필연성이나 당위로 보이는 보편은 어쩔 수 없이 규율화와 폭력을 수반한다. 왜냐하면 필연성을 관철시키기 위해서 강제가 허용되기 때문이다. 장타이옌은 "세계[天地]는 본래 실체가 없기 때문에 만물은 불생不生"[28]이라고 말했다. 이어서 우리가 온전한 세계를 구성하고 하나의 보편을 허용하는 것은 자기의식[意

根]이 저지른 착각 때문이라고 강조했다. 이 자기의식은 유식학에서 말하는 여덟 가지 의식 가운데 일곱번째인 말라식末那識을 가리킨다. 이 의식 작용은 끊임없이 '자기'를 찾아 헤맨다.

유식학뿐만 아니라 공空 사상을 말하는 중관학에서도 마찬가지다. 실체가 없을 경우, 우리는 어떤 것이 발생했다거나 소멸했다고 말할 수 없다. 불생불멸이라는 말은 이렇게 성립한다. 장타이엔은 유식학의 입장에서 세계 구성을 설명했다. 유식학은 세계는 잘 짜인 한바탕 게임이라고 생각한다. 장타이엔은 공리, 즉 보편을 바둑에 비유한다.

> 바둑판에다 바둑 두는 방식을 모두가 인정하듯, 규율을 벗어날 수 없다. 하지만 규율은 자성을 갖지도 않았고 세계에서 독존한 어떤 것도 아니다. 인간의 원형관념에 기대어 사물과 호응해서 구성되었다.[29]

아침에 눈 떠서 저녁에 눈 감을 때까지 우리가 영위하는 일상은 보편이라는 규율을 통해서 유지된다. 물론 보편이라는 말을 되뇌며 살지는 않지만 공유하는 다양한 룰을 따라서 생활한다. 이것에 따라 사는 게 때론 편리하지만 언뜻 그것이 규율임을 알아차릴 때도 있다. 장타이엔은 저런 보편을, 저런 규율을 따라 생활하는 우리 자신을 바둑판 위에 놓인 돌에 비유했다. 결코 그물처럼 펼쳐진 바둑판 위에서 벗어날 수 없을뿐더러 함부로 다니지도 못한다. 심지어 우리는 그 길을 어긋남 없이 잘 다닐 때 성취감을 맛본다.

장타이엔은 규율 자체가 허상임을 간파했다. 그것이 조작임을 선언하는데 마치 바수반두가 『유식삼십송』 첫 구절에서 행한 선언 같다. 그럼 보편이나 규율은 어떻게 구성됐나. 그는 그것이 인간의 '원형관념'에 연원한다고 말한다. 장타이옌 이전 '원형관념'의 용례는 일본의 종교학자 아네사키 마사하루가 쓴 『상세 인도종교사』에 보인다. 아네사키는 무착無着, Asaṅga과 세친의 유식학을 논하면서 "근본인 아뢰야식阿賴耶識은 모든 존재자의 근거로 일체 현상의 종자, 즉 원형관념을 함축시켜 집지執持, Adana한다"고 풀었다.[30] 장타이옌이 『구서』訄書를 집필할 때도 아네사키의 『상세 인도종교사』를 자주 인용한 점으로 보면 그가 아네사키의 개념을 빌려 왔음을 추측할 수 있다. 이 개념은 메이지 시기 불교 개념을 서양철학에 입각해서 설명하는 과정에서 출현했다.

"원형原型, 元型이라는 말은 당시 플라톤이 말한 이데아Idea의 번역어였고, 'Rudiment'원형, 기본, 단서의 의미처럼 사용됐다."[31] 칸트라면 원형관념이라기보다는 본유관념 혹은 생득관념innate ideas이라고 했을 법하다. 칸트는 경험으로 획득된 게 아니라 선천적으로 가진 관념이 있음을 인정했다. 그래서 인간이 그것 자체에 대해서 그다지 질문할 수가 없다. 따진다고 알 수 있는 게 아니니 그냥 받고 시작하자는 식이다. 근대 일본에서는 이런 개념이 칸트의 정의에 꼭 들어맞게 사용된 것은 아니다. 더구나 장타이옌이 사용한 원형관념의 의미가 당시 일본에서 통용된 원형이나 원형관념과 완전히 동일한 것도 아니었다. 하지만 관련은 충분히 있다.

장타이옌이 플라톤의 이데아처럼 움직이지 않는 원리나 불변하는 성질로서 원형관념을 사용한 것은 아니다. 플라톤이 본질(이데아)을 절대적으로 긍정하기 위해서 원형관념을 썼다면 장타이옌은 본질을 부정하기 위해 그것을 사용했다. 아네사키도 "원형종자는 의식에 의거해서 분별 인식을 드러내고 그 망념훈습은 능히 차별적인 영상을 전개시켜 오감의 대상과 오감의 인식을 나타낸다"고 말한다.[32] 아뢰야식의 종자는 굳이 말하자면 기본적으로 이성의 전개가 아니라 욕망의 전개라고 해야 옳다.

장타이옌은 「제물론」에 등장하는 성심成心을 풀면서 종자나 원형관념을 거론했다. 성심은 이미 형성된 의식의 경향을 가리킨다. 그것을 의식의 격자 같은 것으로 파악할 수도 있다. 당대唐代의 성현영成玄英은 『장자』를 주석하면서 이 성심을 "생각이 편협하여 막히거나 매달려서 일가의 편견을 고집하는 것"이라고 했다.[33] 성현영은 세상 사람들이 자신의 편견을 보편적인 표준으로 확대하려 한다고 비판했다. 장타이옌은 성현영에 비하면 훨씬 근대적인 방식으로 성심을 해석했다. 그는 성심을 유식학의 종자로 파악하면서 서양철학의 '범주'와 비교한다.

> 여기서는 장식藏識 가운데 종자, 즉 원형관념을 다룬다. 대승과 소승은 '색법과 무위법' 이외에 모두 24종의 불상응행법을 제시했고, 근세 칸트는 12범주를 제시했는데 이것은 모두 매우 번쇄하다. 지금 [대승과 소승, 칸트] 세 견해를 대략 비교하면 응당 제8아뢰야식은 본래 세식(시간), 처식(공간), 상식(형상), 수식(수), 작용식(작위), 인과식(인과)을 가지고 있으며, 제7의근은 본래 아식(자아)을 가지고 있다. 나머지 유무(존재와 비존재), 시비(옳고 그름), 자공(개별과 보편), 합산(집합과 분산), 성괴(완성과 파괴) 등의 상은 모두 이 일곱 가지 종자 각각이 관대하여 발생했다.[34]

장타이옌이 보기에 우리의 일상 의식은 기본적으로 이런 몇 가지 원형관념의 기초 위에서 가능하다. 이런 사고법은 불교만의 생각은 아니다. 칸트는 『순수이성비판』의 「선험적 분석론」에서 '오성悟性의 순수한 개념'을 다룬다. 칸트는 오성을 분량, 성질, 관계, 양상 네 가지로 나눈 후 이들 각각을 인과, 실체, 속성으로 나누어 모두 12가지 범주를 제시한다. 라이프니츠는 본유관념을 말한 데 반해 칸트는 순수개념을 말한다. 둘 다 선천성을 인정한다. 메이지 시기 독일관념론으로 불교를 해석한 이노우에 엔료는 아뢰야식을 라이프니츠의 단자單子, monad 개념에 빗대어 설명하기도 했다.[35)] 이런 시도는 최근에도 존재한다.

장타이옌은 유식학의 종자론을 동원하여 세계 구성을 선험적인 형식으로 파악했다. 장타이옌이 행한 종자론과 칸트철학의 비교는 당시로선 꽤 선진적인 시도라고 할 수 있다. 량치차오가 몇몇 불교 개념을 동원하여 서양철학을 이해하고 불교와 비교한 것과는 많이 달랐다. 량치차오가 「근세 최고 철학자 칸트의 학설」 등에서 시도한 비교는 실은 철학적인 목적보다는 정치계몽의 의도가 강했다. 명쾌한 논리를 구사했지만 그만큼 논의가 단순해질 수밖에 없었다. 그에 비하면 장타이옌은 다소 난해할 정도로 이론적이고 철학적이다.

장타이옌은 "성심은 종자고, 종자는 마음의 장애상"이라고 말한다. 성현영이 말한 "제한적인 사고 때문에 정체되고 집착한다"域情滯著는 것과 유사하다. 여기서 한 가지 유의해야 할 점은 유식학에서 세계 구성을 말할 때 제시하는 아뢰야식의 역할이다. 유식학에서 세계는 그야말로 식에 의해 드러난 것임을 주장한다. '유식소현'唯識所顯이라는 말도 이렇게 나온다. "오직 식이 드러낸 바"라는 이야기다. 그런데 이때 드러난 세상은 참된 세계가 아니라 허위이다. 불교용어로 하자면 이 허위 세계를 만들어낸 식은 망정妄情이자 망상妄想이다. 굳이 '망령되다'라는 말이 붙은 것을 봐서도 알 수 있듯, 이런 의식은 번뇌의 연장이다.

유식학 전통에서 아뢰야식을 진여인 청정식[眞]으로 보느냐 번뇌인 망식[妄]으로 보느냐는 오랜 논쟁거리였다. 유식학 문헌마다 조금씩 다른 의견을 제시했기 때문이다. 이 차이로 불교 내부의 몇몇 전통이 엇갈리기도 했다. 중국 위진시대 양나라 진제眞帝는 『섭대승론』攝大乘論을 번역하면서 아뢰야식을 진眞·망妄과 염染(오염)·정淨(청정)이 화합한 것으로 이해했다. 아뢰야식을 이른바 진망화합식眞妄和合識으로 본 것이다. 당나라 때 화엄종 고승 법장法藏도 『대승기신론의기』大乘起信論義記에서 아뢰야식을 이런 방식으로 이해했다. 장타이옌의 경우, 아뢰야식은 망식이기도 하고 청정식이기도 하다. 고증학자로서의 장타이옌은 세계 출현을 다시 중국 고전으로 해설했다. 그는 중국 위진남북조시대의 학자 복만용伏曼容, 421~502의 『주역』 괘 풀이를 빌려온다.

> 복만용도 그것을 알았구나. 『역전』易傳에서는 "고蠱는 사事다"라고 했다. 복만용은 이에 대해 "고는 혹란惑亂이다. 모든 사물은 미혹 때문에 발생한다. 그래서 고는 사"라고 말했다. 상·하 『주역』二經과 십익十翼에서 아낄 만한 것은 이 넉 자뿐이다.[36]

복만용은 『주역』 64괘 가운데 제18괘인 고괘蠱卦를 이상과 같이 미혹과 혹란으로 풀었다. 그는 『노자』와 『주역』에 뛰어났고 『주역집해』를 편찬했다. 장타이옌은 여기서 『유식삼십송』처럼 사물의 성립이 의식의 착각 때문임을 주장했다. 혹란은 성현영이 말한 제한적 사고[域情]에 해당하고 불교에서 자주 말하는 망정妄情이나 염오식染汚識에 해당한다. 혼란이나 망정, 또는 염오식은 실은 극복해야 할 대상이다. 장타이옌이 계속해서 중국 고전을 가져와서 설명하는 까닭은 세계나 보편의 허구성을 강조하기 위해서다.

장타이옌은 「사혹론」에서 마치 성심처럼 네 가지 미혹이 세상의 여러 가지 것들을 구성한다고 보았다. 하지만 네 가지 미혹은 성심과는 분명히 다른 점이 있다. 성심은 중생의 본연적 문제지만 이 미혹들은 사회적 통념이 구성한 것이다. 이렇게 보면 네 가지 미혹은 오히려 2차 내지 3차적인 것이지만 현실에서 그것들은 거의 본원적인 것으로 수용된다. 앞서 장타이옌은 세계 구성을 위해서 요구되는 것이 무엇인지를 보였는데 「사혹론」에서는 현실에서 그런 보편규율이 어떻게 작동하는가를 살핀다.

과거 유교사회에선 '천리'^{天理}를 통해서 개인을 규율했다. 천리는 인간 내·외부에 존재한다. 이런 것들은 '명분'으로 요구된다. 현실에서 천리는 도덕적 실천 속에 있다. 유교가 명교^{名教}인 이유는 여기에 있다. 당연히 이런 것들은 개인을 억압하고 사회를 유지하는 기제였다. 개인에게 봉건 윤리를 강조한 경우도 이런 천리를 근거로 내세웠다. 이른바 "존천리 거인욕"$^{存天理 去人欲}$이다. 이 한마디로 송대 유학을 정리할 수 있다. 여기서 송대 유학은 정명도와 정이천 형제 이후 남송의 주희에게서 완성된 성리학 체계를 가리킨다. 그들은 스스로 자신의 학문을 도학^{道學}이라 불렀다. 꽤나 종교적인 표현이라고 할 수 있다. 하지만 그 종교는 현실에 있어야 한다. 진리를 알려고 선비가 입산을 하거나 광야를 떠돌아선 안 된다.

송대 유학이 제시한 "천리의 보존과 인욕의 억제"라는 테제는 얼핏 보면 문제가 없어 보인다. 쉽게 말하면 저런 사유는 우주적 질서와 인간의 욕망을 대립적으로 이해한다. 그런데 송학^{宋學}의 체계 내에서 말하면 둘이 대립이 아닐 수도 있다. 왜냐하면 인간의 본성[性]에는 벌써 천리[理]가 보존돼 있다고 말하기 때문이다. 그런데 문제는 여기에 있다. 이미 내재해 있기 때문에 윤리적 책임을 따질 수 있다. 칸트식으로 말하면 선천적으로 자율의지가 내재하기 때문에 판단과 행위에 대해 책임을 물을 수 있다.

장타이옌은 1906년 도쿄의 중국인 유학생들이 개최한 환영회에서 행한 연설에서 청대 고증학자 대진^{戴震}을 거론했다. 대진은 일찍이 『맹자자의소증』孟子字義疏證에서 주희를 통하지 않고 『맹자』를 직접 만남으로써 송대 유학의 관념성을 비판했다. 장타이옌은 이와 대비해서 옹정제雍正帝가 관리들에게 비밀스럽게 보낸 서신인 주비유지硃批諭旨에서 옹정제가 "네게도 양심이 있느냐"하면서 관리를 꾸짖었던 일을 지적했다. 옹정제의 꾸지람을 좀 풀면 "네 본성에 보존된 도덕률[天理]은 두었다 어디에 쓰느냐?" 정도이다. 법률이 아니라 거의 종교적이고 우주적인 수준의 도덕률로 상대를 압박하고자 했다. 장타이옌은 이 천리의 폭력성을 비판한다.

> 송대에 천리를 말할 경우, 극한적으로는 감정을 가두고 본성을 말려 버리고 일반 사람들의 일상적 활동까지 모두 부정하는 상황에 도달했다.[37]

천리는 전통 시대 대표적인 보편이었고, 그것은 사회에선 규율이었다. 하지만 그것의 내용은 사회가 하나씩 채워 넣었다. 천리는 본체이고 어찌 보면 자재하는 신이었다. 인간이 손댈 수 없는 그런 것이다. 명대에 왕양명王陽明은 선천적 도덕능력으로서 양지良知를 말했지만 그것이 결코 인간의 감정이나 욕망을 해치도록 하지 않았다. 명말 양명학자 하심은何心隱이나 이지李贄 같은 인물은 인간의 감정을 기꺼이 받아들였다. 오히려 그것을 강조하기까지 했다. 장타이옌은 근대적 보편규율을 '공리'公理라는 이름으로 말했다. 공리라고 하니 어쩐지 덜 폭력적인 것 같다. 하지만 그렇지 않다. 그는 근대 들어 근대적 보편으로서 공리를 외치는 자들에 대해 과거 봉건 시대의 천리를 외친 것과 별로 다르지 않다고 비판한다.

> 세계를 근본으로 여겨 개인의 자유를 파괴하고 인간을 속박한다는 점에서는 천리를 말하는 사람과 별로 다르지 않다.[38]

공리는 도대체 무엇을 근본으로 하는가. 공리도 천리와 마찬가지로 세계를 근본으로 삼는다. '세계'[天]는 늘 개인을 압도한다. 그것을 보편이라고 말하고, 개인은 그것에 복종하도록 한다. 천리의 속박이나 공리의 속박이나 모두 개인을 가두는 역할을 했을 뿐이다. 장타이옌의 말은 전통 비판과 근대 비판이 동일한 맥락에서 이뤄지고 있음을 보여 준다. 장타이옌이 지적한 대로 '세계'를 근본으로 삼을 경우, 공리적^{功利的} 지향을 취하기 쉽다. 그리고 그 공리성이 때론 폭력으로 개인을 옥죌 수 있음을 장타이옌은 말한다.

3. 유식교 건립과 본체론

본체론과 삼성설

장타이옌은 1906년 도쿄의 중국인 유학생 환영회 연설에서 종교의 필요성을 역설했다. 하지만 결코 서구의 종교여서는 안 된다고 주장했다. 그는 당시 중국에서의 기독교 신앙은 상제^{上帝}를 섬기는 게 아니라 서제^{西帝}를 섬기는 거라 비판했다. 그렇다면 어떤 종교여야 하나. 장타이옌은 서슴없이 불교를 말한다. 이후 그는 불교를 대단히 철학적으로 다룬다. 본체론^{本體論}이라는 철학 형식을 빌린다. 장타이옌은 「건립종교론」^{建立宗教論}에서 이렇게 말한다. "철학을 말하고 종교를 일으켜 세운 사람 중에 본체를 상정하지 않은 경우가 없다. 그 본체가 가지는 실상은 비록 다르지만 그것이 이용하는 형식은 동일하다."[39] 장타이옌은 종교를 건립한다는 건 본체론의 건립임을 인정한다.

본체론이란 무엇일까. 본체론은 온톨로지^{Ontology}의 번역어다. 국내에선 이 말이 보통 존재론으로 번역되는 데 반해 중국에선 주로 본체론으로 번역된다. 근대 일본에서는 본체론과 존재론이 병용되다가 이제는 존재론이라는 말을 선호한다. 존재론은 존재자의 존재 본질에 대한 학문이다. 그런데 본체론이라는 말은 실체나 본질을 상정한 듯한 뉘앙스를 띤다. 그래서 본체론은 서브스텐셜리즘substantialism으로 번역되기도 한다. 이럴 땐 실체론이 된다. 기본체론氣本體論이니 이본체론理本體論이니 하는 말도 기본적으로 기氣나 이理가 바탕이나 연원이 되어 세계가 전개된다는 입장이다. 중국에선 이런 표현을 대단히 선호한다.

그렇다면 장타이옌은 굳이 왜 본체론을 건립하려 하나. 그는 유신론이나 유물론으로 대표되는 서구 사유와 대적하려 했다. 그것은 서구 근대 비판의 일환이기도 하고 중국 전통에 대한 반성이기도 하다. 그는 대승불교 유식학을 중심으로 무신교 건립을 외쳤다. 간단히 식본체론識本體論이라고 할 수 있다. 그런데 무신론이 종교가 될 수 있을까. 여기서 장타이옌의 불교관이 살짝 드러난다. 그의 불교는 무신론이다. 좀더 구체적으로 말하면 식본체론의 유식교唯識敎다. 그는 일단 유식학의 논법으로 기존 본체론에 대한 비판을 시작한다. 그가 사용한 무기는 유식학 이론 가운데 삼성설三性說이다.

대승불교의 한 유파인 유식학도 꽤나 방대한 이론체계를 구축했다. 텍스트도 여럿이고 여기에 속한 인물도 여럿이다. 그리고 관련 문헌은 거의 천 년 세월에 걸쳐 완성됐다. 그리 간단하게 정리할 수 있는 이론체계가 아니다. 다양함 속에서도 굳이 유식학의 핵심적인 이론을 들라고 하면 셋을 말할 수 있다. 그것은 아뢰야식설, 삼성설, 종자설이다. 이들은 유식학의 세 가지 이론 기둥이라고 할 수 있다. 장타이옌이 구사하는 유식학 이론도 주요하게는 이 세 기둥을 중심으로 한다. 세 가지 이론을 간단하게 살펴보자.

먼저 아뢰야식설에 대해서 살펴보자. 유식학은 인도에서는 요가^{yoga}를 실천한다는 의미에서 요가차라^{yogācāra}로 불렸다. 중국에선 이를 유가행瑜伽行으로 옮겼다. 여기서 말하는 요가는 불교의 지관止觀 수행을 가리킨다. 유가행파에서는 명상 수행을 통해서 깨달음으로 나아가고 아울러 그 경험을 근거로 세계를 설명했다. 그들은 현상은 의식의 표현이라고 생각했다. 의식 밑바닥에서 펼쳐지는 변화를 극히 미세한 부분까지 관찰했다. 그 결과 안眼·이耳·비鼻·설舌·신身·의意 여섯 가지 감각활동 외에 심층의 식으로 말라식과 아뢰야식의 존재를 발견했다.

여섯 가지 감각 활동이 낱낱으로 끝나지 않고 거기에 하나의 자아가 강하게 관철되는 경향이 있는데 이런 자아의식을 말라식^{manas}이라고 한다. 끊임없이 자아를 갈구하는 의식활동이다. 한자로는 의근意根이라고 번역했다. 아뢰야식은 알라야 위갸나^{ālayavijñāna}의 번역이다. 여기서 알라야^{ālaya}는 보관[藏]의 의미다. 이는 모든 행위를 이미지 형태[習氣]로 보관하기 때문에 붙은 이름이다. 그래서 알라야식을 장식藏識이라고 번역하기도 한다. 알라야식은 가장 심층에서 활동하고, 나머지 의식활동은 여기서 전개된다고 할 수 있다. 이렇게 알라야식 등 여덟 개 의식활동으로 자아와 세계를 설명하는 유식학 이론을 아뢰야식설이라고 한다.

아뢰야식을 보관 창고의 의미로서 장식이라고 했는데 과연 뭘 보관할까. 그것은 인간 활동의 변환된 이미지다. 아뢰야식은 그 이미지를 정보처럼 기억한다. 그 이미지는 특별한 조건 아래서 인간 활동으로 다시 나타나게 된다. 이는 마치 씨앗이 발아하여 자라서 꽃을 피우고 열매 맺는 것 같은 형식이다. 그래서 그 이미지 혹은 기억을 씨앗이라는 의미에서 종자種子라고 부른다. 종자설은 이렇게 출현한다. 우리의 활동이 종자로 변환하여 아뢰야식에 저장되는 과정을 훈습薰習이라고 한다. 훈습은 냄새처럼 스며들어서[薰] 잠재적인 습속[習]이 되는 것을 가리킨다. 나중에 그것이 특정한 조건 아래 인간의 활동으로 드러나는 것을 현행現行이라고 말한다.

그럼 삼성설은 무엇인가. 유식학에서는 우리가 의식하는 대상은 세 가지 양태로 존재한다고 말한다. 의타기성依他起性, 변계소집성遍計所執性, 원성실성圓成實性이 그것이다. 불교적으로 말하면 존재자는 모두 다양한 다른 조건[他]에 의지[依]해서 발생한다[起]. 이것을 한자로 표현하면 삼성 가운데 하나인 의타기성이다. 결코 실체로서 어떤 정체성을 붙잡을 수 없음에도 잘못된[遍] 분별[計]로 그것을 실체적으로 고집한다[執]. '계'計는 계탁計度이란 말로서 헤아려서 판단한다는 뜻이다. 분별을 가리킨다. 이런 방식으로 파악한 대상은 변계소집성이다. 이와 달리 조건적으로 발생한 것에 대해 어떤 실체적 고집도 부리지 않고 그것이 실로 공함을 간파할 때 대상은 원성실성이다. 굳이 풀자면 원만하게[圓] 성취한[成] 진실한[實] 모습이다.

의타기의 것에서 어떤 이는 실체 없음으로서 공성空性을 보고, 어떤 이는 거기에 대해 실체론적 고집을 피운다. 실체론적 고집은 두 가지 방향에서 가능하다. 유식학 술어로는 손감집損減執과 증익집增益執이다. 손감집은 존재하는 것을 훼손[損]하고 없애려는[減] 마이너스의 경향이고, 증익집은 존재하지도 않는데 오히려 거기다가 뭔가를 부여하여[增] 부풀리는[益] 플러스 경향이다. 장타이옌은 손감집과 증익집은 존재자가 의타기성임을 알지 못하는 데서 연유한다고 말했다. 장타이옌은 기존 본체론에서 행해진 증익집을 세 가지로 간추린다.

첫째, 신아론[說神我]이다. 신아는 오늘날 쓰는 표현은 아닌데, 근대 중국이나 일본에서 영혼이나 정신적 실체를 가리킬 때 사용한 말이다. 신아론은 불생불멸하는 본질적인 정신적 자아가 존재한다는 입장이다. 아뢰야식이 주관과 객관 모두를 구성했다고 보는 장타이옌은 이 아뢰야식을 벗어나 본질적인 나는 존재하지 않는다고 생각했다. 그래서 아뢰야식은 진실하지만 자아는 거짓[幻]이라고 보았다. 이 거짓 자아를 집착하여 본체로 삼는 경우가 첫번째 증익집이다. 무실체의 존재자에 덕지덕지 자아를 덧붙인 격이다. 불교의 무아론에 입각하면 너무도 당연한 비판이라고 할 수 있다.

둘째, 유물론[說物質]이다. 장타이옌은 「사혹론」에서도 근대 시기 새로 등장한 속박의 하나로 유물론을 들었다. 그는 물질을 본체로 삼는 견해에 반대했다. 고대 그리스철학에서 제시한 원자론이나 인도철학에서 말하는 극미론極微論 등이 이에 해당한다. 고대 중국에선 논리학파인 명가名家가 아무리 쪼개도 결국 잔여물이 있음을 논리적으로 주장했다. 이것도 궁극적인 물질을 인정한 격이라고 장타이옌은 본다. 유물론은 물질을 본체로 삼았다. 장타이옌의 비판을 보자.

> [저들은] 부피 없는 물질[부피 없음은 곧 연장하지 않음이다. 그것은 본래 형식을 갖지 않으며 거침도 미세함도 없다]이 모양·소리·냄새·맛·감촉 등 감각의 인식을 벗어나 그 중심에 힘이 존재함을 고집한다. 이것은 극미론보다는 뛰어나지만 다섯 감각 대상을 벗어난 힘을 아직 보지 못했고, 힘을 벗어난 다섯 감각 대상을 아직 보지 못했다. 힘과 다섯 감각 대상은 서로 의존한다. 그렇다면 어쩔 수 없이 '조건적 발생'[緣生]이라고 해야 한다.[40]

유물론은 장타이옌이 말하는 두번째 증익집이다. 그렇다면 우리가 물리적으로 느끼는 힘이나 다섯 대상은 도대체 어떻게 발생하는가. 그는 아뢰야식설에 근거해서 아뢰야식의 상분相分이 견분見分에 의지해서 힘과 다섯 대상을 나타낸다고 보았다. 상분은 아뢰야식이 갖는 대상[相]으로 드러내는 역할[分]이고 견분은 대상을 인식하는[見] 역할[分]이다. 달리 말하면 주관과 객관이 하나의 의식상에서 일어나는 활동이다. 물리학자들이 이런 발언에 대해 얼마나 수긍할지는 모르겠지만 장타이옌은 유식학 입장에서 이를 강하게 주장한다.

셋째, 유신론[說神敎]이다. 일신론이나 범신론 모두 여기에 해당한다. 신이라고 섬기는 대상은 다양하지만 섬기는 마음가짐은 동일하다. 장타이옌은 유신론이 번뇌장煩惱障과 소지장所知障에서 연원한다고 보았다. 인간은 고난을 겪으면 외부에 어떤 강력한 힘이 있어서 나를 핍박한다고 느낀다. 결국 그 힘을 경외하며 그것에 복을 구한다. 이는 번뇌장 때문이다. 근거 없는 불안함이다. 그에 반해 암혈에 살다가 높은 산에 오르거나 산을 내려와 바다를 보게 되면 자신이 한없이 작아지고 미지의 무한한 세계가 있음을 추측한다. 그리고 거부할 수 없는 이 대자연의 운행을 집행하는 자가 있을 거라 짐작한다. 결국 이 집행자를 숭배하는 데 이런 행태는 소지장 때문이다. 바로 앎이 부족해서다.

장타이옌은 "신에 대한 신앙은 모두 증익집增益執에서 발생했다. 범신론은 비록 교묘하긴 하지만 의타성依他性을 알지 못했기 때문에 자심을 파손[損減]하고 외계를 확장[增益]했다"[41]라고 말한다. 장타이옌은 기존 종교가나 철학가의 사상 건립을 본체론이라고 보고 그것에 대해 삼성설을 근거로 비판했다. 신아론, 유물론, 유신론 셋은 증익집을 범하고 있다고 평가한 것이다. 이렇게 보면 장타이옌에게 삼성설은 철학적 무기다. 이 칼을 휘둘러 먼저 동서양의 본체론을 부순다.

무신교과 혁명종교

장타이옌은 무슨 종교를 건립하고, 무슨 본체론을 수립하려 했을까. 그는 삼성설로 기존 본체론을 비판했고, 다시 그것으로 본체론을 건립하려 했다. 그에게 삼성설은 파괴의 방법이기도 하고, 창조의 방법이기도 하다. 삼성설이 보인 파괴와 창조의 권능은 대단히 중요하다. 단순히 말하면 번뇌의 소멸과 깨달음의 성취라고 할 수 있다. 버리고 얻는 것, 앞서 말한 전轉의 개념으로 보자면 전사轉捨와 전득轉得이다. 자 그럼, 장타이옌은 도대체 무엇을 얻고 싶을까. 그가 구상하는 본체는 무엇일까. 그것은 유식 삼성설 가운데 현상의 참모습이라고 일컬어지는 원성실성이다. 그는 이렇게 말한다.

> 원성실자성圓成實自性은 실상實相, 진여眞如, 법이法爾(자연)로 구성된다. 또한 아뢰야식의 환멸에 의해 성취된다. 변계소집의 명언에는 자성이 없지만, 변계소집의 명언을 벗어나면 실로 자성이 있다. 이것이 원성실자성이다. 원성실자성이라고 말하는 것은 진여라고 하기도 하고 혹은 법계라고 하고, 혹은 열반이라고 한다.[42]

유식학에서는 사물의 본질을 원성실자성이라고 말한다. 중관학에서는 공성空性이라고 말했을 것이다. 그것은 실체론적 접근이 아니라 공 개념이 그러하듯 일체 실체론적 분별이 없이 드러나는 사물이다. 중국 위진시대 양나라 진제가 옮긴 『중변분별론』中邊分別論에서는 이 원성실을 풀면서 "여여如如, 실제實際, 무상無常, 진실眞實, 법계法界, 법신 등이 공의 여러 가지 이름"[43]이라고 했다. 여여는 진여를 가리킨다. 이렇게 원성실은 진여나 공의 다른 이름이다. 불교적 의미의 진실 혹은 본질이라고 할 법하다.

장타이옌은 아뢰야식의 환멸還滅로 원성실자성이 성취된다고 했다. 무슨 말일까. 환멸은 미혹한 상황을 극복하여 열반[滅]으로 귀의[還]함을 가리킨다. 이 반대말이 유전流轉인데, 번뇌가 흘러나와 전개되는 양상을 가리킨다. 유식학의 핵심 텍스트인 『유가사지론』瑜伽師地論 「섭결택분」攝決擇分에서는 "전의轉依, āsraya는 아뢰야식을 단멸하는 것"이라고 말한다. 여기서는 아뢰야식이 극복 대상임을 인정한다. 전의는 글자 그대로 하면 의지처[依]를 완전히 변혁하는[轉] 것이다. 혁명적 전환을 가리킨다. 『섭대승론』「피과단분」에서는 이 전의를 통해서 무엇을 버리고 무엇을 획득하는지 좀더 분명하게 말한다.

> 전의는 의타기성을 다스릴 때 잡염분을 버리고 청정분을 얻는 것이다.[44]

『섭대승론』에서는 번뇌를 일으켜 생사하는 게 의타기성의 잡염분이고, 그것을 극복하고 도달한 열반이 의타기성의 청정분이라고 말한다. 둘은 각각 변계소집성과 원성실성이라고 말할 수도 있다. 그래서 전의는 '전환해서 버리는 경우'[轉捨]와 '전환해서 획득하는 경우'[轉得]로 나눌 수 있다. 장타이옌은 "변계소집의 명언名言"에는 자성이 없지만 그것을 벗어나면 자성이 있다고 했다. 변계소집의 의식활동을 전환해 버리면 원성실의 자성이 있다는 말이다. 이것이 원성실자성이다. 유식학 입장에서 이 자성은 꼭 정체성을 가리키지는 않는다. 세 가지 양태지만 본질적으로 그것은 무자성임을 밝힌다. 바수반두는 『변중변론』辯中邊論「변상품」辯相品 제3송에서 다음과 같이 말한다.

> 식이 일어날 때 그것은 대상으로, 중생으로, 자아로, 의식으로 현현한다.

그러나 그것들은 실재하지 않는다. 그것들이 실재하지 않기 때문에 식도 또한 존재하지 않는다.[45]

현장이 번역한 『변중변론』은 바른 인식[中]과 착각[邊]에 대해 변별[辯]한다는 의미이다. 현장에 앞서 진제는 같은 책을 『중변분별론』이라고 번역했다. 바수반두 자신의 풀이를 따르면, 우리가 인식대상이나 그것을 인식하는 자아나 타인의 신체기관, 그리고 자기라는 의식이나 외부 세계에 대한 인식 이 모두가 실은 우리의 의식에 연원한다. 이렇게 보면 주관과 객관을 포함하는 세계가 모두 '오로지 식이 만든 바'[唯識所造]다. 유식이라는 말이 이렇게 등장한다. 위에서 거론한 네 가지는 허망분별[虛妄分別]의 내용이다. 그것을 실체로 고집하면 그것이 허망분별이다. 유가행을 통해서 식이 그것을 구성했음을 알 때, 우리는 새로운 수준에 접어든다. 저 네 가지는 유식학에서 말하는 경계[境]이다. 그저 의식의 구성물일 뿐이다.

바수반두는 "그것들이 실재하지 않기 때문에 식도 존재하지 않는다"는 경계[境]와 식識의 공통[俱] 소멸[泯]을 지향한다. 이것을 전통적으로 '경식구민'[境識俱泯]이라는 한자어로 표시한다. 여기서 식은 아뢰야식까지 포함한다. 이런 사고는 아뢰야식이 근본적으로 오염된 것이고 극복해야 할 것임을 가리킨다. 결국 유식학도 공을 지향한다고 할 수 있다. 이런 상태라면 원성실성은 그야말로 공성일 뿐인데 본체론을 건립할 수 있을까? 이런 점을 염두에 둔다면 장타이옌이 유식학을 가지고 본체론을 건립하겠다는 시도가 다소 엉뚱해 보이기도 한다. 그는 본체를 세우기 위해 공성으로서 아뢰야식 상위에 더 근원적 식이 있음을 인정했다.

모든 번뇌가 소멸했다면 자아의 공함과 대상의 공함 둘을 깨닫는다. 이

때 종자는 이미 단절되었는데 이 식識은 다시 어디에 존재하겠는가? 그래서 암마라식菴摩羅識을 설한다. 암마라는 '더러움 없음'[無垢]이라고 번역한다. 즉 이 아뢰야식이 완전히 더러움에서 벗어나서 이런 이름을 얻었다.[46]

유식학에서는 유식관을 통해서 유식성을 깨닫는다고 말한다. 이는 관법을 통해 존재자의 공성을 낱낱이 깨닫는 것이다. 『변중변론』에서 말하는 경계와 식의 공함을 체득했다고 할 수 있다. 이것이 본질적인 상황이자 유가행파가 지향하는 열반이다. 식이 통째로 극복되어 버렸다면 장타이옌의 식 본체론은 어떻게 건립될까. 식이 온전히 극복의 대상이라면 그것을 본체로 세우는 짓은 다시 번뇌를 불러내는 짓일 테다. 장타이옌은 번뇌 극복과 아뢰야식의 환멸을 인정하면서도 그럼에도 불구하고 작동하는 식의 존재를 상정했다. 그는 아뢰야식이 잡염분을 극복하여 청정분만 작동하면 그때부터 질적으로 다른 상태이기 때문에 별개의 식이 필요함을 인정했다.

중국 유식학의 일부 전통에서는 8식 외에 제9식을 인정하고 암마라식amala-vijñāna이라고 명명했다. 암마라식은 '더러움 없다'는 '무구식'無垢識으로 번역됐는데, 달리 말하면 청정식이라고 할 수 있다. 무구와 청정은 같은 말이다. 이 개념은 인도유식학에는 존재하지 않았다. 위진남북조시대 진제가 번역한 『섭대승론』을 근거로 일어난 섭론종攝論宗 계통에서 이 개념을 강조했다. 이들은 여래장처럼 본래 청정한 식이 존재함을 인정했다. 진제가 번역한 『전식론』轉識論에서는 "경계와 식이 함께 사라진 상황이 실성이다. 실성實性이 암마라식이"[47]라고 했다. 경식구민의 경지를 다시 하나의 식으로 상정해 버렸다.

이런 경향은 섭론종뿐만 아니라 지론종 地論宗 나아가 화엄학에도 영향을 미쳤다. 암마라식은 그야말로 인식이지만 주관과 객관을 초월하는 하나의 진리체로서 곧잘 상정된다. 전통적으로 체성 體性이나 이법 理法이라는 말로 그것을 표현했다. 장타이옌은 『제물론석』에서 이렇게 말했다. "그것의 체성은 불생불멸하지만 인연을 따라서 생멸하는 경우를 불전에서는 여래장이라고 명칭하고, 불생불멸하는 체를 또한 암마라식이"라고 말한다.[48]

장타이옌이 말한 여래장은 청정한 자성이 조건적 제약 때문에 아직 작동하지 않는 상황이다. 이에 비해 청정한 자성이 온전히 드러나 활동하는 게 암마라식이라고 말한다. 진제는 "진여와 진여지를 암마라식의 체성"이라고 말한다. 중국불교에서 대단한 인기를 누린 『대승기신론』에서는 만유의 본체로서 진여는 불변 不變과 수연 隨緣 두 가지 성격을 가진다고 말한다. 청정한 자성은 불생불멸하고 절대평등하여 어떤 차별도 없다. 그런 의미에서 불변은 자성을 지킴이다. 하지만 진여는 무명 때문에 생멸변화를 일으켜서 차별상을 낳는다. 그런 의미에서 진여는 조건[緣]을 따르는[隨] 능력을 가졌다.

어떻게 보면 역설 같은데 이런 구조는 『대승기신론』뿐만 아니라 불교 내부에 산재한다. 또한 송대 유학에도 침투했다. 주희는 『대학』 첫 구절에 나오는 명덕 明德을 풀면서 말한다.

> 명덕은 사람이 하늘에서 얻은 것으로 허령불매 虛靈不昧하여 모든 이치를 갖추고 모든 사물이나 사태에 호응한다. 단지 기품에 구속되고 인욕에 가려서 때때로 혼란스럽다. 하지만 그 본체의 밝음은 한번도 멈춘 적이 없다.[49]

주희식으로 하자면 이것은 인간이 가진 선천적인 능력이다. 불교라면 '허령불매'를 영지靈智라고 했을 터다. '영'靈은 일상적 인식으로는 알 수 없는 존재나 상황을 말한다. '지'智는 불매, 즉 어둡지 않고 밝다는 말이다. 무명이 아니라 지혜라는 이야기다. 조선 유학자들은 아주 지겹도록 이 허령불매를 이야기했다. 주희가 말하는 명덕도 실은 본체이면서, 앎이다.

장타이옌이 삼성설을 사용해 서양의 종교나 철학이 제시하는 본체론을 비판한 것은 꽤나 신선해 보인다. 하지만 정작 그가 본체론이라고 내세운 것은 어떻게 보면 대단히 전통적인 내용이다. 하지만 단지 거기에 갇히지 않는다. 그가 유식학을 근거로 본체론을 제시한 까닭은 무신의 종교를 건립하고자 해서다. "현재 종교를 건립하려는 사람은 함부로 모든 존재자 사이에 하나를 계탁하여 신으로 여겨서도 안 되고 또한 모든 존재자 상위에 하나를 헛되이 구성하여 신이라 여겨서도 안 된다."[50] 신의 자리에 주희 같으면 이理를 세웠을 테고, 근대인이라면 근대적 보편[公理]을 세웠을 테다. 장타이옌은 그것을 부정한다. 그는 "오늘날 교敎의 건립은 오직 자식自識으로 종宗을 삼을 뿐이"[51]라고 말한다.

그렇다면 이렇게 질문할 수 있다. "종교를 건립할 때 유식으로 종지를 삼는다고 하는데, 식의 실성은 바로 진여다. 귀신을 숭배하는 형식이 없는데 어떻게 종교라고 명명할 수 있는가?"[52] 근대 종교학이 말하는 다소 상투적인 종교의 구성 요건 가운데 하나가 교주다. 기독교는 예수이고 이슬람교는 마호메트이다. 그렇다면 유식교에는 그런 대상이 있는가, 그런 게 없다면 어찌 종교일 수 있는가? 하는 어떻게 보면 종교 자체에 대한 질문일 수 있다. 장타이옌은 말한다.

대개 숭배라고 하면 사람들이 교제하면서 갖추는 예절이다. 그래서 신교를 건립한 여러 경우, 어떤 사람은 다신에 매달리든지 어떤 사람은 일신에 매달린다. 그들은 반드시 그 신을 인격체로 여긴다. 사실 숭배라고 하는 것은 정확한 말이 아니다. 만약 따로 본체를 가지고서 그것을 숭배한다면 본체는 전혀 인격이 없다. 인격이 없는 것에 대해서 사람들이 교제할 때 사용하는 예를 갖춘다면 그것은 구소九韶(순임금 때 사용한 음악)를 가지고 원거爰居(새의 이름)가 감상하게 하는 것보다도 더 우스운 꼴이다. 그래서 '식의 본질'[識性]인 진여는 본래 숭배할 수 없다. 모든 일이 시작할 때는 반드시 앞서 그것의 연원이 될 만한 스승[本師]이 있다. 그 본사를 그 일의 대표로 삼아 그에게 특별한 예를 표하는 경우는 종교 외에도 많다.[53]

장타이옌은 신이 없어도 신앙이나 숭배가 가능하다고 보는 입장이다. 다시 말하면 무신교도 종교일 수 있음을 말한다. 선비[士]들이 공자를 추앙하는 것은 공자가 신이라서 그런 게 아니고, 선비라는 역할을 처음 시작한 인물이기 때문이다. 스승이나 선배에 대한 존경이라고 할 수 있다. 장타이옌은 붓다도 그런 부류라고 생각했다. 꽤나 건전한 방식으로 유교나 불교를 이해한다고 할 수 있다.

량치차오는 「근세 최고 철학자 칸트의 학설」(1903)에서 칸트의 진아[統覺]와 불교의 진여를 비교했다. 그는 결국 인간이 가진 자유는 진아나 진여에 복종하는 능력이라고 말한다. 그렇다면 그에게 진아는 뭐고 진여는 뭔가. 바로 절대적인 국가주권이다. 이듬해 량치차오는 「나의 생사관」(1904)에서 나고 죽는 것은 소아, 즉 개인이고 불생불멸하는 것은 국가라고 말한다. 량치차오는 이 글에서 내가 영원히 사는 방법은 내가 국가나 집단에 전적으로 투신하여 그 역할이 국가에 어떤 식으로든 기입되는 거라고 말한다. 그렇게 보면 그에게 아뢰야식은 국가이고 집단이다. 장타이옌은 량치차오식의 국가라는 신을 거부했다.

장타이옌에게 "무신교는 자아 중심을 타파하고 일신一神의 통치를 전복한다. 그것은 물질의 속박을 해체하고 아뢰야식으로 본체를 삼는 평등종교이자 혁명종교였다."[54] 장타이옌의 유식교가 당시 사회혁명의 이론이 되지는 못했고, 종교혁명을 초래한 것도 아니다. 하지만 기존 가치에 대한 섬뜩한 공격이자 새로운 종교관의 제시일 수는 있었다. 종교가 하나의 화두였던 근대 시기 그는 전혀 새로운 형태의 종교 건립을 시도했다. 물론 그런 종교가 이후까지 실제 종교로 성립한 것은 전혀 아니다. 그럼에도 「건립종교론」은 량수밍梁漱溟이나 슝스리熊十力 같은 젊은 지식인들에게 커다란 영향을 주었다.

5장_개체 구성의 근대 의미

1. 전통 규율에 대한 개체의 반항

중생평등과 봉건 비판

근대 중국사상사에서 본체론本體論 건립의 계보는 리쩌허우李澤厚의 지적대로 '탄쓰퉁→장타이옌→슝스리'다. 물론 이들이 직접적으로 스승·제자 관계로 묶이는 것은 아니다. 하지만 저들이 보인 경향성은 분명하다. 심식론은 마음[心]과 의식[識]을 중요한 범주로 사용하는 이론이다. 인도식 관념론이라고 할 수 있다. '불교식'이라는 표현도 가능하겠다. 근대 중국에서 이 개념은 단지 불교만의 것이 아니었다. 전통 유학에서 심식 개념은 사용되지 않았지만 근대 유학에서는 구애됨 없이 이 개념을 사용했다. 유식학이 한 시대를 풍미했고, 그 영향 속에서 불교를 공부하고 나아가 유학을 재건한 량수밍이나 슝스리는 자연스럽게 심식 개념을 유학 해석에 동원했다.

장타이옌에 앞서 탄쓰퉁은 『인학』仁學에서 공자가 '극기복례'를 통해 실현해야 한다고 말한 그 '인'仁을 재개념화한다. 원시유학에서 가장 중요한 개념인 인. 비록 송대 유학에서 지위를 상당 부분 상실했지만 여전히 유교윤리의 핵심개념이었다. 탄쓰퉁은 이 인 개념을 근대화했다. 여기서 근대화는 근대성이라는 게 아니라 그것을 근대 중국의 개념으로 만들었다는 이야기다. 그는 『인학』의 머리말에 해당하는 「계설」界說에서 말한다. "인은 천지만물의 본원이다. 그래서 유심唯心이고 유식唯識이다."[1] 장타이엔이 유식본체론을 건립하기 전에 탄쓰퉁은 앞서 투박한 심식본체론을 전개했다.

하지만 탄쓰퉁이 근대 중국에서 불꽃이 될 수 있었던 까닭은 유식본체론 때문이 아니다. 장타이엔처럼 그도 유식본체론을 전사의 무기로 사용했다. 탄쓰퉁 사상의 휘발성은 바로 정치성에 있다. 그의 정치는 학습을 통해 도달한 게 아니라 자신의 경험을 통해 획득한 인간에 대한 연민과 연대에 기인했다. 그래서 그는 논리적 일관성이 아니라 변혁의 열정으로 승부한다. 탄쓰퉁의 열정은 자비심 때문이다. 그런 의미에서 불교가 그의 무기다. 그는 먼저 자비심을 길렀다. 자비심은 아파하는 능력이다. 단순한 감상이 아니다. 타인의 고통을 내 고통으로 실감하는 능력이다. 자기의 경계를 훌쩍 넘어 저쪽으로 내달을 수 있는 능력 말이다.

탄쓰퉁은 스승 어우양중구歐陽中鵠, 1849~1911에게 보내는 편지에서 수재를 당한 난민들의 처참한 삶을 묘사한 적이 있다. 그런데 그는 연민에서 그치지 않고 질문한다. "저는 다행히 부유하게 태어나 이런 고통을 당하지는 않았지만 도대체 무슨 우열이 있어 이렇게도 현격하게 차이가 난단 말입니까?" 탄쓰퉁은 부나 신분을 통해 구획된 인간 존재 간 존재하는 경계에 의문을 품었다. 자비의 능력이 변혁의 동력이 되는 과정이었다. 그는 곧 이런 상황에서 자신이 "유유자적을 이야기한다면 너무 뻔뻔한 짓"임을 확인한다.[2] 이건 일종의 운명애다. 탄쓰퉁은 운명애 이후 이제 다른 삶을 살아야 했다. 그는 인간의 본질적인 평등을 보았고, 불평등의 현실을 처절하게 경험했다. 그에게 관념적인 몇몇 불교 이론은 오히려 혁명의 신념이 되었다. 근대 초기 불교의 이론적 역할은 아마도 여기에 있으리라. 중국의 근대사상사 연구자 천샤오밍陳少明은 이 시기 불교의 역할을 다음과 같이 정리한다.

> 근대 사회변혁의 정신적 배경은 광범한 사상 계몽운동이었다. 그것의 기치는 평등·자유·민주였는데 루소의 "인간은 나면서부터 평등하다"는 구호는 그것을 집약해서 보여 준다. 중국에는 충분한 근대계몽이 없었고, 평등에 대한 강렬한 갈망도 자연법의 인문 연원이 없을뿐더러 계약론의 합리 논증 또한 없었다. 유일한 사상 자원은 불학의 중생평등론이었다.[3]

옌푸나 량치차오 등이 서구이론을 통해 사상계몽을 시도하기 전에, 그리고 개인의 존재가치가 국가나 사회를 떠받치는 힘임을 이론화하기 전에 이미 탄쓰퉁은 불교에서 인간평등을 사유했다. 5·4 지식인들의 이론 구사와 비교하면 말할 수 없이 유치한 이론 얼개였지만 그는 몸으로 하나의 기치가 되었다. 신해혁명과 신문화운동을 거치면서 중국 지식인들은 서구이론으로 지식훈련을 했다. 잘 알다시피 맑스주의 수용과 사회주의 신중국 성립은 그 절정이다. 그런 조류와 불교를 비교할 수는 없다. 불교는 19세기 말에서 20세기 초에 한시적으로 변혁의 무기로 사용됐을 뿐이다.

탄쓰퉁은 『인학』에서 무엇을 기획했을까. 세 가지를 거론할 수 있다. 첫째, 본체론적 차원에서 불교의 평등관을 차용하여 자유와 평등을 제기했다. 둘째, 봉건의 참상을 고발했다. 셋째, 불교의 주체 신념을 불러냈다.[4] 이 세 층위를 관통하는 것은 불교의 중생평등관이다. 그럼 불교적 의미에서 자유는 뭘까. 그것이 평등관과 어떻게 연결될까. 탄쓰퉁은 『인학』을 시작하면서 "수없이 겹친 그물은 허공과 더불어 끝이 없다"고 이 세계의 속박을 고발한다. "군주의 속박을 찢고, 강상윤리의 속박을 찢고, 하늘이라는 그물을 찢고, 온갖 종교의 그물을 찢어야 한다"고 말한다.[5]

대승불교의 불성론佛性論 입장에선 중생은 하나 빠짐 없이 불성을 가진 존재다. 거기에 높낮이는 없다. 탄쓰퉁이나 장타이옌은 아뢰야식阿賴耶識에 불성의 역할을 기입했다. 진나라 진승陳勝이 "왕후장상이 어찌 씨가 따로 있겠냐?"고 분노했다는데, 불성론식으로 하면 누구라도 왕후장상의 씨이고 누구라도 부처 종자고 예수 종자다. 바로 이 도리를 알 때, 노예가 주인되어 억울함을 알고 그제야 전제정치가 폭압이 되고 내 삶이 참상이 된다. "아니! 내가 왜 이런 꼴을 당해야 하나?" 이렇게 외칠 수 있는 이유를 찾는다.

수천 년 봉건의 역사는 노예성을 내면화했다. 강상윤리가 그 역할을 했고, 온갖 성인의 말씀이 그 무기가 됐다. 부처님 말씀도 내면화의 기제로 사용됐고, 공자님의 말씀도 핍박의 도구가 됐다. 직접적인 폭력보다 성인의 거룩한 말씀이 오히려 더욱 폭력적일 수 있었다. 탄쓰퉁은 『인학』에서 "『시경』·『서경』을 태워 없앰으로써 백성을 통제한 것은 『시경』·『서경』을 통해서 통제하는 것만 못했다"고 전제정치에서 유교가 행한 역할을 고발한다.[6] 그는 이런 입장에서 인仁을 새롭게 정의한다.

仁은 二와 人으로 구성된다. 둘이 짝한다는 의미다. 无에 대해 허신許愼은 元은 无에 통한다고 했다. 이 无 또한 二와 人을 따른다. 또한 仁이다.[7]

탄쓰퉁은 여기서 청대 고증학자들이 일삼던 문자학을 통해서 인에 새로운 의미를 불어넣는다. 그에 따르면 인은 '사람[人] 둘[二]'이라는 의미에서 시작한다. 둘을 위에 두고 사람을 아래 두면 '원'元 자가 된다. 거기서 아래 있던 사람[人]이 위로 밀고 올라가면 '무'无 자가 된다. 그래서 탄쓰퉁은 "인은 인식할 수 없는 근원[元]이며 그것의 공용은 궁극적으로 무无에 도달한다"고 설명했다.[8] 조금은 신기하고 조금은 유치하다. 이 정도로는 아직 고증학을 시작했다고 할 수 없다.

공자가 말하는 유가윤리로서 인을 탄쓰퉁은 소통[通]이라고 해석했다. 그것은 사람 사이의 연대. 그는 소통의 외재 형식으로 평등을 말했다. 그런데 평등을 어떻게 실천하느냐는 문제가 남는다. 이때 그가 거론한 것이 자비다. "자비하면 다른 사람을 평등하게 바라본다."[9] 탄쓰퉁이 특별히 제시한 심력心力 개념도 자비와 만난다. 그는 심력의 실체는 자비에서 강하게 드러난다고 했다. 둘을 합치면 자비심이라고 할 수도 있겠다.

탄쓰퉁과 장타이옌의 본체론을 심식론의 하나로 다루었는데 여기서 탄쓰퉁의 본체론 근거가 나온다. 심력, 한글로 풀면 마음의 힘이다. 그 자체로서 분명하게 지칭하는 것은 없다. 다시 인을 원으로 푼 것을 떠올려 보자. 원은 일원론이나 이원론처럼 존재의 출발을 말할 때 쓰이는 개념이다. 그런데 이 정도로는 심력은 그저 정신이나 관념일 뿐이다. 탄쓰퉁은 이것을 자비심 혹은 자비행으로 구체화했다. 그런데 사람 둘을 '무' 자로 풀었다. '없을 무', 바로 여기서 불교적 의미의 주체 신념이 출현한다.

『유마경』維摩經에서 주인공 유마거사는 "자비심 때문에 나는 아프다"고 말한다. 자비심은 아파하는 능력 아닌가. 그는 나와 중생이 둘이 아니라는 불이不二 법문을 설한다. 이 능력은 '자아'라는 고집을 부수고서야 가능하다. '불이' 개념은 실은 공空 개념의 연장이다. 자비심은 무아의 실현이자 공의 행위이다. 여기서 대승불교의 주체 관념이 등장한다. 자아를 세우는 방식이 아니라 자아를 극복하는 방식으로 주체 신념을 요구한다. 그렇다면 자비는 자아 극복 프로그램이다.

용맹무외와 위버멘쉬

장타이옌은 불교를 어떻게 응용했을까. 그도 탄쓰퉁처럼 불교를 통해서 혁명에 대한 열정과 용기를 끌어내고자 했다. 하지만 탄쓰퉁에 비해 그가 이용한 불교는 훨씬 간결했다. 탄쓰퉁은 『인학』에서 잡다하리만큼 다양한 이론을 통해서 논리가 아니라 강도强度로 승부했다. 선언적이라고 할 법한 탄쓰퉁의 불교는 장타이옌에게 와서 이론적으로 탈바꿈한다. 장타이옌의 불교도 응용불학이자 정치불학이라는 성격은 그대로다. 장타이옌은 1906년 출옥 후 종교심과 국수國粹라는 두 가지 기치를 높이 치켜들었다. 그의 종교는 불교이다.

> 오늘날 우리들은 화엄종과 법상종法相宗 이론을 사용해서 기성제도[舊法]를 개량해야 한다. 화엄종은 중생을 제도하는 데 머리나 뇌수도 기꺼이 다른 사람에게 내놓을 수 있다고 하니 도덕상에서 가장 유익하다. 법상종은 만법유식을 말하는데, 유형의 대상[色相]과 무형의 관념[法塵]은 모두 실재하는 참 존재가 아니다.[10]

탄쓰퉁이 불교 종파 가운데 화엄종이나 선종에 집중했다면 장타이옌은 법상종에 집중했다. 탄쓰퉁이 『인학』에서 응용한 화엄종은 도대체 어떤 걸까. 그는 스승 양런산楊仁山에게서 화엄학을 배웠다. 양런산은 수행 면에서는 염불을 통한 정토왕생을, 이론 면에서는 화엄학을 따랐다. 화엄학에서는 한 존재자는 우주적 수준의 연기 관계 속에서 존재한다고 말한다. 돌멩이 하나도 녀석 혼자 있는 게 아니다. 이 우주의 인연으로 거기 놓여 있다. 거기에는 현재뿐만 아니라 과거의 인연 그리고 미래의 인연도 닿아 있다.

만약 이런 사고를 하면 어떤 일이 발생할까. 신라 고승 의상義相은 「화엄일승법계도」華嚴一乘法界圖에서 "티끌 하나가 시방 세계 모두 머금는다"고 했다. 티끌 하나에서 온 우주가 작동하고, 거기서 실은 세계가 온전히 드러나고 있음이다. 또한 존재자 하나에서 연기법이라는 진리가 온통 드러난다. 달리 표현하면 티끌 하나에서 온 우주가 환희작약歡喜雀躍한다. 그래서 처처가 진리의 꽃[華]으로 장엄[嚴]됐다고 말한다. 법계法界, 즉 우주가 거대한 연기 속에 있음이다. 이는 탄쓰퉁식으로 하자면 소통[通]이다. 존재의 비밀은 바로 소통이다. 한 존재자는 결코 한 사물이나 한 사건으로 고립되거나 단절되지 않는다. 한 존재자의 죽음이 그저 거기서 끝나지 않고, 반대로 한 존재자의 생이 그저 자기만의 이유로 시작하지 않는다.

탄쓰퉁은 『인학』에서 "생은 진실로 생이 아니고, 죽음은 진정 죽음이 아니다"라고 말했다. 또한 "생을 좋아하고 죽음을 싫어하는 것은 참으로 어리석은 자"라고 일러준다.[11] 바로 이런 이유 때문에 탄쓰퉁이 무외심無畏心을 일으킬 수 있었다. 생을 환희하거나 죽음을 두려워할 필요가 없다. 중생제도를 지상과제로 내세운 보살은 이런 자세로 두려움[畏] 없이[無] 나서야 한다. 장타이옌은 화엄학의 이런 논리가 보살에게 윤리가 됨을 본 것이다. 그는 무외심이 혁명자가 가져야 할 윤리라 생각했다.

장타이옌이 말하는 법상종은 유식학의 중국식 표현이다. 유식학에서는 우리의 의식을 구성하는 개념들에 대한 엄밀한 분석을 행한다. 의식이 행하는 분별은 일종의 개념화라고 할 수 있는데, 유식학에서는 바로 이 점에 대해 반성한다. 분별의 결과로 개념화한 것을 존재[法]의 형상[相]이라고 표현했다. 이렇게 법상法相은 우리 삶의 근본을 조직하는 의식의 벽돌이라 할 수 있다. 유식학에서는 이런 개념이 분별의 결과로서 근본적으로 공한 것임을 밝힌다. 단순화시키면 철저한 개념분석을 통해서 우리의 의식을 구축한 것이 거짓임을 폭로하고 거기서 탈출함으로써 자유를 성취한다. 유식학에서 깨달음은 이런 거다. 유식관이라고도 할 수 있다. 이 과정은 하나의 수행이다.

장타이옌은 자신이 공부한 유식학은 "명상 분석으로 시작해서 명상 배제로 끝마친다"고 평가한 적이 있다. 그는 우리가 파악하는 모든 존재자는 의식의 조작임을 강조한다. 그는 여섯 가지 감각 대상으로 모습[色], 소리[聲], 냄새[香], 맛[味], 감촉[觸], 관념[法]을 거론한다. 어떻게 보면 이것은 객관적 사실이다. 그런데 이것을 환幻으로 취급한다. 관념론이라고 할 법하다. 이런 관념론은 현실에서 어떤 구체를 견인할까. 다른 사람이면 모를까 혁명가 장타이옌은 대답해야 한다. 당시 혁명 동지 가운데서도 장타이옌의 다분히 관념적인 이런 사상 태도가 못마땅한 사람이 있었다. 장타이옌은 이렇게 항변했다.

저는 감히 대장大將으로 강江에 임하여 『효경』을 읊어 황건적을 물리치려는 게 아닙니다. 생각건대 중국을 광복하는 데 저들과 우리의 세력은 서로 동일하지 않고 우승열패의 관념은 사람들 마음속에 깊이 자리하고 있습니다. 이해利害를 생각하고 죽음을 두려워하면 결코 떨쳐 일어나지 못하고, 일어난다 하더라도 결코 오래 버티지 못합니다.[12]

그렇다. 그저 정신승리법은 아니다. 부적 한 장 붙이고 있으면 총탄

이 비켜 갈 것이라 생각하지도 않았고, 열심히 주문을 외면 코앞에 다다른 적들이 슬그머니 꽁무니 뺄 거라 생각하지도 않았다. 서태후의 폭력 앞에 나는 무력하고, 열강의 침탈 앞에 우리는 나약하다. 나는 약자고 저들은 강자다. 이것을 어떻게 역전할 것인가. 절망의 순간에 그저 절망을 절실히 확인할 뿐인가. 만약 거기서 멈추기 싫다면 때론 객관 사실을 부정해야 한다. 엄청난 기세로 그것을 거부해야 한다. 상대뿐만 아니라 나와도 단절해야 한다.

궁색한 처지에서 객관적 사실을 숭상해 버리면 아무것도 할 수 없다. 우승열패의 원리는 참으로 지당해 보이지만 순순히 받아들이면 영원히 식민지 백성일 수밖에 없다. 현실을 거부해야만 현실을 개척할 수 있다. 장타이옌은 "이런 종교 신앙이 있어야 비로소 용맹무외의 정신을 획득하고, 대중의 의지는 성채가 되어 일을 해낼 수 있다"고 말한다.[13] 장타이옌이 앞서 무신교를 건립하려 한 것도 이런 맥락이다. 혁명을 위해선 종교가 필요하다. 하지만 노예의 신앙이 되어서는 안 된다. 노예가 아닌 주인된 종교. 감히 그리스도라 서명한 니체라면 강자의 종교라 했을 테다.

장타이옌은 불교 종파 가운데 정토종과 밀종은 취하지 않겠다고 선언했다. 아미타불의 힘을 진실로 믿고 '나무아미타불'을 진실로 염송해 극락왕생하길 바라는 정토신앙. 우주의 중심인 대일여래大日如來를 상정하고 명상을 통해서 그를 만나는 밀교. 둘은 불교 내부에서 이른바 타력신앙으로 분류된다. 이런 표현이 꼭 맞는 것은 아니지만 이런 경향은 분명하다. 장타이옌은 아미타불도 세우지 않고 대일여래도 세우지 않는다. 그가 보기에 "기도를 하고 자신을 억누르고 비굴하게 하는 것은 용맹무외심과 동떨어졌기 때문이다."[14] 장타이옌은 비굴하게 노예가 되지 말라고 당부한다. 그는 불교나 양명학 등 중국 전통 속에서 주체신념을 발굴했다.

양명학에는 다른 장점이 있는 것이 아니다. 다만 자존무외를 말할 뿐이다. 심원한 도리는 대체로 불법에 기인한다. 그리고 널리 국민을 가르치는 데 오직 무쇠를 절단하는 것 같은 선뜻하고 거침없는 몇 마디에만 의존하는 이것이 선종의 특기이다. 내가 불학을 선택하지 않을 수 없었다. 중국의 도덕과 종교는 제각기 길을 달리하지만 근원에서 모두 하나로 귀착한다. 그것은 '자신에 의지하되 타인에 의지하지 않는다'이다.[15]

장타이옌은 불교 외에 양명학을 거론했다. 그는 양명학에도 불교와 마찬가지로 '자존무외'라는 태도가 내재함을 주장한다. 탄쓰퉁이 불교의 중생평등론으로 민권을 강조했다면, 장타이옌은 자존무외로 혁명자의 윤리를 말한다. 여기서 개체 강조가 가지는 현실가치의 단면이 드러나는데 그것은 '무외'라는 표현에서 발견된다. 개체나 자존은 어디서 발생하는가. 바로 '무외'의 상황에서 발생한다. 그야말로 자신을 거침없이 선뜻 내던지는 태도에서 무쇠를 절단할 만큼의 힘이 발생한다.

선종에서 말하는 인격은 일체 속박을 무너뜨리는 자다. 그것은 파괴적으로 보이기도 하고, 비이성적으로 보이기도 한다. 선종사에 떠도는 도인들의 이야기는 대부분 그렇다. 그 누구와 다투어도 이길 것 같은 무지막지한 용기와 기개가 있다. 무아無我를 이야기하는 불교지만 수동성이 아니라 스스로 능동성이나 주체성의 종교임을 주장하는 이유가 이 때문이다. 장타이옌은 양명학이나 선종에서 그 무엇에도 양보하지 않는 '나'를 찾아냈다. 외부세계를 무라고 외치고 당당히 혼자 서 있는 자. 장타이옌의 자존무외는 이런 인격을 꿈꾼다.

이른바 자기 주장[我見]은 자신을 믿음이지 자신을 이롭게 한다는 게 아니다. 오히려 자신을 존귀하게 여기는 기풍이 있으니 니체가 말하는 위버멘쉬[超人]와 거의 같다. 삶과 죽음을 물리치고 아무 사람 없는 듯, 갈포로 지은 옷 입고 삼으로 삼은 신발을 신고서도 당당하게 혼자 걸어간다. 한편으론 아나키스트의 굽힘 없는 꿋꿋함이며 한편으론 힘없는 자들이 일어나는 씩씩함이다.[16]

니체 철학이 유럽에서 크게 유행한 시기에 일본과 중국에도 그것이 소개됐다. 일본에서 니체는 개인주의와 니힐리즘의 철학자였다. 중국에서도 마찬가지였다. 량치차오는 1902년 『신민총보』에 발표한 「진화론의 혁명자 벤저민 키드의 학설」에서 맑스와 니체 학설을 비교했다.

> 독일에서 가장 큰 두 세력은 맑스의 사회주의와 니체의 개인주의이다. 맑스는 오늘날 사회의 폐단은 다수의 약자가 소수의 강자에게 억압당하는 점이라고 했고, 니체는 오늘날 사회의 폐단은 우등한 소수가 저열한 다수에게 억제당하는 점이다."[17]

탁월한 정리다. 20세기 초 맑스뿐만 아니라 니체도 꽤나 깊이 동아시아에 진입했다. 생각보다 훨씬 깊었다.
장타이옌이 불러낸 위버멘쉬는 마치 불굴의 혁명가 같다. 결코 자신의 고귀함을 포기하지 않고 모세가 홍해를 가르듯 세상을 향해 돌진한다. 기존의 체제를 부정하기에 아나키스트 같지만 관념의 전복을 원하기에 혁명자가 분명하다. 루쉰은 『들풀』에 실은 「빗돌 글」에서 "모든 눈에서 무소유를 본다"[18]고 했다. 전사 루쉰이 허무주의자가 된 걸까. 아니다. 루쉰은 세계 부정의 정치성을 확연히 깨달았다. 그는 더욱 구체적으로 지시한다. "혁명자의 눈에는 과거와 현재의 모든 것이 없는 것과 같다"[19] 루쉰의 무는 실존이었고, 또한 무기였다. 더구나 그의 무는 이렇게 내력이 있다. 가까이는 스승 장타이옌에 닿아 있고, 그리고 시대에 닿아 있고, 불교에 닿아 있다.

2. 개체 강조와 반시대적 고찰

공과 사

장타이옌은 1903년부터 3년간 상하이감옥에 수감됐다. 감옥에서 불교에 입문하여 사상의 변화를 겪는다. 전통비판뿐만 아니라 근대비판이라는 색채가 강해졌다. 그는 분명 사회변혁에 투신한 혁명가였지만 근대를 그저 추수하지는 않았다. 장타이옌의 입장은 공과 사의 문제에서 극명하게 드러난다. 비슷한 시기 량치차오는 공덕公德과 사덕私德에 대해서 열렬히 이야기했다. 공덕과 사덕에 대한 논의는 량치차오에 앞서 일본 근대사상가들이 여러 차례 이야기했다. 계몽사상가 후쿠자와 유키치福澤諭吉가 대표적이다. 그는 『문명론의 개략』(1875)에서 사덕과 공덕을 다루면서 먼저 덕의德義에 대해 말한다.

> 덕의는 일체 외적인 변화에 구애되지 않고 세상의 영예를 돌보지 않고, 권위나 무력에도 굴복하지 않고, 가난하고 천한 형편에서도 끝끝내 지켜 나가려는 확고부동한 내적 존재다.[20]

후쿠자와는 개인의 확고부동한 의지를 강조한다. 이것은 한 인간의 기상이기도 하고 인간 존재의 심연이기도 하다. 기개 있는 선비가 떠오르기도 하고, 새 세상을 염원하며 기꺼이 목숨을 바치는 혁명가의 모습이 떠오르기도 한다. 집단에 그저 투항하라고 일러 주는 노예서약이 아니다. 여기서 근대적 개인을 연상할 수도 있고, 용맹무쌍한 군국주의자를 연상할 수도 있다. 후쿠자와의 덕의는 사덕과 공덕 가운데 쉽게 공덕으로 기울지는 않았다. 물론 집단을 향한 개인의 희생을 말하지만 결코 맹목적이지 않다. 오히려 홀로 늠름히 걷는 개인에 닿는 것 같기도 하다.

량치차오도 후쿠자와처럼 공덕과 사덕을 말하지만 그는 훨씬 명료하다. 그가 말하는 사덕은 국민국가 건설을 위해 필요한 개인의 역량 강화이다. 그는 「공덕을 논함」論公德에서 "공덕은 사회가 사회가 되는 까닭이고, 국가가 국가가 되는 까닭"이라고 말한다.[21] 량치차오는 공덕과 사덕이 결코 적대적이지 않음을 여러 차례 강조한다. 이런 강조에도 불구하고 그가 말하는 사덕은 공덕의 하위임이 명백하다. 량치차오는 1904년 쓴 「나의 생사관」에서 대아大我와 소아小我를 말한다. 이도 실은 공덕과 사덕 논의 속에 있다.

> 무엇이 대아인가? 나의 군체群體가 이것이다. 무엇이 소아인가? 나의 개체가 이것이다. 무엇이 대피大彼인가? 나의 개체가 포함한 물질 전부가 그것이다[즉 육체]. 무엇이 소피小彼인가? 나의 개체가 포함한 물질의 각 분자가 그것이다[오장의 혈액순환과 육체가 포함한 여러 물질이다]. 소피가 죽지 않으면 소아를 보전하지 못하고, 대피가 죽지 않으면 대아를 보전하지 못한다.[22]

량치차오는 개인은 소아이고 개인이 속한 집단이 대아라고 말했다. 근대 시기 대단히 흔한 태도다. 하기야 지금도 국가를 더 큰 자아로 취급하는 경우는 많다. 국가를 위해서 희생하면 소아는 대아 속에 길이 보전될 것이라는 생각이다. 량치차오는 개인이 개인으로서만 존재한다면 대아를 보전할 수 없다고 보았다. 그에 따르면 개인이 자신을 희생할 때라야 집단이 보전된다. 나아가 개인은 집단 가치를 위해 소멸될 때 영생할 수 있다. 이것은 전형적인 국가유기체론이다. 신해혁명 이전 량치차오의 입장은 주로 이러했다.

장타이옌은 1908년 『민보』民報 22호에 발표한 「사혹론」四惑論에서 서구에서 유입된 근대관념을 비판했다. 그는 근대인들이 공리, 진화, 유물, 자연 네 가지를 신성불가침한 것으로 취급한다고 평가했다. 그가 보기에 전통사회에서 명분에 목숨을 건 것과 유사하다. 장타이옌은 명분이 허구였듯이 이들 넷도 허구임을 간파했다. 그는 공리公理에 대해 분석하면서 먼저 공과 사에 대해 다뤘다. 량치차오와 달리 장타이옌은 고증학 지식을 동원해서 공과 사가 적대 개념임을 밝힌다. 우리들에게는 다소 엉뚱해 보이는 결론이지만 그 결론을 이끄는 고증학의 방식은 흥미롭다. 장타이옌은 「사혹론」에서 공리를 다루면서 먼저 '공'의 의미를 분석한다.

> 개인私=厶을 등지는背=八 것을 공公이라고 했는데 지금은 여러 사람들이 다같이 인정하는 것을 가리킨다.[23]

『설문해자』에서는 "공公은 공평하게 나눔"이라고 했다. 지금도 더러 사용하는 '공평무사'라는 말도 "사사로움이 없이 공평하다"는 의미다. 여기서 사사로움은 사적인 이득을 취함일 것이다. 단옥재段玉裁의 『설문해자』 주석에선 '공'은 "개인에 등지는 것"이라고 했다. 장타이옌도 기본적으로 이런 입장에서 논의를 진행했다. 한자 '공'을 따져 보면 아래에 '사'厶

자가 있고, 위에 '팔'八 자가 있다. 장타이옌은 이 두 자가 각각 사私와 배背에 통함을 밝힌다. 그렇게 되면 공은 사에 대한 반대가 된다. 그럴싸한 논리다. 좀더 살펴보자. 장타이옌은 『한비자』의 논의를 끌어온다.

"옛날 창힐이 글을 만들 때 스스로 다루는 것을 사私라고 했고 사에 등지는 것을 공公이라고 했다."[사私는 옛날에는 사厶라고 썼다. 북北은 옛날에 팔八이라고 썼다. 팔의 소리는 배背다. 그래서 고문의 배사背私는 공公이다. 기冀자 머리의 북北을 간혹 팔八로 쓰는 것과 같다.] 공公과 사私가 서로 상대됨을 창힐이 제대로 알고 있었구나.[24]

고대 중국어 발음은 현재와 많이 다르다. 우리는 고대문헌을 살핌으로써 당시 한자 발음을 유추할 수 있다. 더구나 고대에는 발음이 같기 때문에 같은 의미로 사용한 글자가 많았다. 장타이옌은 『한비자』에 따라 한자 '공'公 자 위의 '팔'八 자가 '배'背 자와 고대에는 발음이 같았고, 그래서 같은 의미로 곧잘 사용됐음을 주장한다. 결국 '공'은 개인[厶]을 배반[八=背]한다는 의미임을 말한다.

이렇게 장타이옌은 '공'이라는 개념 자체가 원래 개인을 적대해서 생긴 것이라고 말했다. 물론 '공'과 '사'의 문제는 쉽게 단정할 수 없겠지만 적어도 장타이옌에게 이 문제는 매우 명료하다. 또한 그는 공리公理라고 할 때 '이'理의 의미를 밝힌다. '이'는 사물에 난 결을 의미한다. 물결이나 나뭇결, 인생의 결 등이다. 그것은 흔히 말하는 무늬다. 이는 매우 규범적이다. 돌이나 나무를 다룰 때는 반드시 이런 결을 따라야 한다. 그래야 제대로 다룰 수 있다. 심지어 야구경기에서도 타자는 투수가 던진 공을 결대로 때려야 공이 잘 뻗어 날아간다고 한다.

고대 중국인들은 세상에도 이런 결이 있다고 보았는데 그것을 추상하여 '이'라고 했다. 정이천程伊川 같은 송대 유학자는 세상에 난 무늬를 천리天理라고 했다. 우주의 결이다. 장타이옌이 보기에는 근대 들어 천리가 아니라 공리가 중심이 됐다. 중국의 경우, 과거 천리를 통해서 극한적으로 사람의 감정을 가두는 일이 있었다. 비록 근대적 공리 개념에는 그런 점은 없지만 "세계를 근본으로 여겨 개인의 자유를 파괴하고 인간을 속박한다는 점"에서 둘은 별로 다르지 않다.[25] 장타이옌은 「사혹론」에서 공적 영역이나 공적 질서를 일차적으로는 거부한다. 그것은 그야말로 임의로 구성된 것임을 강조한다.

> 솔직히 말한다면 인간은 본래 외롭게 태어난다. 다른 것을 위해서 태어나지 않았다. 조물주란 존재하지 않고 명령자는 있을 수 없다.[26]

어떤 사람은 모든 손재자가 근원으로서 창조주를 가진다고 생각하고 그 창조주에서 규율이나 질서를 연역한다. 이에 반해 장타이옌은 인간이 외롭게 태어났음을 인정하라고 요구한다. 그가 말하는 인간은 근대적 개인과 사뭇 다르다. 서구 근대가 불러낸 개인은 어떤가. 근대사회는 "개인을 보호하기 위해 국가권력과 교회권력 사이에 분명한 경계선을 그었고, 개인에게 시민사회의 형성에 적극적으로 참여하고 보편의 이익을 위해 개인의 권리를 주장하라고 촉구했다."[27] 신이 빠져 나간 자리에 시민사회 혹은 국가가 진주했다. 또 다른 신의 등장이다.

앞서 인용한 나쓰메 소세키의 소설 『한눈팔기』의 대목이 떠오른다. "너는 무엇을 하러 태어났는가?" 무시무시한 질문이다. 아무 이유 없이 태어났다고 말할 수도 있지만 그렇게 되면 존재자는 존재하지 않게 될지도 모른다. 하지만 장타이옌은 존재 이유가 없음을 솔직히 인정한다. 시대가 제시하는 삶의 결이 있는데, 게다가 그것이 존재자의 존재 이유처럼 이야기되는데 그걸 거부해 버린다. 물론 그는 소세키 같은 개인주의자가 될 수는 없었지만 결코 개인을 집단의 하위로 종속시키고 싶진 않았다. 그것은 봉건 복귀와 다르지 않았다. 신을 물리치고 근대가 밝았지만 물러난 신의 자리에 국가가 들어선 꼴이었다.

중국 전통에선 신이 아니라 '이'로 개인을 수렴했다. 중국인의 윤리 의식을 강하게 지배한 주자학은 기본적으로 인간 본성[人性]과 세계 규율[天理]을 말한다. '성리'性理라는 말은 여기서 나왔다. 그것이 현실적으로 드러나는 방식이 예禮다. 이것은 유교윤리의 구체이자 물질성이라고 할 수 있다. 칸트가 인간은 자율의지를 가지기 때문에 그 행위에 대한 선악 판단이 가능하다고 했듯, 주자학에서도 바로 선천적인 도덕 능력인 본성을 갖기 때문에 인간 행위에 대한 선악 판단과 그에 따른 단죄가 가능하다고 본다. 그런데 예의 실행이라는 것은 어차피 사회적인 것이다. 결국 사회적인 윤리규범으로 인간의 자기실현 여부를 판단한다. 장타이옌이 보기에 유럽도 마찬가지다.

> 유럽의 절반 정도 국가는 기독교를 신앙하고 봉건과는 매우 거리가 멀다. 사람들 마음에 깊이 잠재된 것은 "인간은 사회를 위해서 태어났지 개인을 위해서 태어난 게 아니며, 모든 지능과 능력을 뽑아서 사회에 공헌해야 한다"는 생각이다. 정치와 종교를 통해서 사회의 풍속을 구성하고 풍속을 통해서 심리를 조작한다.[28]

장타이옌이 밝힌 대로 정말 공과 사는 적대적인지도 모르겠다. 사회는 끊임없이 개인에게 요구하고, 세뇌한다. 정치와 종교는 세뇌의 도구처럼 쓰인다. 량치차오는 「공덕을 논함」에서 "공덕은 모든 국가의 연원이다. 사회에 유익하면 선이고, 사회에 무익하면 악"이라고 다소 공격적으로 선언한다.[29] 근대 계몽가들의 지향은 분명 서구 같은 국민국가 건설이었다. 개인은 그저 소비재였다.

공리주의 비판

장타이옌은 공리^{功利}라는 일상의 규범이나 윤리를 궁극까지 사유한다. 그는 존재론적으로 인간에게서 그런 윤리를 찾아낼 수 없다는 입장이다. 단지 그것은 임의적인 약속일 뿐이다. 그는 "인류는 서로 돕자고 태어난 것도 아니기 때문에 선도 인간의 책임은 아니"라고 말한다.[30] 량치차오는 「근세 최고 철학자 칸트의 학설」에서 칸트의 자율의지를 양심으로 소개하면서 국가주권에 복종할 자유가 거기에 있다고 말했다. 그는 칸트와 불교를 비교하면서 인간은 본질적으로 국가주권에 복종할 권리를 가진다고 주장한다. 그는 신민^{新民}에게는 국가를 향한 선^善의지가 있다고 말하는 셈이다.

량치차오에 비하면 장타이옌은 「사혹론」에서 거의 무정부주의에 가까운 주장을 한다. 사회가 개인에게 요구할 수 있는 건 도대체 뭘까? 아니면 사회가 개인을 비난할 수 있을 때는 과연 언제일까? 사회 속에서 한 개인에 대해 다른 사람을 해코지하지 않는데도 어떤 이유를 들어 비난할 수 있을까. 장타이옌은 불교에서 인간 행위를 평가할 때 사용하는 '무기'^{無記} 개념을 거론한다. 불교의 카르마이론에 따르면 인간 행위[業]는 셋으로 나뉜다. 선업, 악업, 무기업이다.

선업을 지으면 좋은 과보를 받고, 악업을 지으면 나쁜 과보를 받는다는 게 카르마이론의 기본이다. 이것이 불교의 인과론이다. 그런데 인간의 행위가 꼭 선과 악 둘 중 하나에 해당하는 건 아니다. 내가 혼자서 하품 한 번 했다고 그것이 무슨 죽을 죄도 아니고, 그렇다고 역사에 길이 남을 업적일 리도 없다. 이런 행위는 선도 아니고 악도 아니다. 과보를 초래할 만큼 특별히 기억[記]되지 않는다[無]. 이런 행위[業]를 무기업無記業이라고 한다. 줄여서 무기라고도 한다. 장타이옌이 보기에 근대사회에선 공리라는 이름으로 개인에게 무기 이상을 요구한다. 그는 「사혹론」에서 말한다.

> 다른 사람을 해치지 않은 경우는 왜 그랬냐고 따져 물을 수 없다. 자신에게 이익이 됐건 다른 사람에게 무익하건 따져 물을 수 없다. 다른 사람을 해칠 경우만 비난하면서 그 이유를 물을 수 있다. 이것을 '제물'齊物이라고 한다. 공리功利와는 다른 견해다.[31]

2003년 미국이 이라크를 침공한 이후, 부시 미국 대통령이 전 세계 국가에 대해 미국 편이냐 이라크 편이냐 선택을 종용한 적이 있다. 중간지대를 아예 지워 버렸다. "미국=선, 이라크=악." 이 엄청난 도식으로 주변 국가를 못살게 굴었다. 이것이 사상적으로는 기독교 근본주의에 맞닿아 있음은 잘 알려진 사실이다. 여기서 제3의 지대, 혹은 무기의 행위란 존재하지 않는다. 그런데 근대라는 시기에도 이런 분위기가 짙었다. 전쟁이냐 평화냐가 아니라 전쟁이냐 반역이냐 식의 구도 속에 개인을 던져 넣었다. 근대 일본에서 저 구도를 거부한 사람은 비국인非國人이라 불렸다. 하지만 개인은 결코 저 단순한 구도에 완벽하게 수렴되지 않는다. 실존적으로 불가능하다.

나쓰메 소세키는 근대 시기 불안한 개인을 자주 묘사했다. 그는 1914

년 11월 25일 일본 도쿄 소재 학습원에서 진행한 강의에서 자기본위의 개인주의를 말했다. 그는 젊은 날 자신의 고뇌와 방황에 대해 이야기한다.

마치 자루 속에 갇혀서 나올 수 없는 인간과 같은 느낌이 들었습니다. 나는 내 손에 한 자루 송곳만 있으면 어딘가 한 군데 뚫어 보여 주고 싶은데 하며 조바심쳤지만 공교롭게 그 송곳은 남이 전해 주지도 않았고, 또 자신이 발견할 수도 없어서 그저 마음속으로 '앞으로 나는 어떻게 될까?'라고 생각하며 사람들 몰래 우울한 날을 보냈습니다.[32]

근대 일본은 비록 개인을 호명했지만 개인은 국가 건설이나 국가주의 구호에 묻혀 요절한다. 그런 상황에서 소세키의 개인은 불안했다. 결코 저런 구호로 자신을 채울 수는 없었기 때문이다. 하이데거는 말한다. "불안은 개체를 채우고 있는 온갖 거짓들, 망념들이 정말 거짓임을 알아차릴 때 일어나는 느낌이다. 또한 처음으로 자기를 느끼는 순간이다."[33] 소세키처럼 근대의 거짓을 알아 버린 자라면 이 불안이 더했을 것이다. 이 불안이 크면 클수록 훨씬 극적으로 국가나 집단으로 전향이 이루어진다.

장타이옌은 개인에게 무기無記에 해당하는 지대를 부여하는데 이것을 '제물'이라고 했다. 그가 『제물론석』齊物論釋에서 진행한 '제물철학'이 여기서 벌써 단초를 보였다. 그의 제물철학은 개인을 집단으로 회수하여 올록볼록한 차이를 편편하게 만들어 버리는 것이 아니라 개인의 차이를 긍정하고자 한다. 물론 이런 게 좋은 말에서 그칠 수도 있다. 왜냐하면 현실에서는 훨씬 강력한 힘으로 개인을 압박하고, 떠밀기 때문이다. 장타이옌은 공리주의功利主義 비판을 감행하면서 자살 문제를 거론했다.

자살을 비난하는 경우는 두 가지로 나뉜다. 유신론 입장에서는 "인간은 신으로부터 영혼을 받기 때문에, 신체와 생명을 마음대로 할 수 없다. 그래서 반드시 공손한 마음으로 세월에 임해야 하고 함부로 하는 일이 없어야 한다."[34] 인간 존재는 개인에게 위탁됐을 뿐이다. 자살은 감히 신의 물건을 인간이 훼손하는 행위이다. 죽어서 지옥에 떨어져야 마땅하다. 또 한 가지는 공리론자들이 주로 일삼는데, 자살을 "단지 자기 한 몸 좋아라고 하는" 이기적 행위로 간주한다.[35] 이렇게 보면 유신론자에게 자살은 월권이고 공리주의자에게 자살은 이기이다.

불교는 자살에 대해 어떤 태도를 취할까. 장타이옌은 「사혹론」에서 '무신론'이라는 이름으로 불교의 입장을 제시했다. 그는 일상 수준과 진리 수준에서 나누어 말한다. 일상 수준에서 자살은 결코 죄가 아니다. 그 누구도 이 세계에서 왜 탈출하느냐고 힐책할 수 없다. 살아야 할 동기를 갖고 태어나지는 않기 때문이다. 이에 반해 진리 수준에서 말하면 "자살과 생의 욕구 모두 잘못이다."[36] 생과 사 둘 가운데 어느 쪽이 답이냐 물으면 결코 답할 수 없다. 오히려 둘 다 오답이라고 해야 한다. 불교에서는 "삶과 죽음을 뛰어넘는 것이야말로 궁극"[37]이라고 말한다.

장타이옌은 자살과 관련하여 쇼펜하우어의 열반 개념에 주목한다. 쇼펜하우어는 자기 사상 절반은 칸트에게서 왔고, 나머지 절반은 불교에서 왔다고 말할 정도로 불교와 깊은 관련을 맺고 있다.[38] 흔히 쇼펜하우어의 철학을 염세주의라고 한다. 이 세상을 고해苦海로 보는 불교와 유사하다고 할 수 있다. 하지만 염세성이 있다 해서 그것이 염세주의로 확장되지는 않는다. 불교의 목표가 고苦의 극복이듯 쇼펜하우어도 염세의 극복을 추구했다.

쇼펜하우어는 유명한 그의 주저 『의지와 표상으로서의 세계』에서 우리를 둘러싼 세계는 실재세계가 아니라 표상으로서 세계임을 지적했다. 그 표상 세계를 떠받치는 것은 의지이다. 세계에 일어나는 온갖 고통은 바로 이 의지에 봉사하는 욕망의 분출 때문이다. 고통 극복은 표상이 아니라 본질적인 의지에서 해방되는 데서 가능하다. 자살과 생의 욕구는 실은 동일한 의지의 표현일 뿐이다. "세계의 고통을 피하려면 신체나 기관을 소멸하는 것이 아니라 스스로 의지를 끊어야 한다."[39] 쇼펜하우어는 의지 극복의 상황으로 불교의 열반 개념을 거론했다. 장타이옌은 이렇게 말한다.

> 쇼펜하우어는 순수하게 불교연구자는 아니다. 열반과 극락이 전혀 다름을 알았을 뿐이다. 이런 점으로 보면 진정한 열반 추구는 결코 형체의 소멸이 아니다. 진정한 극락 추구도 현재의 생을 버리고 장래의 즐거움을 희망하는 게 전혀 아니다.[40]

쇼펜하우어의 열반이나 의지 극복이 염세처럼 보이고 또 허무처럼 보이지만 고통 극복이라는 지향 혹은 지대가 있다. 장타이옌은 공리나 기독교의 신으로 포획할 수 없는 실존적 지대를 인정했다. 오히려 종교적이고 철학적이기까지 한 이런 경지가 본질이라고 생각했다. 장타이옌은 공리를 말하는 자는 "사회로 개인을 억압하기 때문에 이 세계에 도망할 곳이 없다"고 말한다.[41] 그는 자유를 원한다. 그것이 열반일 수 있고, 그것이 의지 극복일 수 있다. 장타이옌은 인간의 자유를 대단히 저항적으로 드러냈다.

장타이옌은 쇼펜하우어의 입을 빌려 열반을 말했다. 열반은 불교에서 말하는 궁극적 경지이자 완성이다. 이것은 오히려 인간의 개체적 한계를 극복했다고 할 수 있다. 의지의 극복이나 열반 등의 실존적 고민은 그 자체로서는 현실로 응용하기 힘들다. 다분히 종교적이거나 철학적으로 접근할 수밖에 없다. 초기불교 경전인 『쌍윳다니카야』에서 '홀로 있음'獨居에 대해 붓다가 제자와 대화를 나누는 장면이 있다. 제자는 자신이 홀로 생활하는 것으로 '독거'의 의미를 실천한다고 말한다. 그런데 붓다는 '홀로 있음'에 대해 이렇게 이야기한다.

> 과거는 버리고 미래는 바라지 않으며, 현재는 자신의 소유에 대한 욕망과 탐애를 모두 버리는 것이다.[42]

이런 게 자칫 허무주의나 염세주의로 귀착할 듯하지만 결코 그렇지 않다. 종교적인 의미에서 그것은 실존을 찾는 과정일 뿐이다. 이 과정에 개입하는 여러 상황이 '현실'이라는 좀더 구체적인 말로 표현된다. 장타이옌에게 독행(독거)은 혁명자의 모습이기도 하고, 수행자의 모습이기도 했다. 루쉰에게는 참혹한 현실 속에서도 굳이 찾으려 한 인성이다. 참혹함 속에서도 어쩔 수 없이 찾아야 하는 것 말이다.

6장_보편규율의 파괴와 '무'의 극단

1. 언어의 비진실성

불교의 언어관

일상에서 보편의 가장 단단한 장치는 언어다. 어쩌면 그것이 모두인지도 모른다. 아이가 자라면서 언어를 습득하는 과정은 곧 세계를 인식하는 과정이다. 어둡던 세계에 불이 하나씩 들어온다. 그것이 계몽이고 앎이라고 부모는 생각한다. 앎이 공유됨으로써 아이는 다른 아이와 소통하며 어른이 된다. 이렇게 언어 습득은 질서를 획득하고 삶의 능력을 배양하는 행위다. 그래서 우리는 세계에는 적어도 언어라는 질서가 있음을 안다. 조금 심하게 말하면 인간이 바로 언어다.

장타이옌이 공부한 청대 고증학은 단순한 서지학이 아니다. 문헌을 정확하게 파악하기 위해서 음운학이나 지리학, 수학, 목록학 등 다양한 학문이 동원됐다. 고증학은 이들 학문을 망라한 개념이다. 언어와 관련해서 음운학이 중요하다. 중국어에는 글자 모양은 달라도 소리가 같기 때문에 의미를 같이 쓰는 어휘가 많다. 청대 고증학의 태두인 고염무顧炎武가 그랬듯 고증학자 장타이옌은 소리에 대해 대단히 민감했다. 청 중기 대표적 고증학자 대진戴震도 글자를 해석할 때 모양에 갇히지 말 것을 요구했다. 이런 전통에 있는 장타이옌은 우리가 보편을 습득하는 경로로서 언어에 대해 비평했다. 그는 기본적으로 언어의 실체성을 부정한다. 불교식으로 말하면 언어의 무자성無自性을 지적한 것이다.

> 언어는 바둑이나 오목, 아니면 체스 같은 것이다. 이름과 실질이 전혀 상관성이 없다. 이름을 붙잡고서 실질이라고 우기는 것이 명가名家의 한계이고, 이름을 함부로 사용해서 실질을 어지럽히는 경우는 광인의 참담한 짓이다. 비록 방식은 다르지만 같은 곳에 귀결한다. 둘 다 틀렸다.[1)]

언어의 무자성을 주장하는 건 단순히 언어의 본질을 말하고자 함이 아니다. 장타이옌은 『제물론석』齊物論釋을 시작하면서 자신이 지향하는 '제물'은 "언어의 구속, 개념의 구속, 의식의 구속에서 벗어난 궁극적인 평등 경지"임을 천명했다.[2)] 그가 제시한 이른바 제물철학은 언어적인 한계를 돌파하고서야 가능하다는 입론인 셈이다. 그래서 그는 『제물론석』 전반에 걸쳐 진지하게 언어문제를 다뤘다. 이 논의는 당연히 그가 진행한 근대 비판의 연장선 위에 있다. 특히 그는 『장자』「제물론」의 "어째서 그런가? 그러니깐 그렇다. 어째서 그렇지 않은가? 그렇지 않으니깐 그렇지 않다"는 구절을 높이 평가한다.

"A는 A다"라는 동일률에서 도대체 뭘 본 걸까. 이는 "A가 A인 이유는 없다"는 선언이다. 장타이옌은 장자가 언어의 무자성을 보았다 말한다. 장자와 불교의 결합을 시도한 측면이다. 불교에서 언어는 이중적이다. 여기서 이중적이라 함은 긍정과 부정이 늘 겹친다는 뜻이다. 붓다의 가르침은 교설을 통해서 알려지고, 그 말씀이 바로 불교를 구성했다. 그의 육신이 살아남은 것이 아니라 말이 살아남아 확대되고 변형됐다. 그래서 결코 이 말에 대해 모른 척할 수 없다. 그렇지만 모든 속박에서 벗어나라고 말하는 불교가 자신의 말을 굴레로 삼으라고 할 턱은 없다. 붓다는 일찍이 자신의 교설을 뗏목에 비유하기도 했다. 번뇌의 강을 건너는 도구로서 그 임무를 완수하면 붓다의 말은 이제 놓아 주어야 할 무엇이다. 강을 건넌 후 뗏목을 이고 지고 언덕을 오르는 자는 없다. 그러다가는 영영 낙오한다. 장자가 말한 "고기를 잡으면 통발을 잊는다"는 이야기를 떠올릴 법도 하다.

불교의 언어관을 이해하는 데 핵심 개념은 가설假設, prajñapti이다. 가명假名이라는 말도 사용하다. 진실한 게 아니라 임의적이라는 의미다. 붓다는 "해탈한 사람은 세간의 언어적 관행을 사용하되 그에 의해 왜곡되어선 안 된다"고 설했다.[3] 여기서 세간의 언어적 관행은 우리가 일상에서 사용하는 언어다. 세간에서 "개똥아!" "삼순아!" 이렇게 부르지만 개똥이나 삼순이라는 실질이 저 앞에 있지는 않다. 당연히 이것은 불교에서 말하는 무아설과 관련된다. 또한 연기설에 맞닿아 있다. 우리가 잘 아는 『금강경』金剛經도 언어에 대해 깊이 사유한다. 『금강경』의 유명한 '즉비'即非 논리는 이렇다. 「의법출생분」依法出生分의 구절이다.

수보리야! 불법이라고 말하면 곧 불법이 아니다.

여기서도 '불법'이라고 명명하는 순간 불법이 아니게 된다. 즉비란 것은 이렇게 명명되는 순간 곧바로 부정되는 존재의 방식을 일컫는다. 왜냐하면 A라고 명명하는 순간 그것은 본질을 가진 A로 있어야 하는데 결코 그렇지 못하기 때문이다. "너 불법佛法." 이렇게 말하면 그 녀석은 곧바로 타락하고 만다. 『금강경』에서는 이런 식의 표현이 곳곳에 등장한다. A라고 명명했지만 그것이 결코 A라는 본질을 갖지 않음을 안다. 그래서 A라는 본질은 A라고 지칭한 그 녀석에게 존재하지 않는다. 여기서 "A가 공空하다"는 표현도 사용할 수 있다. 이때 A라는 명칭은 가명이다. 또한 이제 A는 공이라는 존재의 실상을 알리는 말로도 사용할 수 있다. 여기서 한 번의 긍정이 일어난다.

『유마경』維摩經 「불이법문품」不二法門品에서는 유마거사가 '불이법문'이 무엇이냐는 질문을 받고 무겁게 침묵함으로써 분위기를 썰렁하게 만드는 장면이 나온다. 그는 '불이법문'을 명명하길 거부한다. 불교용어로는 불가설不可說이다. 이 '표현할 수 없음'은 실은 표현해선 안 됨이다. 이름을 부르면 곧장 왜곡되기 때문이다. 꽃이라 불러 행여 꽃이 될 순 있겠지만 그것에서 꽃 아닌 것은 사라진다. 대승불교에서 언어문제를 가장 적나라하게 다룬 철학유파는 나가르주나Nāgārjuna, 龍樹가 이룩한 중관철학이다. 일본의 저명한 불교학자 나가오 가진長尾雅人은 논문 「붓다의 침묵과 그 중관적 의의」에서 언어문제와 공 개념을 연결시킨다.

> 이들 대승불교의 기조를 이루는 것은 나가르주나에게서 시작한 중관철학이다. 중관철학은 공을 그 기치로 하지만 그 공은 이상과 같은 불가설不可說·불가사의不可思議·무희론無戱論인 침묵을 그 내용의 하나로 한다. 실로 인간 언어의 불완전함, 그것에 대한 불신이 14무기十四無記에 대한 이해에서 중요한 관건이 된다면, 동시에 그것은 붓다의 경우 설법에 앞서 보리수 아래서 보인 주저와 침묵을 설명하는 것이다. 그것과 마찬가지로 언어에 대한 부정이 바야흐로 사상적으로 적극적인 입장이 되어 나가르주나에 의해 공이라고 칭해지게 되었다고 생각된다.[4)]

언어는 본질적으로 실체를 가정한다. 나가르주나는 이런 일련의 언어활동이나 개념작용을 희론戱論, prapañca이라고 했다. 여기서 "희론은 단순히 언어표현만이 아니라 무시이래 반복된 습관에 의해 인간의 마음 심층에 잠재된 언어적 표현에 대한 그릇된 집착이다."[5] 나가르주나는 이 희론이 분별을 일으키고, 이 분별로부터 업과 번뇌라는 인간의 고통이 전개된다고 말한다. 그가 『중론』 첫 게송에서 밝혔듯 중관철학의 목표는 바로 공성에 대한 철저한 체득을 통해서 희론을 완전히 소멸하여 자유를 성취하는 것이다. 이것이 그가 말하는 깨달음이고, 그가 말하는 번뇌 극복이다.

유식학은 중관철학보다는 훨씬 정교하게 언어문제를 다룬다. 유식학에서는 언어를 기본적으로 의식활동의 부산물로 파악한다. 이때 언어는 명名·구句·문文으로 분석된다. 이것은 부파불교 전통을 따른 것이기도 하다. 여기서 명은 단어인데, 좀더 구체적으로 이야기하면 개념이라고 할 수 있다. 그것은 자성을 가리키는 게 특징이다. 물론 불교적으로는 '없는 자성을 실재한다'고 지시하는 형국이다. 구는 문장이다. 주어와 술어 형태로 특정한 사태를 차별적으로 드러낸다. 문은 음소이다. 음소는 단순한 소리가 아니라 소리의 굴곡과 차별을 통해서 성립한다. 언어의 최소 단위라고 할 수 있다. 이 세 요소가 언어를 구성한다고 보는 입장이다. 얼핏 보면 문·명·구의 순으로 배열해야 할 듯하지만 전통적으로 명·구·문으로 설명했다.

유식학에서는 언어뿐만 아니라 그것이 지시하는 대상도 의식활동의 일부로 파악한다. "우리가 있다고 생각하는 모든 존재자는 언어에 의해 표현된 것이지만, 언어활동에 대응하는 대상이 실체로서 존재하지는 않는다."[6] 이런 사고방식에 따르면 세계는 그저 표상이다. 그럼에도 불구하고 우리의 의식은 대상을 포착하여 그것을 보관한다. 유식학의 종자설에 따르면 아뢰야식을 제외한 일곱 가지 식의 활동은 명언종자^{名言種子}를 만드는 과정이다. 여기서 명언은 언어적 활동을 가리킨다. 유식학에서는 인간의 일체 행위가 소멸하지 않고 정보화되어 보관된다고 말한다. 이때 정보화는 언어화다.

유식학에서 말하는 여덟 가지 식 가운데 개념[法]에 대한 언어적 인식은 제6의식^{意識}이 행한다. 눈으로 파란 바다를 보았지만 그것을 파랗다고 인식하는 건 제6의식이다. 또 비물질적 관념에 대한 인식 또한 이 녀석이 행한다. 하지만 다른 식이 행하는 인식도 대상을 명칭으로 드러내는 작용과 유사하기 때문에 그 결과를 명언종자라고 한다. 둘을 구분해서 '대상을 드러내는 명언'과 '의미를 표상하는 명언'이라고 한다.[7] 좀 심하게 말하면 우리의 활동 전체가 언어적이라고 할 수 있다. 이때 대상을 지칭하거나 묘사하는 언어가 과연 그 대상과 만날 수 있는지 질문해 볼 수 있다.

우리의 인식은 명칭(개념)이 그 내용에 제대로 적중할 때 가능하다. 명칭[名]과 사물[義]의 일체화라고 할 수 있다. 우리는 일반적으로 명칭에 맞는 사물이 존재한다는 사고에 기반해서 언어를 사용한다. 그런데 유식학에서는 이 둘이 결코 만나지 않는다고 말한다. 이것을 상호객진성^{相好客塵性}이라 한다.[8] '객진'이라는 말이 좀 어려운데, 간단히는 손님이라는 이야기다. 주인과 손님처럼 서로 분리되어 있다는 뜻이다. 명칭과 사물이 일체로 되는 게 아니라 영원히 만날 수 없음이다. 유식학에서 객진성을 이야기하는 의도는 대상으로서 사물이 갖는 실체성을 박탈하기 위해서다.

장타이옌은 『제물론석』을 시작하면서 이 객진성에 대해 이야기했다.[9] 그는 『유가사지론』^{瑜伽師地論}에 등장하는 사종심사^{四種尋思}를 이야기했다. 사종심사는 유가행파가 행하는 관법, 즉 유식관이다. 이것은 일종의 명상수행인데 관^{觀}은 근래 유행한 위파사나와 통한다. 명상 속에서 네 가지가 거짓 존재임을 탐구[尋]하고 관찰[思]한다는 의미다. 네 가지는 각각 명칭, 사물, 자성, 차별이다. 이것을 명심사^{名尋思}, 사심사^{事尋思}, 자성가립심사^{自性假立尋思}, 차별가립심사^{差別假立尋思}라고 부른다. 유가행을 닦는 보살이 명칭에 대해서는 오직 명칭만을 보고, 사물에 대해서는 오직 사물만을 보는 행위다. 이 이야기는 명칭과 사물을 결코 결부시키지 않는다는 의미다. 이 둘이 서로 객임을 알아차리는 명상이다.

장타이옌은 『제물론석』에서 고대 인도의 불교철학자 무성^{無性}이 지은 『섭대승론석』^{攝大乘論釋}을 인용하여 "명칭은 사물에 대해 손님이다. 사물도 명칭에 대해 마찬가지"라고 지적한다.[10] 자성은 명칭과 사물이 결합하여 인식되는 사물을 가리킨다. 이것이 결국 '임의적으로 수립됐음'[假立]을 알아차리는 명상이 자성가립심사이다. 차별은 그 사물의 세부적인 성질을 가리킨다.[11] 여기서 가립이라는 말이 중요한데, 사물이나 성질이 실은 임의적임을 말한다. 이는 앞서 말한 가설이나 가명과 유사한 개념이다.

디그나가^{Dignāga} 같은 불교 인식논리학자는 언어는 사물 그 자체를 가리키는 게 아니라 그것에서 타자를 배제하는 역할을 한다고 주장한다. 이 배제를 아포하^{apoha}라고 한다. "이것은 노트북이다"라고 할 경우, 이 말은 이것에서 노트북의 자성을 찾는 게 아니라 노트북 아닌 다른 것과 분리시키는 역할을 수행한다는 생각이다. 어떻게 하더라도 언어가 그것에 일치하는 사물을 갖지 못함을 주장한다. 이는 언어의 비진실성을 말함인데, 목적은 언어 사용을 방해하기 위해서가 아니라 언어를 통해서 진행되는 실체화를 차단하고, 그에 따라 번뇌를 극복하기 위해서다.

허망분별과 언어의 출현

장타이옌은 『장자』「제물론」의 "말[言]은 바람 소리와 다르다. 말은 표현한 바가 있다. 하지만 그 표현한 바가 고정되지 않았다"는 구절을 풀면서 언어문제를 깊이 다룬다. 성현영은 이 구절을 이렇게 푼다. "인간의 명언名言과 바람 소리는 모두 음성[聲法]이다. 하지만 인간의 언어는 반드시 지시와 주장이 있다. 그래서 '표현한 바가 있다'고 말했다."[12] 그렇다. 소리라는 점에서는 매양 한가지이지만 둘은 다르다. 인간의 언어는 의미하는 바가 있기 때문이다. 「제물론」에서는 인간의 언어도 불안하긴 마찬가지라고 지적한다. 그렇다면 장타이옌은 언어를 어떻게 볼까. 그는 『제물론석』에서 말한다.

> 언어[言]는 유상분별有相分別이다. 의식에 맺힌 형상[想]을 자료로 해서 외부 대상[境]을 인식하고, 개념화[分齊]해서 음운의 굴곡을 형성하고, 맺힌 형상을 스스로 표시함이다. 그래서 언어라고 말한다.[13]

유식학에서 분별은 인식이라는 의미로 주로 사용된다. 그 의미에서 확장하여 착각이라는 의미로 사용되기도 한다. 실체 없는 것을 실체로 인식하면 그것은 착각이 된다. 유식학에서는 우리가 인식하는 대상은 의식의 소산임을 말한다. 인식과 대상 모두 의식이 조작한 결과임을 천명하는데, 이렇게 함으로써 결국 대상과 인식이 모두 공함을 깨닫게 한다. 그렇다면 우리는 어떻게 대상을 포착할까. 이것은 바로 분별이 어떻게 진행되는가에 대한 물음이기도 하다.

유식학의 핵심 텍스트인 『유가사지론』에서는 분별을 7가지로 구분했다. 이 가운데 언어와 관련된 것은 첫번째와 두번째인 유상분별과 무상분별無相分別이다. 유상분별은 과거에 경험한 내용에 대해서 감각기관이 성숙하고 언어[名言]를 온전히 사용하는 사람이 일으키는 분별이다. 이에 반해 무상분별은 갓난아이처럼 언어에 능숙하지 않은 사람이 일으키는 분별이다. 이렇게 보면 유상분별과 무상분별은 각각 '개념적 형상'[相]을 가지고 행하는 인식과 개념적 형상 없이 행하는 인식이라고 할 수 있다.

장타이옌은 의식에 맺힌 형상[想]을 개념화[分齊]하고 그것을 음운굴곡을 통해서 표현하는 행위가 언어라고 말했다. 한자 '분제'分齊는 한정하고 구분한다는 의미다. 요즘 말로는 정의定義와 유사하다. 중국 화엄종 조사 법장法藏이 화엄철학을 체계적으로 정리한 『오교장』五敎章도 정확한 명칭은 『화엄일승교의분제장』華嚴一乘敎義分齊章이다. 화엄학에서 말하는 일승철학의 다양한 이론에 대한 개념화를 시도한 셈이다. 이 개념화 자체가 분별이다. 바수반두世親의 저작 『중변분별론』中邊分別論도 중도[中]와 치우침[邊]을 구분[分別]한다는 의미다. 이때 분별은 착각이라는 말이 아니라 개념적으로 구분한다는 뜻이다.

장타이옌에 따르면 언어란 의식에 맺힌 형상을 범주화하여 하나의 사태로 가둔 이후 소리의 굴절을 통해서 그것을 표시하는 행위다. 이것은 언어적인 분별이기 때문에 유상분별이라고 일컫는다. 『유가사지론』에서는 삼성설三性說 가운데 변계소집遍計所執性은 '언어가 성립시킨 것'[名言所立]이라고 말한다. 우리가 대상을 파악할 때 실은 개념적으로 그것을 포착할 뿐이다. 우리가 인식한 대상은 개념으로 가공한 가공물이다. 그래서 우리가 말하는 대상은 실재라고 할 수 없다. 「제물론」 원문에 등장하는 "길은 다녀서 나고, 사물은 명명함으로써 그렇게 된다"는 말에서 장타이옌은 언어의 무자성을 말한다. 실체론적 언어관에 대한 비판이라고 할 수도 있다. 일본의 언어학자 마루야마 게이자부로丸山圭三郎, 1933~1993는 『존재와 언어』에서 실체론에 대해 말한다.

실체론이란 첫번째로 넓은 의미의 리얼리즘이라는 사실신앙이며, 두번째로는 진리지향, 절대적 근거지향이라고 한다면, 이것이 내포하고 있는 문제도 크게 두 가지로 나누어질 것이다.[14]

마루야마는 '사실신앙'과 '진리지향'이라는 두 가지 실체론의 특징을 제시했다. 이것은 실체론의 병폐라고 할 수도 있다. 물론 그는 언어학에서 이런 실체론의 경향을 문제 삼고 있는 것이다. 자기동일성을 가진 자아와 타자가 객관적 사실을 구성한다고 믿는 게 사실신앙이다. 불교의 연기론이나 유식학에서 말하는 의타기성依他起性 개념은 관계가 먼저고 자아와 타자는 사후 발생한다는 입장이다. 이때 자아나 타자라는 사실은 환상과 별로 다르지 않다. 환상을 실제實際라고 강력하게 의미 부여하고 자기기만하는 행위가 실체론이다. 불교에선 이를 자아에 대한 집착[我執]과 존재자에 대한 집착[法執]이라 한다. 적어도 불교같이 비실체론 입장에선 그렇다.

실체론의 두번째 병폐로 지적한 진리지향이나 절대적 근거지향은 과학적 세계관이 자주 빠지는 실수 같다. 하지만 마루야마의 지적대로 과학뿐만 아니라 인문학이나 사회과학, 그리고 종교 저변에도 이런 실체론 경향이 보인다. 한 치 양보 없는 이데올로기 투쟁이나 종교 간 논쟁은 동호인들 간 다툼이 아니라 진리 간 전쟁이다. 이렇게 진리지향의 실체론 경향은 "가치의 일원화와 가치의 절대화"를 수반한다.[15] 진리는 개념적으로 보편이지만 사실 차원에서는 복수의 것이다. 그런데 그 가운데 하나가 스스로 진리임을 선언하고 진리라는 이름으로 진군한다면 길가엔 시체가 쌓이게 마련이다.

훈석사와 말라식

장타이옌은 『제물론석』에서 언어의 실체론적 경향을 축출하고자 했다. 그는 훈석사訓釋詞라는 개념을 통해서 시작한다. 훈석사에서 '훈석'은 어려운 자구를 쉬운 말로 푸는 행위를 가리킨다. 아이와 함께 길 가다가 아이가 "아빠, 저거 뭐야?" 묻는다. 고개를 돌려보니 해다. "저건 해야." 이렇게 말하면 다시 "해가 뭐야?" 묻는다. 이때부터 좀 힘들어진다. 얼른 "그건 태양"이라고 말하지만 태양은 더 어려워 보인다. 태양이 뭐냐고 물으면 또 어쩌나. 태양계부터 설명해야 하나. 아니면 우주의 발생부터 설명해야 하나. 난감하다. 이건 해를 훈석하는 과정이다. 우리는 일상에서 사물이나 사태를 훈석한다. 자기나 타인에 대해서도 그렇다.

장타이옌은 훈석사는 세 가지 측면을 가진다고 지적했다. 첫째, 의미 규정[義界]이다. 이것이 가장 일반적인 방법이다. 고증학자로서 장타이옌은 중국 전통에서 문자를 훈석하는 방법을 소개한다. "문자를 훈석하는 경우 두 가지가 있다. 『설문해자』에서는 '원元은 시작[始]'이라고 했는데 이것은 '다른 말로 대체하는 방식'[代語]이다. '리吏는 다른 사람을 다스리는 사람'이라고 했는데, 이것은 의미 규정[義界]이다."[16] 해를 태양이라고 해버린 건 다른 말로 대체하는 방식이다. 조금은 성의가 없다. 해는 태양계의 중심 별로 엄청난 에너지를 내뿜고 있고, 지구는 그 주위를 맴맴 돌고 있다고 설명하면 의미 규정에 해당한다.

그런데 여기서도 쉽게 끝나지 않는다. 아이가 "아빠, 1이 뭐예요?"라고 물으면 뭐라고 대답할 것인가. "2의 절반." 그럼 "2는 뭐예요?"라고 물으면 어떻게 하나. 4의 절반이라고 할 것인가 아니면 1의 두 배라고 할 것인가. 동어반복 아닌가. 해를 설명할 때는 금방 들통 나지 않겠지만 계속 따지다 보면 더는 설명하지 못하고 되돌아온다. 점잖게 의미 규정했지만

"해는 태양"이라고 하는 것과 다르지 않은 꼴이 된다.

장타이옌이 훈석사의 두번째 성격으로 제시한 것은 '원인 추궁'[責其因緣]이다. 어떤 사실을 설명할 때 "앞서 저런 일이 있었기 때문에 이런 일이 발생한 거야"라고 말하는 게 이런 방식이다. 원인의 실체성을 인정하는 편이다. 이렇게 되면 어떻게 해도 궁극적인 원인은 존재해야 한다. 장타이옌은 궁극적인 원인을 한자로 근극根極이라고 표현했다. 이는 근원적인 한 지점이다. 해는 태양계 가운데 있는 항성임을 설명했다고 치자. 그럼 태양계는 또 뭔가. 은하계는 어떻고. 그리고 결국 감당할 수도 없는 빅뱅까지 간다. 그런데도 또 질문하면? 이렇게 연원을 무한 소급하면 적어도 한 점에서 끝을 봐야 한다. 보통은 근원적인 원인으로서 이 출발점에 신을 갖다 놓든가 아니면 태극太極이니 무無니 하는 이상야릇한 개념을 갖다 놓는다. 이것도 실체론적인 접근이다. 질문할 수 없는 존재를 들이밀어서 성가신 문답을 끝낸다.

훈석사의 세번째 속성은 '실질 탐색'[尋其實質]이다. 비존재가 존재를 형성할 수 없다고 생각하기 때문에 반드시 실질이 있다고 말하고, 그것을 찾는 방식이다. 이것도 존재의 본질 혹은 실체가 분명히 존재한다는 입장이다. 장타이옌은 『장자』「제물론」의 "어째서 그런가? 그러니깐 그런 거다. 어째서 그렇지 않은가? 그렇지 않으니깐 그렇지 않다"는 테제를 다시 제기한다. 우리는 말과 사물의 대구가 별로 개연성이 없음을 인정해야 한다. 만약 그렇다면 장자의 말에 솔깃할 것이다. 장타이옌은 "언어[言]는 근본적으로 추적할 수 있는 참된 원인이 없다"[17]고 말한다.

이렇게 훈석사는 언어가 실체론적 경향을 갖고 작동하고 있음을 보여 준다. 장타이옌은 바로 이 실체론적 경향이나 지향을 말라식의 역할이라고 본다. 그래서 "말라식[義根]이 없으면 훈석사도 결코 불가능하다"고 주장한다.[18] 언어는 분명 분별이고 그것은 업이나 번뇌의 원인으로 작동한다. 무착은 『섭대승론』에서 무분별지無分別智에 관해 이야기하면서 "모든 보살 무분별지의 인식대상은 말로 표현할 수 없는 법성이고, 무아성의 진여"[19]라고 말한다. 여기서 '무분별지'라는 난해한 개념이 등장했다. '분별없는 앎'이 곧 분별없는 말이 된다. 『금강경』에서 즉비卽非 다음에 "그렇기 때문에 A라고 한다"고 한 것과 유사하다. 부정되고서야, 그것이 실체 없음이 확인되고서야 그것은 진실하고 유용하다.

2. 국가론과 대의제 비판

량치차오의 국가주권설

일본 근대 계몽사상가 후쿠자와 유키치는 『문명론의 개략』에서 자기가 말하는 '문명'은 일본의 독립이라고 밝힌다.[20] 앞서 말했듯이 마루야마 마사오丸山眞男는 이 독립을 '주권적 국민국가의 형성'이라고 풀었다. 물론 동아시아 근대를 단지 국민국가 건설이라는 너무도 정치적인 주제로 정리해 버릴 수는 없다. 그랬다가는 근대의 온갖 시도들이 일순간에 소멸하고 말 것이다. 그럼에도 불구하고 많은 지식인들은 국가 단위로 사고하고, 국가의 장래를 걱정했다. 전통적인 용어로는 우환의식이다. 근대 이전 지식인들은 천하를 운운했고, 종묘사직을 걱정했다.

    근대 중국에서 국가 개념의 출현은 전통적 세계관과 크게 충돌했다. 하지만 이런 충돌이 어느 정도였는지는 그렇게 분명하지 않다. 중국인은 서구 열강과 벌인 전쟁에서 그야말로 '외부'의 존재를 알았고, 서구지식을 학습함으로써 서구문명의 존재를 인정했다. 또한 일본과 치른 전쟁으로 '근대화'의 힘을 실감했다. 하지만 이런 것들이 곧바로 근대적 국민국가 건설로 연계되지는 않았다. 왜냐하면 그것은 정치체 혹은 통치체의 변환이라는 반역을 감행해야 했기 때문이다. 일본 메이지유신처럼 통치체의 형식을 둘러싼 전쟁이 필요했다.

근대 중국에서 대표적인 국가주의자였던 량치차오는 국민국가 건설이 근대 중국의 방향임을 확신했다. 량치차오는 민족제국주의라는, 지금 생각하면 무시무시한 말을 서슴없이 사용했다. 그가 주로 활동한 『신민총보』도 실은 근대적 국민을 호명하기 위한 확성기였다. 량치차오는 도래할 근대국가의 국민을 '신민'[新民]이라 불렀다. 이 표현은 『대학』大學에 등장하는 "큰 배움의 길은 밝은 덕[明德]을 밝히고, 백성을 새로이 하는[新民] 데 있다"는 구절에서 나왔다. 그렇다고 량치차오가 유학적 세계관으로 국민국가를 건설하겠다는 건 아니었다. 그는 '신민'을 이리 푼다.

> 신민이란 우리 백성들이 기존의 것을 모조리 버리고 남을 쫓도록 하는 게 아니다. '새롭다'[新]는 두 가지 의미다. 첫째는 본래 가진 바를 연마해서 새롭게 한다는 의미다. 둘째는 본래 없던 점을 보충하여 새롭게 한다는 의미다. 두 가지 가운데 하나라도 빠뜨리면 효과가 없다. 과거 성현께서 교육을 펼칠 때 가진 재주에 근거해 그것을 돈독히 하는 것과 기질을 변화시키는 두 길밖에 없었다. 이것이 바로 '있는 것은 연마하고 없는 것은 보충한다'는 나의 주장이다.[21]

량치차오가 행한 계몽이란 실은 이런 것이다. 어쩌면 그가 평생 행한 작업이 이런 게 아니었겠나. 있는 것을 연마하고 없는 건 보충하는 행위. 맞다, 바로 교육이다. 그런데 그에게 이 교육의 목표는 대단히 분명하다. 량치차오는 같은 글에서 "한 국가가 세계에 성립할 수 있으려면 반드시 그 국민만이 갖춘 특질이 있어야 한다"고 말한다. '새로운 백성'은 바로 국민국가를 구성하는 국민임이 분명해진다. 국민과 국가. 사실 근대 이후 이 말은 슬픔과 기쁨의 원천이었다. 그 이름으로 열정이 솟았고, 그 이름으로 죽이고 죽었다.

국민은 누구인가. 그는 국가 관념이 꽉 들어찬 백성이다. 누구든 이 관념이 부족하면 비국민非國民이 된다. 량치차오는 「국가사상을 논함」에서 "국민은 국가사상을 갖고서 스스로 정치를 펼치는 자"라고 정의한다. 이어서 "천하에 국민 없이 국가를 이룰 수 있는 경우는 없다"고 선언한다. 그가 보기에 국가사상을 가진 자가 국민이다. 비록 국가는 아직 없지만 국가사상은 있을 수 있다. 비록 근대화를 완수하지 않았지만 근대의 덕목을 교육시킬 수 있듯 계몽가 량치차오는 그 작업을 행한다. 그럼 국가사상이란 무엇인가.

> 국가사상은 첫째, 일신一身에 대해서 국가가 있음을 앎이다. 둘째, 조정에 대해서 국가가 있음을 앎이다. 셋째, 외부 민족에 대해 국가가 있음을 앎이다. 넷째, 세계에 대해 국가가 있음을 앎이다.[22]

여기서 국가는 꽤 숭고하다. 이 숭고함을 간직한 자가 국민이 된다. 량치차오가 말하는 '민지民智의 계발'도 실은 이 국민됨과 관련된다. 그저 관념으로만 국민이 될 수 없다. 그가 그렇게 우승열패를 말한 것에서도 알 수 있듯 계몽된 백성, 즉 국민은 단순히 근대화되거나 서구화되는 게 아니다. 국민은 국가가 나의 본질임을 자각하고 거기에 투신하는 자여야 한다. 개인이 어디에 놓이더라도 깨어 있어야 할 것. 마치 주희가 해석한 명덕明德처럼 그것은 양심일 수도 있고, 도덕률일 수도 있다. 그래서 국민은 종종 대단히 처절한 상황에 놓임에도 국가는 그들에게 치열하게 분투하라고 당위처럼 요구한다. 이럴 때면 곧잘 개인이성은 작동하지 않고 국가이성만 작동하게 된다.

유럽이나 비유럽 할 것 없이 개인이 국민이라는 이름으로 국가에 회수되는 상황은 근대의 특징이었다. 그 회수의 방식과 회수의 질이 달랐을 뿐이다. 량치차오는 『신민총보』 시기 다양한 방식으로 개인을 국가로 회수하려 했다. 주목할 점은 그가 저런 작업을 위해 종교를 동원했다는 사실이다. 량치차오가 불교를 동원하여 국가주의를 선전한 게 특이해 보이지만 동아시아 근대에 이런 경향은 중국뿐만 아니라 일본, 그리고 한국에서까지 나타났다. 량치차오는 「정부와 인민의 권한을 논함」에서 정부와 인민 상위에 국가주권이 존재함을 역설한다.

> 인민은 모든 국가를 구성하는 데 필요한 도구이다. 그러므로 정부를 인민의 소유라고 말하는 것은 불가하고, 인민은 정부의 소유가 된다는 말도 불가하다. 정부와 인민 위에 별도로 이른바 인격체로서 국가가 있고, 그것은 확고하게 이 양자를 통솔한다. 국가는 독립된 최고 주권을 장악하고, 정부와 인민은 그 아래서 존속하게 된다.[23]

량치차오는 국가가 개인을 초월하는 하나의 인격임을 주장했다. 바로 국가유기체설이다. 그는 「정치학 대가 블룬칠리의 학설」(1903)에서 천부인권설이나 가상국가설을 거부하고 국가가 하나의 인격이고 국가가 권리의 주체임을 천명했다.[24] 국가에 앞서는 개인의 권리는 인정하지 않았고, 국가가 단순히 개인 다수의 집합이라는 입장도 거부한다. 국가는 그 자체로서 순수한 생명임을 주장한 셈이다. 그런데 개인의 인격과 국가의 인격은 어떻게 배치될까. 그가 국가사상을 말하면서 강조한 대로 국가는 개인이나 정부를 압도한다. 인민주권이 아니라 국가주권이라는 량치차오의 입장은 중요하다. 이때 개인은 무엇인가.

량치차오는 「진화론의 혁명자 벤저민 키드의 학설」(1902)에서 "키드는 이 천연성[이기심]이 인성 가운데 가장 개인적이고 비사회적이고 비진화적이라서 그것은 인류 전체의 영원한 존속과 진보에 아무런 도움이 되지 않고 무익할 뿐이라고 여겼다"고 말한다.[25] 이 연장선상에서 량치차오는 지속적으로 개인의 죽음을 이야기했다. 결코 자살이 아니라 목적론적인 죽음을 요구했다. 그는 국가를 통해 개인의 죽음을 종교적으로 승화하는 방식을 시도했다. 그럴 때 그는 불교의 개념을 사용한다.

> 자아에 대한 집착[我相]이 지속되면 생사의 바다에 떨어진다. 만약 자아에 대한 집착을 버린다면 법신法身이 상존하게 된다. 죽음은 결코 두려워할 게 못되고, 또한 기뻐할 일도 아니다. 장애될 바도 아니고 두려워할 바도 아니고 매달려야 할 바도 아니다.[26]

'자아에 대한 집착의 극복'은 탄쓰퉁도 말하고, 량치차오도 말하고, 장타이옌도 말한다. 탄쓰퉁이나 장타이옌이 혁명자의 도덕으로 그것을 사용했다면 량치차오는 국가에 대한 개인의 희생으로 사용한다. 개인의 희생을 통해서 유지·존속되는 국가를 량치차오는 법신에 비유했다. 법신은 영원히 존재하는 진리로서 몸이다. 국가가 진리이고 영원함을 돌려 말했다고도 할 수 있다. 사실 저들이 말하는 '자기 극복'의 두 가지 방식은 그 경계가 모호하다. 어느 지점에선 둘을 구분할 수 없을 것 같기도 하다. 그렇다고 그것을 단순히 하나의 맥락이니 덩이로 이해해서는 곤란하다.

왜냐하면 그렇게 되면 역사에서 윤리를 말할 수가 없다. 또한 인간은 그저 도구로 전락하고 말 것이다. 일종의 타락이다.

국가의 임의성

루소는 『사회계약론』을 시작하면서 "인간은 본래 자유인으로 태어났다"고 선언한다. 하지만 여기서 그치지 않고, 다시 "인간은 어디서나 쇠사슬에 묶여 있다"고 자유 없는 인간의 현실을 말한다.[27] 이른바 천부인권설이다. 굳이 이렇게 주장하는 이유는 현실에선 그렇지 못하기 때문이다. 그렇다면 이 주장은 대단히 실천적인 의미로 사용될 수 있다. 국가주의자 량치차오는 오히려 중국에서 가장 시급한 것은 자유와 평등이 아니라 유기적 통일과 강력한 질서라고 주장하는 쪽이다. 그에게서 유기적 통일과 강력한 질서는 국가로 대표된다. 또한 생각 없는 백성은 국민으로 탈바꿈해야 행복을 영위할 수 있다. 량치차오라면 인간을 옥죈 사슬이 오히려 인간을 복되게 하리라 충고할 것이다.

  국가란 도대체 개인에게 뭘 선물할까. 국가가 과연 있기나 한 건가. 량치차오와 전혀 다른 방식으로 국가를 이해한 장타이옌을 보자. 그에게 국가란 무엇일까. 량치차오가 「루소의 학설」(1901)로 루소의 자유주의를 소개하다가 국가주의로 신속하게 이동한 것처럼, 장타이옌도 많은 변화를 보인다. 신해혁명 이전 『민보』 시기 장타이옌의 국가론을 살펴보자. 그는 1907년 10월 25일자 『민보』에 「국가론」을 발표했다.

> 내가 일전에 '사회주의강습회'에서 국가 부정을 주장한 적이 있다. 단지 무정부주의자를 위해 이야기한 것은 아니다. 비록 정부주의자도 그 논의를 따를 수밖에 없을 것이다. 하지만 세간에서 많은 사람들이 그 논의

의 한쪽만을 붙잡고 내 이야기를 무조건적 국가부정론으로 취급했다. 그래서 앞서 한 주장을 기록하고 게다가 다시 일부 이야기를 보태서 공부하는 사람들이 중도관中道觀을 얻도록 하겠다.[28]

장타이옌은 1907년 9월 22일 '사회주의강습회' 3차 회의에 참석하여 '국가론'이라는 주제로 강의했다. 이 그룹은 실은 무정부주의 단체였다. 발기인은 장타이옌의 초청으로 일본에 온 국학자 류스페이劉師培와 장타이옌의 의형제인 장지張繼였다. 만주족 통치에 반대하면서 종족혁명을 외친 장타이옌은 무정부주의에 대해서도 호의를 보였다. 저 두 가지를 함께 인정한 그는 국가에 대한 자신의 입장을 「국가론」에서 정리했다. 위 인용문에서는 장타이옌은 자신이 단순한 무정부주의자가 아님을 밝혔다. '중도관'이라는 표현이 인상적이다.

인도의 불교철학자 나가르주나는 『중론』에서 중도를 이렇게 정의한다. "의존적으로 발생한 것을 우리는 공성空性, śūnyatā이라고 부른다. 그것은 가명假名이며 또한 중도中道의 의미다."[29] 철학적으로 존재냐 비존재냐 하는 물음에 존재도 아니고 비존재도 아니라고 통찰하는 게 중도 혹은 중관이다. 그런데 장타이옌이 말하는 중도관은 「국가론」이 단지 무정부주의자만을 향한 발언이 아니라 정부주의자에 대한 발언이기도 하다는 의미다. 즉 이중긍정의 효과가 있음을 가리킨다. 나가르주나가 『중론』에서 말했듯 장타이옌은 승의제勝義諦와 세속제世俗諦 둘을 말하고, 그것이 결국 현실에서 겹침을 보인다. 이것이 그가 말하는 중도관이다. 본질적으로는 무정부주의나 허무주의가 맞지만 현실 삶에서 국가는 분명한 역할이 있다. 그는 둘 다 긍정하는 식이다.

먼저 무정부주의적 입장을 보자. 장타이옌은 국가가 근본적으로 '구성'된 것임을 주장했다. 그래서 그것은 임의적이다. 앞서 살핀 량치차오가 국가는 하나의 인격이요, 하나의 생명이요, 하나의 실체임을 주장한 것과 대조적이다. 국가가 임의적이라는 말은 개인을 압도하는 실체가 없음을 가리킨다. 대승불교는 어떤 존재자의 비실체성에 대한 철저한 통찰을 공관空觀 혹은 중관이라고 명명한다. 장타이옌은 이어서 국가의 세 가지 성격을 지적했다. 첫째, 국가의 자성은 가유假有로서 실제 존재가 아니다. 둘째, 국가의 작용은 어쩔 수 없어서 수립된 것이지 당연한 귀결로 수립된 것은 아니다. 셋째, 국가가 하는 일은 사실 매우 비루하고 저급한 것들이지 신성한 어떤 게 아니다.

장타이옌은 「국가론」을 시작하면서 국가와 인민의 관계를 논했다. 그는 『아비달마구사론』阿毘達磨俱舍論 등 부파불교部派佛教에서 시도한 존재 분석을 응용했다. 부파불교는 흔히 소승불교라고 불리는 불교 전통으로 모든 존재자가 무상함을 밝혀 그것에 대한 집착을 털어내기 위해서 존재 분석에 열중했다. 다양한 견해와 주장으로 여러 학파를 이루었기 때문에 오늘날 학자들은 저들을 부파불교라고 명명했다. 장타이옌이 「국가론」에 이용한 부파불교의 개념은 '극미'極微다. 이것은 '극히 미세하다'는 의미다. 『아비달마구사론』에서는 이를 더 이상 쪼갤 수 없는 물질의 최소 단위로 간주했다. 또한 비록 극미가 구성하는 사물은 임의적이지만 극미는 실재함을 주장한다. 저들의 주장을 현대용어로 고치면 요소론적 실재론이라고 할 수 있다.

장타이옌은 극미론을 일종의 원자론原子論으로 취급했다. "만약 원자가 실유實有라면 원자가 구성한 모든 존재자는 임의적이다." 이 임의성은 개체에 대해서도 해당한다. 하지만 "개체가 구성한 것에 대해서 개체는 실유라고 할 수 있어도 구성된 것은 가유라고 말한다."[30] 그는 원자와 사물, 개체와 집단이라는 관계에서 원자나 개체의 진실성을 주장한다. 개체는 굳이 따지면 거짓이지만 상위의 집단이나 상위의 구성물과 상대할 때는 마치 극미처럼 진실성을 획득한다. 적어도 상대적 진실은 인정할 수 있다. 장타이옌은 이러한 도식으로 '국가와 개인'의 관계로 설명한다.

개인이나 정부 상위에 국가라는 하나의 절대적 인격을 상정한 량치차오와 달리 장타이옌은 "국가는 사람들에 의해 조직되었음"을 인정한다. 그래서 굳이 실유를 말한다면 국가가 아니라 국가를 구성하는 사람임을 강조한다. 불교적 의미에서는 개인도 실유하지는 않는다. 개인이 구성한 것은 물론이다. 장타이옌은 "솔직히 인간도 거짓된 존재다"라고 말한다.[31] 하지만 상대적으로는 "개체가 진실이고 단체는 환상"임을 강조한다.[32] 량치차오는 국가가 절대적 진실이라고 하는 쪽이다. 장타이옌은 이런 실체론적인 국가론을 거부한다. 국가는 거짓 존재이고 임의적 명칭이다. 그는 「국가론」에서 이렇게 말한다.

> 근세 국가주의자는 국가는 주체고 인민은 객체라고 말한다. 저들의 의도를 살펴보면 '상주하는 것은 주체고 잠시 머무는 것은 객체인데 국가는 천 년을 지나서도 바뀜이 없지만 인민은 아비와 아들은 바뀌고, 종족도 갈마든다'는 말일 것이다.[33]

국가주의자는 개인은 무상하지만 국가는 영원하기 때문에 개인은 비실체이고, 국가만 실체라 생각한다. 량치차오는 「나의 생사관」에서 개인은 국가에 투신함으로써 영생할 수 있다고 말한다. 국가를 위해 희생하면 그 업력이 국가에 고스란히 보관되고, 개인의 죽음 이후에도 그것이 사회에 영원히 살아남는다는 논리를 펼친다. 그는 국가에서 유식학에서 말하는 장식藏識의 역할을 찾는다. 아뢰야식이 모든 행위karma의 결과를 종합하고 보관하듯, 국가가 개인의 활동을 수렴하고 종합한다는 논리는 꽤 그럴싸해 보인다. 장타이옌이 아뢰야식을 통해서 무신교를 건립하고자 한 것과 달리 량치차오는 아뢰야식으로 국가라는 신을 세운 셈이다. 장타이옌은 "국가의 주체는 한낱 명언名言뿐임"을 보았다.[34]

> 여러 사람의 힘을 합쳐서 이룩된 일은 역할이 다소 불분명하지만 그것을 나누어 매 사람들에게 배당해야지 우두머리가 그것의 명예를 차지하거나 단체가 그것의 명예를 차지하게 할 수는 없다.[35]

국가가 임의적이고 허구임을 안다면 할 일이 별로 없는 것 아닌가. 청 정부 타도를 외치는 혁명당 장타이옌이 그저 국가 없음만 인정하고 물러설 수는 없다. 그는 애국愛國, 건국建國, 구국救國 셋을 다룬다. 이것은 앞서 국가의 자성, 국가의 작용, 국가의 신성에 대한 비판과 대비된다. 국가의 실체성을 부정하지만 그렇다고 현실의 국가가 존재하지 않는다고 우기는 건 아니다. 그가 말하는 중도관은 여기서 드러난다. 공하지만 그러기에 그것은 작동한다는 주장이다.

장타이옌이 말하는 애국은 무엇일까. 국가가 실체가 없는데 무엇을 사랑한단 말인가. 그는 이런 비유를 든다. 우리는 금가루가 아니라 금으로 만든 장신구를 더 아끼고, 흙먼지가 아니라 흙으로 만든 도자기를 더 사랑한다. 비록 그것이 조합된 것이고 임의적인 것임을 알지만 가치의 지향 내지 희망 같은 게 있다. 존재하지 않는 것에 대한 희망이다.

현재 버젓이 존재하는 대상에 대해서는 애착이 대단히 미약한데, 지금

존재하지 않는 과거나 미래의 것에 대해서는 애착이 대단히 강하다. 왜일까. 사람의 마음은 본래 매 생각마다 나고 죽는다. 마치 길게 늘어진 도랑의 물처럼 끊임없이 이어져 흘러간다. 그러나 이미 지나가 사라진 일들도 기억할 수 있고, 아직 싹트지 않은 일들도 갈망할 수 있는 까닭은 마음을 척도로 해서 모든 일들을 판단 틀 속에 넣기 때문이다. 그래서 사랑하는 것이 현재가 아니라 실재하지 않는 과거고 미래다. 애국자가 역사를 사랑하는 것도 이와 같다.[36]

나가르주나는 『중론』의 「시간에 대한 고찰」에서 "과거는 지나갔기 때문에 없고, 미래는 오지 않았기 때문에 없다"고 했다. 존재하지 않는 것에 대한 사랑. 이런 게 가능하기나 할까. 그런데 장타이옌은 '애국' 개념이 상황에 따라 다를 수밖에 없음을 인정했다. 장타이옌이 보기에 "강성한 나라에서 애국을 말하는 경우는 오직 다른 사람을 침략하여 그것을 명예로 꾸밀 뿐이다."[37] 그에게 애국은 단순히 국가에 대한 사랑이나 충성이 아니다. 그는 "애국의 정념은 강대국 인민은 가질 수 없고, 약소국 인민은 없을 수 없다"고 선언한다. 약자가 강자가 되는 정념이 애국심이다.

앞서 보았듯 장타이옌은 「국가론」에서 본질적인 면에서 국가는 임의적 구성일 뿐임을 폭로했다. 동시에 현실에서 인간은 자신을 지키기 위해 집단적 행위를 할 수밖에 없음을 인정한다. 하지만 늘 그것이 본질이 아님을 자각하라고 촉구한다. 장타이옌은 국가는 승의제勝義諦 입장에선 무지만 세속제世俗諦 입장에서 유라고 한다. 이렇듯 한 사건에서 유와 무가 중첩됨을 본다. 국가는 비존재이기도 하고, 존재기도 하다. 거꾸로 존재가 아니기도 하고, 비존재가 아니기도 하다. 이것이 장타이옌이 말하는 중도관이다.

대의 불가능성

장타이옌이 「국가론」에서 철학적인 입장에서 국가를 다뤘다면 좀더 정치적인 입장에서 국가와 정부를 다룬 것은 이듬해 일이다. 그는 1908년 10월 10일자 『민보』에 「대의제가 가능한가?」^{代議然否論}라는 글을 발표했다. 이 글은 그 해 8월 청 정부가 9년 동안 신정^{新政}을 설치하여 9년째 되는 해에 국회를 개설할 것을 선포한 것과 관련된다. 청 정부는 「흠정헌법대강」, 「의원법 요령」, 「선거법 요령」 등을 반포하여 입헌제 지향을 구체화했다.

입헌제를 강력하게 주장한 개량파 지식인들의 요구에 호응한 것이다. 장타이옌은 청 정부와 입헌파 지식인들의 저런 주장에 대해 비판한다. 대표적인 글이 이 「대의제가 가능한가?」이다. 그는 이 글에서 대의제가 가능한지 의심한다. 장타이옌의 정치논설을 일역한 중국근대사상사 연구가인 니시 준조^{西順藏}는 이 글을 이렇게 평가한다.

> 장타이옌은 청조에 입헌군주제 실시를 요구한 양두^{楊度} 등의 개량운동과 청조의 「흠정헌법대강」 공포 및 9년간 입헌 준비 선언에 대항해서 배만^{排滿}혁명과 민족주의·민권주의·민생주의를 주장했다. 이 입장에서 중국에서 대의제를 실시하는 것에 반대하고, 부호의 대두를 억제하고 평민의 자유와 평등을 지키는 총통제를 구상했다.[38]

대의제 반대가 곧바로 봉건 복귀나 독재 찬양일 수는 없다. 장타이옌은 「대의제가 가능한가?」를 시작하면서 "대의제는 봉건제의 변형"이라고 비판한다.[39] 그리고 「오무론」^{五無論}에서는 "의회는 국가가 백성들을 꾀어 그 입에다 재갈을 물리는 방법"이라고 격렬하게 공격한다.[40] 한때 그는 공화제^{republic}를 주장하기도 했다. 공화제는 그야말로 복수의 주권자가 통치하는 정치체이다. 하지만 현실에서 그것은 대의제일 수밖에 없다. 장타이옌은 「대의제가 가능한가?」에서 공화제에 대한 지지 입장을 철회한다. 그렇다면 왜 장타이옌은 '대의제'에 대해 시비를 걸었을까. 또 대의제는 무엇인가.

대의제는 정확히는 대의제 민주주의를 말한다. 그런데 민주주의는 인민주권을 가리키지 않나. '인민이 주권자'라는 민주民主라는 말에서도 바로 알 수 있다. 그리고 대의제는 인민의 의사가 직접적으로 관철되는 게 아니라 대의체代議體나 대의자代議者에 의해서 표상되는 방식이다. 민주주의에 매개자를 둔 것이다. 그런데 인민주권의 개념과 주권의 대의라는 게 모순 없이 병립할 수 있을까. 쉽지 않아 보인다. 루소는 『사회계약론』에서 '대의'를 다루면서 이렇게 말한다.

> 주권은 양도될 수 없다는 같은 이유에서 대표될 수 없다. 그것은 본질적으로 전체 의사로써 성립된 것인데, 이 의사는 대표될 수 없는 것이다. 그것은 그 자체이거나 아니면 다른 것이 된다. 그 중간이란 있을 수 없다. 따라서 대의원은 국민의 대표자도 아니고 될 수도 없는 것이다. 그들은 국민의 심부름꾼에 불과하며 어떤 것도 결정적으로 매듭지을 수 없다.[41]

인민의 직접 참여를 통한 의사 결정이 좋긴 하지만 국가라는 거대한 규모를 생각하면 어쩔 수 없이 대의제일 수밖에 없다고 생각하기 십상이다. 인민(국민)의 출현 이후 대의제의 출현이라는 방식으로 순서 짓는다. 하지만 거꾸로 대의제가 출현하고 인민이 출현했다고 볼 수도 있다. 그렇다. "대의제는 민주주의를 실현하는 방식으로 발명된 것이 아니다. 오히려 근대 민주주의야말로 대의제의 하나로 등장했다"고 할 수 있다.[42] 가라타니 고진柄谷行人은 근대 초기 일본을 분석하면서 집권자들은 "단지 자신들의 생각을 국민의 동의에 의한 것으로 만드는 절차로 의회가 필요했을 뿐이었다"고 말한다.[43] 의회의 성립은 집권자인 '주인'이 이제 '대표'가 되는 행사였다.[44]

한나 아렌트H. Arendt는 "대의제가 인간이 실존existence하게 하는 조건인 행위를 상실하게 만드는 구조"라고 비판한다.[45] 여기서 '행위'는 정치적 행위를 가리킨다. 무슨 말인가. 우리는 대표가 되겠다는 사람들이 내놓은 정견이나 그들의 정치를 볼 뿐 스스로 의견을 형성할 수가 없다. 대의제라는 형식 때문에 그런 장이 상실된다. 또한 대단히 정치적 행위여야 함에도 대의제에서 투표는 사적인 행위로 축소되고 만다. "나는 누굴 찍는다"가 "나는 누굴 좋아한다" 정도로 타락하기 때문이다. 또한 단지 투표를 통해서만 행위하기 때문에 개인 간 어떤 관계도 창출하지 못하고 고립된다.[46]

가라타니 지적대로 대의제는 눈속임일 수 있다. "대의제 민주주의는 그 기초를 인민주권에 두지만 또한 인민주권으로부터 정치체를 지키려는 체제이다."[47] 장타이옌이 대의제가 봉건제의 변형이라고 지적한 사실도 이런 입장이라고 할 수 있다. 장타이옌은 "대의제는 본래 민권을 신장하기 위한 것인데도 민권은 오히려 대의제 때문에 날로 위축된다"고 말했다. 그가 보기에 선거에서 인민의 의사를 대표할 '능력 있는 인물'[賢良]을 뽑아야 하지만 선거에선 현량이 지역 토호를 이길 수 없다. 대의제는 귀족이나 토호가 권력까지 합법적으로 획득하게 하는 장치가 돼 버린다.

장타이옌이 보기에 지역토호는 선거라는 방식으로 이제 새로운 신분을 획득한다. 더구나 선거에서 대표자로 나온 사람은 대부분 토호들이다. 나중 일이지만 신해혁명으로 청 정부가 붕괴된 이후 지역 정부에서 관리가 되거나 이후 의원이 된 인물은 여전히 구시대의 관리였고 토호였다. 변발을 자르고 복장을 달리해서 원래 있던 자리에 있었다. 장타이옌은 대의제 기관으로서 의회는 "실제는 간악한 자들의 소굴"[48]로서 결코 인민의 의사를 반영하지 못한다고 강하게 비판한다.

> 인민주권은 대의제를 빌려서 신장할 수 없다. 오히려 그것 때문에 소멸된다. 다른 것은 논하지 않는다. 군주국에서 대의제를 시행하면 귀족과 천민은 서로 평등할 수 없고, 민주국에서 대의제를 시행하면 부자와 가난한 자가 서로 평등할 수 없다. 계급이 없는 사회에 함부로 계급을 증대시킨 격이다.[49]

장타이옌의 대의제 비판은 자본주의 비판과 결합되어 있다. 그는 서구나 일본에서 행해지는 선거에서 선거권이나 피선거권이 납세·재산·문화 세 가지 수준으로 결정됨을 비판한다. 이것은 무엇인가. 그야말로 대의제가 인민의 의사를 반영하는 게 아니라 자본주의적 인민을 규정하고 있음이다. 특히 장타이옌은 '납세'를 통해서 선거권 부여 여부를 결정하는 것에 대해 많은 지면을 할애해서 분석한다. 봉건 시대에 귀천의 차이로 계급이 나뉘었다면 자본주의 시대에는 빈부 차이로 계급이 나뉨을 확인했다. 장타이옌은 빈부 차이가 계급 차이로, 또한 상업자본가가 정치적 권력을 갖는 데 반대한다.

이런 장타이옌의 견해는 일본에 있으면서 확립됐다. 메이지유신 이후 일본은 압축적인 자본주의화에 성공했고, 재계는 정치권력과 밀접하게 연결됐다. 벌써 정계인사와 재계인사의 결혼 동맹이 빈번했다. 장타이옌은 자본가들이 의회권력을 장악하는 데 두려움을 느꼈다. 그는 이렇게 대의제가 '새로운 억압을 재생산하지 않을까' 염려했다. 그 "새로운 억압이란 과거 귀족을 대신하여 자본가의 인민에 대한 정치적·경제적 억압이다."⁵⁰⁾ 그래서 장타이옌은 상업자본가 집단이 의회에 진출하는 것을 제도적으로 차단해야 한다고 생각하기도 했다. 장타이옌과 함께 무정부주의 단체에서 활동한 류스페이는 청 정부가 신정을 발표하자 「신정은 인민을 괴롭히는 근원이 됨을 논함」이란 글에서 이렇게 비판한다.

> 대의제는 관리의 전제보다 그 해가 훨씬 심하다. …… 과거에는 평민이 소수 관리의 지배를 받았다면 지금은 다수 호민豪民의 압제를 받아 평민의 권리는 날로 위축되고 반대로 호민, 신민紳民의 권리는 날로 증대될 것이다. 군주입헌국의 의원은 대개 귀족에 속하며 민주입헌국의 의원은 모두 자본가이다. …… 그러므로 대의제는 세계 모든 악의 근원이요, 평민의 적이다.⁵¹⁾

류스페이는 의회를 통한 대의제는 자본가들이 정치권력을 획득하는 기제라고 보았다. 그의 이런 사상은 일본 체류 중에 영향받은 사회주의나 무정부주의에 힘입었다. 장타이옌도 마찬가지다. 대의제 또는 크게는 민주주의 전체에 대한 회의 같은 게 있었다. 그들은 혁명을 통해서 인민의 국가를 만들고 싶어 했지만 통치체제에 대해선 여전히 오리무중이었다. 장타이옌은 불평등한 대의제보다는 오히려 평등한 전제정치가 낫다고 말하기도 한다. 다소 위험한 발언이지만 그는 오히려 그런 게 현실적인 대안이 아닐까 생각하기도 했다.

장타이옌이나 류스페이가 신해혁명 이후 위안스카이나 리위안훙 등 강력한 군벌을 지지한 것을 보면 앞서 저런 생각이 생각보다 강했음을 알 수 있다. 정치체로서 대의제나 민주주의 개념은 결코 최선은 아니다. 당시도 그걸 알았고, 지금도 많이 이야기한다. 좀더 진보적이고자 하는 이들에게 이런 것들은 한참 모자란 개념이다.

니체는 『선악을 넘어서』에서 민주주의적 운동을 "인간의 타락형식이며 왜소화 형식, 그리고 인간의 평준화와 가치 낮춤"[52]이라고 비판한다. 니체 연구자 김진석은 니체가 행한 민주주의 비판의 핵심 키워드로 셋을 드는데 "위대한 정치, 강자의 고귀함, 격차의 열정"이다. 니체가 보기에 민주주의는 이 소중한 것들을 훼손시킨다. 들뢰즈식으로 고치면 셋은 강도와 차이라고 할 법하다. 니체는 인간이 강도와 차이로 자신의 능력을 고양시켜 강자가 되길 바란다. 그는 민주주의가 인간의 능력을 하강시키는, 즉 타락의 형식임을 지적한다. 니체가 보기에 민주주의는 집단 약자 되기의 실현이다. 아니면 집단 자살.

3. 불교 이상론과 무의 근대

유토피아론과 무정부주의

장타이옌은 보편으로서 근대가 동아시아에 이식될 때, 그것이 하나의 명령이며 억압임을 깨달았다. 그는 정치적으로뿐만 아니라 종교적으로, 그리고 철학적으로 그것에 저항했다. 또한 전통도 아니고 근대도 아닌 이상세계를 염원하기도 했다. 근대 중국 지식인이 그린 유토피아는 동양과 서구가 겹친다. 장타이옌에 앞서 탄쓰퉁이 『인학』에서, 그리고 캉유웨이가 『대동서』大同書에서 유토피아론을 전개했다. 거기에는 불교가 있고, 양명학이 있고, 기독교가 있었다. 심지어 소박한 유물론도 동원됐다. 류스페이 같은 이는 나중에 노장철학까지 동원하여 이상세계를 그렸다.

캉유웨이의 『대동서』는 「세계에 들어 온갖 고통을 본다」로 시작해서 「고통 세계를 물리치고 극락에 도달한다」로 끝맺는다. 전체적으로 "고통을 벗어나 즐거움을 획득한다"는 이고득락離苦得樂의 불교 가치를 드러냈다. 붓다는 인간 삶이 고통이라고 했고, 그 고통을 벗어난 경지를 열반이라고 했다. 열반은 완벽한 행복임을 강조했다. 이것은 불교가 세계를 보는 기본 구도이자 불교 수행의 가장 간명한 구조이다. 중생과 부처, 현실과 이상. 이 극명한 대비를 통해서 중생들을 불교로 이끌었다. 커다란 유혹이었다. 량치차오는 『청대학술개론』에서 캉유웨이가 지은 『대동서』를 이렇게 평가한다.

> 캉유웨이가 『대동서』를 지었을 때 아무도 동조하는 사람이 없었지만 30년 전 그 이상과 오늘날 세계주의, 사회주의와 부합하는 점이 많으니 그는 참으로 뜻이 높은 호걸지사라 하겠다. 캉유웨이는 이 책을 지었지만 남에게 보여 주지도 않았으며, 또 그대로 가르치지도 않았다. 그는 당시 세상은 거란據亂의 세상임으로 단지 소강小康만을 말할 수 있을 뿐 대동大同은 말할 수 없다고 하였다. 만약 대동을 말한다면 세상을 홍수와 맹수의 위험에 빠지게 하는 것이라고 하였다. 캉유웨이는 시종 소강으로 현실을 구제해야 한다고 주장했다. 정치문제나 사회·도덕문제도 옛 상태로 그대로 유지해야 한다고 했다.[53]

량치차오는 당시 중국 지식인의 이상론에서 사회주의나 세계주의 경향을 읽어 냈다. 그는 탄쓰퉁이 『인학』에서 실은 세계주의를 표방했고 국가 없는 세계를 상상했다고 본다.[54] 『대동서』에 대한 평가도 마찬가지다. 마오쩌둥毛澤東은 "캉유웨이가 『대동서』를 썼지만 그는 대동으로 가는 길을 찾지 못했고 찾을 수도 없었다"고 평가한 적이 있다.[55] 물론 이 말은 캉유웨이가 사회주의 혁명이라는 대동세계의 길을 몰랐다는 말로 들린다. 그런데 한 가지 주의할 점은 위 인용문에서도 드러나듯 캉유웨이는 대동세계를 상상했지만 그것을 현실에 꺼내지는 않았다. 『대동서』라는 책도 실제 간행된 것은 그가 정치 일선에서 완전히 물러난 이후였다. 이런 이유로 『대동서』를 캉유웨이의 가장 주요한 텍스트로 취급하는 건 다소 무리다. 더구나 그것으로 그의 정치 활동을 파악하는 건 일견 억지처럼 보인다.

량치차오의 지적대로라면 캉유웨이는 대동세계 건설을 시도하지 않았다고 할 수 있다. 단계적으로 그런 세계를 달성하려 했다고 항변할 수도 있지만 대동세계는 시간성을 극복하지 않으면 불가능하다. 달리 말하면 그것은 혁명적 방식으로밖에 도달할 수 없는 국면이다. 이런 캉유웨이의 자세를 이후 중국대륙학자들은 개량주의라 칭했다. 그것은 불가능에 대한 도전이 아니라 가능한 것들을 쌓는 방식이었기 때문이다.

근대 중국에서 유토피아론의 가장 극적인 형태는 장타이옌이 보여주었다. 장타이옌은 1907년 9월 『민보』 16호에 발표한 「오무론」에서 자본주의적 근대와 전면적으로 충돌했다. 그는 이 글에서 당면 과제로서 민족주의를 주장하지만 결국 그것의 한계를 초월하여 무아의 자각을 요구했다. 무아의 자각을 통해서 무정부·무취락·무인류·무중생·무세계를 실현해야 한다고 말한다.[56] 다섯 가지 무이자 다섯 가지 부정이다. 그의 유토피아는 플러스[正] 방식이 아니라 마이너스[負] 방식이었던 셈이다. 장타이옌이 부정[負]의 방식으로 상상한 이상세계는 무정부주의적 경향과 불교적 경향의 결합이라고 할 수 있다.

장타이옌은 1907년 3월부터 도쿄에서 일본의 대표적 사회주의자 고토쿠 슈스이幸德秋水, 1871~1911와 교류한다. 고토쿠는 이른바 '대역사건', 즉 천황 암살 미수사건에 연루되어 사형당한 인물이다. 그는 나카에 조민의 영향으로 초기에는 민권주의자였다. 이후 사회주의자로, 그리고 무정부주의자로 전변했다. 신채호의 무정부주의도 그와 일정 부분 관련된다. 1901년 고토쿠는 『20세기 괴물 제국주의』를 출간해 이론적으로 제국주의를 강력히 비판했다. 1904년 11월에는 맑스·엥겔스의 『공산당 선언』을 번역해 발표하기도 했다. 메이지 정부가 제국적 욕망으로 들떠 있을 때, 고토쿠 같은 이들은 지속적으로 '제국'의 저의를 폭로했다.

정당사회주의자였던 고토쿠는 1905년 감옥에 있으면서 무정부주의로 점차 기울었다. 1906년 6월 미국에서 돌아온 후 행한 연설인 「세계혁명운동의 조류」에서 "그들의 감언에 속지 말라. 그들의 호의에 기대지 말라. 정부, 의회, 의원, 투표를 믿지 말라. 노동자혁명은 노동자 스스로 행동하지 않으면 안 된다"고 말한다.[57] 이것은 이른바 직접행동론이다. 또한 의회무용론이기도 하다. 그는 유럽의 사회주의 정당에 실망하고, 이전에 자신이 견지한 정당사회주의를 폐기한다. 그는 세계혁명운동의 조류는 이미 의회주의를 떠났음을 지적했다. 고토쿠의 무정부주의가 유토피아론과 관련될 수 있는 까닭은 그가 무정부사회를 하나의 극락으로 묘사했기 때문이다. 고토쿠는 이렇게 말한다.

> 무정부주의 학설은 거의 동양의 노장老莊과 같은 일종의 철학으로, 오늘날처럼 권력·무력으로 강제적으로 통치하는 제도가 없어지고 도덕과 인의로써 통합하는 상호부조, 공동생활의 사회를 현출하는 것이 인류사회의 필연적인 대세로서, 우리의 자유와 행복을 완전하게 하기 위해서는 그런 대세를 좇아서 진보해 나가지 않으면 안 된다는 것입니다. ……

세상에 그들만큼 자유와 평등을 좋아하는 사람은 없을 것입니다.[58]

고토쿠는 인민이 매개 없이 직접 권력을 행사하는 게 진정한 자유이고 평등이라고 간파한다. 또한 이것이 무정부주의의 철학임을 천명한다. 고토쿠의 이런 태도 때문에 류스페이 같은 이는 중국 전통의 노장사상을 무정부주의에 연결시키기도 한다. 고토쿠의 무정부주의는 분명 급속도로 자본주의화한 일본 현실에서 싹텄다. 이론적으로는 유럽의 것이었지만 동양적인 색조를 띠었다. 고토쿠의 이런 사상적 입장과 태도는 류스페이뿐만 아니라 장타이옌에게까지 영향을 미쳤다.

장타이옌은 『제물론석』 바로 첫 구절에서 『장자』의 「제물론」은 한결같이 평등을 말하는 글임을 확신했다. 또한 그것은 단순한 계급적 평등을 넘어서 근원적인 평등에 도달하고자 하는 사유임을 강조했다. 장타이옌이 굳이 「제물론」에 주목하여 『제물론석』을 지은 것이 직접적으로 고토쿠의 영향인지는 알 수 없다. 하지만 「제물론」을 비롯한 노장철학에서 반자본주의적 요소를 발견하고 그것을 현실적인 텍스트로 독해한 점은 고토쿠와 닮았다. 이 점에 대해서는 앞으로 좀더 진전된 연구가 필요하리라 생각한다.

캉유웨이가 『대동서』에서 그린 세상도 평등과 자유가 보장된 세계다. 그래서 량치차오가 사회주의나 세계주의와 유사하다고 했다. 하지만 고토쿠는 저 이상세계는 결국 혁명적 전환을 통해서야 이룩됨을 강조했다. 그것은 무정부혁명이었다. 그런데 반만주족 혁명, 즉 종족혁명을 선동한 장타이옌이나 류스페이에게 무정부혁명이 당키나 한 이야기인가. 장타이옌은 「오무론」을 시작하면서 먼저 민족주의를 다룬다. 그도 민족주의라는 개념이 대단히 협애함을 알았다. 이 협애하고 임의적인 민족주의에 입각해 국가가 설립됨도 알았다. 장타이옌은 여기서 그치지 않고 거대한 민족주의를 말한다.

> 우리가 집착하는 바는 한족에 한정되지 않는다. 다른 약소민족 가운데 강대민족에 정복당하여 정부를 도둑맞고 인민이 노예가 된 경우는 만약 여력이 있으면 반드시 바로잡아 그것을 회복시켜야 한다. …… 민족주의를 완벽하게 하려고 하면 마땅히 자신의 진심을 미루어서 같은 병을 앓고 있는 저들 민족을 구제하여 그들이 완전히 독립된 지위에 도달하도록 해야 한다.[59]

일찍이 량치차오는 서슴없이 민족제국주의를 말했다. 당시 서구 열강이 모두 그러하듯 중국도 결국 제국주의에 도달해야 한다고 생각했다. 일본도 민족제국주의를 실현하고자 했다. 많은 중국 지식인이 그것이 가장 훌륭한 국가라고 생각했다. 아직 근대적 국가를 수립하지 못한 마당에 그들의 지향은 당시 가장 돋보이고 가장 강력한 국가였다. 그들에게 제국주의는 국가의 가장 진화된 형태였다. 량치차오는 『신민설』에 실은 「오늘날 중국에서 신민이 급선무다」에서 민족주의가 최고조에 달한 형태로 '민족제국주의'를 말한다. "민족제국주의는 그 국민의 실력이 안으로 충실하여 밖으로 흘러넘치기 때문에 점점 다른 지역에서 권력을 확장하는 게 자신의 결론이라고 여기는 것이다."[60] 이런 입장은 그가 「신사학」에서 말한 '세계사적 인종'을 연상시킨다.

장타이옌의 경우, 민족주의를 말했지만 그것의 한계를 분명히 알았다. 그는 적어도 제국주의에 대항하는 민족주의를 상상했다. 그의 민족주의는 저항하는 민족주의일 수밖에 없었다. 그래서 이후 장타이옌은 아시아연대론을 제창하기도 했다. 물론 민족주의를 통해서 궁극적으로 자신이 그리는 세계에 도달할 수 있다고 생각하지는 않았다. 그는 민족주의를 넘어선 세계를 상상했다. 「오무론」에 따르면 장타이옌의 이상세계는 무정부주의에 입각한 듯 보인다. 그렇다면 무정부주의와 그가 줄곧 강조하는 민족주의는 과연 연대할 수 있을까. 장타이옌과 함께 활동한 류스페이는 『천의』天意에 발표한 「종족혁명과 무정부혁명의 득실을 논함」에서 무정부혁명과 종족혁명이 결코 결렬하지 않음을 강조한다. 이 글은 장타이옌의 「오무론」과 같이 1907년 9월 발표됐다.

> 무정부혁명은 모두 종족혁명의 이익을 갖추지 않음이 없고, 종족혁명의 해악을 모두 제거했음을 알 수 있다. 하물며 무정부를 실행하면 종족·정치·경제 제 혁명이 그 가운데 모두 갖추어져 있다. 만일 한갓 종족혁명만을 말한다면 결코 혁명의 전체를 포함하지 못할 것이다. 이것이 무정부혁명이 종족혁명보다 좋은 점이다.[61]

류스페이는 무정부혁명이 종족혁명의 상위의 혁명이고, 나아가 그것은 세계혁명임을 말한다. 왜냐하면 종족혁명은 강대한 종족이 약소종족을 지배하는 데 반대하는 혁명이기 때문이다. 만주족이 한족을 통치하는 데 반대하고, 영국인이 인도를 통치하는 데 반대한다. 정치·경제적 제 억압에서 해방되는 것이 무정부혁명인 셈이다. 장타이옌도 마찬가지다. 장타이옌은 만주족 통치를 이민족 지배로 본다. 마치 열강이 강권으로 식민지를 경영하는 것으로 간주했다. 피억압 민중인 한족이 민족혁명을 통해 만주족을 몰아낸다면 그것은 약소민족의 민족해방에 해당한다고 보았다.

균전제와 반자본주의

중국사상사가 리쩌허우李澤厚는 「장타이옌 해부」章太炎剖析에서 『민보』 시기 장타이옌의 주된 정치사상이 단지 반만주족 종족혁명이었다면 당시 그렇게 커다란 영향력을 갖지 못했을 것이라고 진단했다. 왜냐하면 반만은 당시 혁명파 각 계파와 인원들이 공동으로 받드는 최저강령이었기 때문이다.[62] 그렇다. 혁명파 누구나 만주족 반대를 외쳤기 때문에 장타이옌이 아무리 격렬하게 외친들 그것 때문에 그가 주목받았을 리는 없다. 다른 게 있었다. 그것은 반자본주의와 반제국주의였다. 리쩌허우는 여기에 장타이옌 사상의 특색이 있으며 또한 그것이 반만주족 사상보다 더 중요하다고 지적한다.[63]

장타이옌은 「오무론」에서 자본주의의 병폐를 신랄하게 비판했다. 그는 근대 국가체제가 근본적으로 자본주의와 결합했음을 간파했다. 정부나 의회가 자본가를 위해 봉사하고 심지어 의회의 의원들은 자본가 출신으로 채워질 수밖에 없음에 분노했다. 쑨원孫文도 그랬지만 장타이옌도 아직은 설립되지 않은 중화민국에 대한 청사진을 그리곤 했다. 그는 서구 제국주의와 자본주의의 결합을 보았고, 일본에서 자본가들에게서 노동을 착취당하며 비참하게 살고 있는 노동자들을 보았다. 장타이옌은 「오무론」에서 어떤 정치체를 택하든 국민국가가 해야 할 최소한을 제시한다.

> 첫째, 토지를 균등하게 분배해서 농부가 농노로 전락하는 일이 없도록 해야 한다. 둘째, 국영기업을 설립해서 노동자들이 이익을 얻게 해야 한다. 셋째, 재산상속을 금지해서 부가 자손에게 유전되는 것을 막아야 한다. 넷째, 대중이 의회를 해산할 수 있고 정당이 뇌물을 받지 못하게 해야 한다. 이 넷이 행해지면 자본가는 날로 쇠미해지고, 가난한 서민은 평등

을 획득할 것이다. 또한 어쩔 수 없이 그것을 취한다. 이것을 시행하지 못하면 입헌군주제든 공화제든 전제정치보다 못하다.[64]

장타이옌은 네 가지를 제시했다. 농민에게 토지 분배, 국영기업 설립, 부의 상속 금지, 인민의 의회해산권 등이다. 당시 중국의 경제구조나 농민의 수를 생각하면 토지문제는 정치·경제적으로 결정적인 지점이라고 말할 수 있다. 그는 토지제도의 방안으로 균전제均田制를 내놓았다. 전통적인 방식은 정전제井田制라고 할 수 있다. 균전제는 실제 농사를 짓는 농민에게 토지를 분배해야 한다는 주장이다. 이것은 쑨원의 경제관에 영향을 받았다. 하지만 쑨원이 도시노동자를 중심으로 사고한 데 반해 장타이옌은 토지 분배나 경제문제를 처음부터 끝까지 농민의 관점에서 다루었다.[65]

쑨원은 1903년 '평균지권'平均地權 개념을 제기했고, 1905년 동맹회가 성립되자 평균지권은 핵심강령이 되었다. 이후 이 '평균지권'과 '절제자본'은 쑨원의 민생주의를 설명하는 두 가지 원칙이었다. 평균지권은 요즘식으로 말하면 토지공개념에 해당하는 말로 지주가 소유한 토지량을 조사하고, 거기에 맞게 세금을 징수하거나 정부가 그것을 매입할 수 있는 조치다. 절제자본은 독점적 기업이나 지나치게 규모가 큰 사업은 국가가 경영함으로써 사적私的 자본이 인민을 조종할 수 없도록 하는 조치다.[66]

쑨원의 민생주의나 장타이옌의 네 가지 주장에는 사회주의 색채가 농후하다. 장타이옌은 「도쿄유학생환영회 연설사」에서 "구미 각국이 [중국에] 결코 미칠 수 없는 것이 있다면 그것은 균전제이다. 이것은 사회주의에 합치된다"고 말했다.[67] 쑨원은 군벌과 싸울 때 기꺼이 공산당과 연대했고, 자신의 민생주의를 국가사회주의라고 서슴없이 말했다. 이렇게 쑨원이나 장타이옌 같은 동맹회 인물들은 사회주의 자체에 대해 꽤나 우호적이었다. 반대로 서구 자본주의 문제에 대해 심각하게 우려했다. 장타이옌은 「오무론」에서 정치인과 자본가의 공모를 경계한다. 그는 말한다. "관리가 뇌물을 받으면 의회가 그를 탄핵해서 쫓아내지만, 의회가 뇌물을 받으면 누가 탄핵해 쫓아내겠는가."[68] 자본권력이 의회를 장악하는 데 대한 두려움이다.

장타이옌은 개인의 자본축적이나 부의 승계를 인정하지 않으려 한다. 그는 화폐제도와 상업자본가의 연결을 지적한다. 물론 화폐는 자본주의 국가에서만 유통되는 것도 아니고, 근대에만 유통된 것도 아니다. 하지만 실제 화폐가 하나의 제도로서 명실상부하게 작동한 것은 근대라고 해야 한다. 화폐의 발행과 관리라는 이 엄청난 작업을 국가가 수행한 것은 대체로 19세기에 들어서다.[69] 이른바 화폐주권의 행사다.

> 금속화폐는 실은 인민 사이에 소란을 일으키는 원인이지만, 그럼에도 금과 은, 동 세 가지는 보면 광채가 나고, 두드리면 소리가 나며, 채취하기는 대단히 어렵고, 수장하면 썩지도 않으니 그 성질은 정말 보배로운 점이 있긴 있다. 그 보배로운 점에 근거하여 그것을 화폐로 삼는 게 역시 인민의 일반적 심리다. 한 뼘 남짓한 지폐의 경우, 애당초 낡은 종이와 다름이 없는데 금 100냥에 상당한다고 하면 정부가 인민을 우롱하는 게 심하다. 그런데 정부는 그칠 줄 모르고 상업자본가가 은행을 설립하여 공공연하게 화폐를 발행할 수 있게 한다. 하지만 일반 인민은 결코 화폐를 제조할 수 없다. 이것은 바로 상업자본가의 권력이 정부와 맞먹는 것이니 일반 인민들과는 어찌 하늘과 땅 차이가 나지 않겠는가.[70]

장타이옌이 먼저 지적한 점은 종이화폐의 허구성이다. 그의 표현을 빌리면 화폐는 자성이 없다. 그것 자체로서는 아무런 가치도 없다. 사임당이 그려진 황금빛 종이에서 5만원에 상당하는 현물을 찾을 수는 없다. 거기에 무슨 가치가 있을 턱도 없다. 그런데도 그것이 떨어져 있으면 얼른 주워 호주머니에 넣고, 괜히 마음 뿌듯해진다. 주린 배를 채울 수도 있고, 그럴싸하게 취할 수도 있다. 여기에 화폐의 마술이 있다. 거의 기적에 가까운. 불교식으로 표현하면 화폐는 의타기성이다. 그것은 다름 아니라 관계의 결과다. 아니 관계 그 자체라 해야 옳다.

화폐가 상품으로 교환되는 이 사건, 이 감격스런 변신을 맑스는 "목숨을 건 도약"이라고 했다.[71] 심지어 그 화폐로 인간의 노동을 구매할 수도 있다. 이때 쓰이는 화폐가 임금이다. 노동자의 노동을 사고, 구매한 노동으로 생산된 상품이 다시 화폐로 교환된다. 이 과정에서 잉여가치와 노동착취가 발생한다. 맑스는 『자본론』에서 이 이야기를 했다. 근대 국가의 성립과 화폐제도는 대단히 긴밀하게 협조한다. 단일한 통화의 사용은 영토의 통합이며 또한 질서의 수립이다. 경제적 영토화가 진행된다고 할 수 있다. 장타이옌은 정부가 화폐발행을 상업자본에 양도하여 금융수익을 획득하게 한다고 반발했다. 이때 일반 인민은 소외되고 만다.

장타이옌은 "화폐가 있으면 쟁탈이 일어나 계급이 발생한다"고 지적했다. 꼭 계급이 화폐 때문에 발생한다고 볼 수는 없지만, 그는 자본주의에서 발생하는 계급문제를 다루는 듯하다. 상업자본가와 인민의 천양지차, 여기서 계급이 발생한 것이다. 그래서 장타이옌은 공산共産을 말한다. 그는 "공동생산으로 생활하면 상업적 거래를 끊을 수 있다"고 주장한다.[72] 과연 그럴지 단정할 수 없지만 그는 자본주의의 폐단에 대항해 원시적 공산사회를 적극적으로 상상했다. 그가 지금 보면 황당하기까지 한 화폐 폐지를 거침없이 주장하는 까닭은 화폐가 바로 자본주의의 심장임을 알기 때문이다.

그런데 장타이옌이 자본주의를 격렬하게 비판하고 결국 도달한 지점은 다소 엉뚱하다. 그는 중농주의를 표방한다. 20세기 초 자본주의가 동서양 없이 하나의 지향이었던 때, 전근대적 경제 구조로 복귀할 것을 주장한 셈이다. 이 주장은 공상적이기까지 하다. 장타이옌은 분명 농업국가를 희망했다. 물론 당시에도 중농주의가 자본주의의 대안이 될 수는 없었다. 자본주의가 문제라고 하더라도 그것의 해답이 과거의 경제 구조로 복귀하는 것이라고 생각하는 사람은 많지 않았다. 하지만 그들도 자본주의 시장경제가 제국주의를 초래했음을 분명히 알았다.

근대 자본주의는 적어도 제3세계 국가와 관계에 한정해서 보면 제국주의였다. 서구 제국주의국가는 "식민지는 본국에 대한 원료의 저렴한 공급지로서 그리고 자국제품의 판매시장으로서 이중의 이익이 있다고 확신했기 때문에 식민지의 확장에 부심하였다."[73] 장타이옌이 표방한 중농주의는 상업 자체를 억압하고자 하는 것으로 보인다. 이런 중농주의가 중국의 전통적인 사상 경로를 따라 출현한 것이 아님에 주의해야 한다. 장타이옌은 서구 근대나 서구 자본주의의 모방이 중국사회의 발전 방향일 수 없음을 확신했다. 또한 그것이 진화의 모델일 수 없음을 주장했다.

장타이옌은 1902년 쓴 『구서』訄書「명농」明農에서 "상업은 스스로 통할 수 없고, 농업에 의해 증식된다"고 말했다.[74] 농업이 공업이나 상업 발전의 전제임을 밝힌 것이다. 이 점은 전근대적 경제구조를 생각하면 쉽게 이해할 수 있다. 유교사회에서 중농억상은 하나의 원칙이었다. 공자나 맹자는 장사꾼들이 중간에서 이득을 취하는 것을 혐오했다.『맹자』「공손추」에 다음과 같은 구절이 등장한다.

옛날 시장이란 자신이 가진 물건을 가지고 자신에게 없는 물건으로 교환하는 행위로 관리는 그것을 살피면 됐다. 그런데 천박한 한 사내가 나타나 높은 곳에 올라가 시세를 살펴서 이익을 싹쓸이하였다. 사람들이 천하다고 여겼다. 그래서 그런 행위에 따라서 세금을 징수하게 되었다. 상인에게 세금을 징수하는 일은 이 천박한 사내에서 시작했다.

맹자의 이런 언급이 꼭 유교를 대표한다고 할 수는 없다. 하지만 맹자는 농업경제를 기반으로 하는 당시 경제구조를 상인들의 과다한 시세차익이 교란시킬 수 있음은 알고 있었다. 유교자본주의를 말하는 현대학자들은 이 부분을 어떻게 해석할지 궁금하다. 장타이옌은 꼭 유교적 입장을 취한 것은 아니지만 중농주의를 따랐다. 그는 「혁명도덕설」에서 도덕은 대체로 그 사람의 직업에 따라서 변한다고 말하고, 도덕성이 가장 뛰어난 직업으로 농민을 들기도 한다.[75] 농본주의는 분명 자본주의 비판의 한 축이다. 하지만 근대 동아시아에서 농본주의는 정치적으로 그리 단순하지 않다. 자본주의 비판이 꼭 사회주의의 전유물이 아니기 때문이다. 근대 일본에서는 우익의 사상으로 농본주의가 제시되기도 했다. 근대 자본주의가 공업화였음은 누구나 다 알고 있다. 영국에서 자행된 인클로저운동에서 보이듯 산업화를 위해서 농업구조를 파괴하고, 결국 농민을 값싼 노동자로 동원했다.

근대 일본에서도 급격한 공업화로 "농촌은 항상 피폐하고 도쿄는 자본주의의 도읍으로서 농촌을 착취하면서 불건전하게 비대했다."[76] 농본주의를 외친 곤도 세이쿄權藤成卿, 1868~1937와 다치바나 고자부로橘孝三郎, 1893~1974는 이렇게 근대화하고 폭력적인 자본주의에 반대했다. 숲길의 철학자 하이데거는 유럽 자본주의에 반대했고, 향토 상실을 두려워했다.

기타 잇키北一輝, 1883~1937 연구로 유명한 마쓰모토 겐이치松本健一는 "'사직' 社稷을 기본 개념으로 한 농본주의는 분명 반국가주의와 상통하는데, 국가 폐절을 주장한 일본 아나키스트들이 농본주의에 말려들게 되는 원인이 거기에 있었다"고 지적한다.[77] 장타이옌의 중농주의도 전통뿐만 아니라 무정부주의의 영향이 보인다.

인류의 소멸과 로맨틱 아이러니

동아시아 근대에 유행한 개념 가운데 가장 특별한 것은 무無일 것이다. 무는 별로 근대적이지 않아 보이지만 실은 근대에 독특한 역할을 했다. 중국도 그렇고 일본도 그렇다. 한국에도 그것이 변형되어 나타난다. 일본에선 니시다 기타로西田幾多郎가 절대무絶對無를 말하기 전에도 철학자나 사상가들은 일찍감치 무나 공을 말했다. 니시다는 그것을 가장 세련된 철학 형태로 만들었고, 그의 제자들은 다양한 버전의 '무의 철학'을 선보였다. 근대 시기 이 '무' 개념으로 전통과 근대, 전쟁과 평화, 개인과 집단, 혁명과 반동, 무정부주의와 국가주의 등 온갖 사유가 실험됐다. 바로 이런 이유로 무는 심지어 위험하기까지 한 개념이 되었다.

장타이옌도 무 혹은 무아를 적극적으로 사용했다. 니시다나 교토학파가 무를 존재론적으로 사용했다면 그는 하나의 방법으로 무를 사용했다. 그에게서 무는 부정의 방법이다. 장타이옌은 대승불교 입장에서 무자성無自性이라는 표현을 즐겨 썼다. 이는 유식학이나 중관학에서 빈번히 사용하는 개념이다. 무자성은 비실체성이라고 돌려 말할 수도 있다. 그는 존재의 허구성이나 임시성을 폭로하려는 데 이 말을 사용했다. 그런데 이런 개념이 정치적 입장으로 확장되는 경우도 있다. 또한 그것은 무정부주의(아나키즘)라는 어떻게 보면 꽤나 근대적인 정치이론과 만나기도 했다.

부정을 통해서 이상에 도달할 수 있을까. 아니면 허무주의가 실용성을 가질까. 장타이옌이 「무신론」, 「인무아론」, 「오무론」, 「사혹론」 등에서 사용하는 무는 부정의 개념이다. 존재론적으로 무에 도달한다거나 무에서 출발한다는 방식이 아니다. 고대 인도철학에서 말한 네티^{neti}이자 중관철학에서 말한 이중부정으로서 중도中道이다. 『중론』의 저자 나가르주나는 얼마나 부정적인가. 부정이 철철 흘러넘친다. 불교에서는 부정은 특별한 쓸모를 가진다. 중관학적으로 말하면 번뇌 없음은 부정을 통해서 구현된다. 장타이옌도 마찬가지로 부정을 통해서 자신의 유토피아에 도달했다. 그래서 그를 부정의 사상가로 부르는 연구자도 있다. 그러나 사실 꼭 그에게만 해당하는 명명일 수는 없다.

장타이옌은 「오무론」을 시작하면서 "지금 사람이 감히 천의 도리를 피하려 하지 않고 '존재의 한계를 따른다면'[隨順有邊] 어쩔 수 없이 국가가 있고, 어쩔 수 없이 정부가 있다"고 지적했다. 이런 한계 속에서 그는 보다 적절한 정치체를 제시한다. 첫째, 토지와 농토를 균등하게 배분해서 경작자가 농노가 되지 않게 해야 한다. 둘째, 관립공장을 세워서 노동자도 이득을 취하게 해야 한다. 셋째, 상속을 제한하여 부의 대물림을 막는다. 넷째, 의회를 해산하여 정당이 뇌물을 받는 일이 없도록 해야 한다. 적어도 그런 사회를 구성하여 100년을 실험한다면 그제야 오무의 제도가 나타날 것임을 말한다.

그는 이렇게 존재의 한계를 따르는 100년을 상정한 셈이다. 그것은 존재, 즉 유의 지대라고 할 수 있다. 그런데 주의할 것은 그냥 100년이 아니고 균전제를 비롯한 네 가지 다분히 사회주의적인 강령을 따르는 100년이다. 캉유웨이가 당시 대동세계를 말하기에는 아직 이르다고 말한 것과 관련해 보면 장타이옌도 유토피아를 시간적으로 지연시키려 한 점은 분명하다. 하지만 그가 100년 동안 시행돼야 한다고 말한 네 가지 조건이 실은 이미 유토피아라고 할 수 있다. 그래서 캉유웨이와는 다르다. 장타이옌은 "오무는 민족주의를 초월한다"고 말했다.[78] 이제 민족주의라는 현실을 벗어나 정말 도달하고 싶은 곳을 그려 보겠다 선언한다.

장타이옌이 부정하는 다섯은 정부, 취락, 인류, 중생, 세계이다. 이것이 작동하지 않는, 다섯 가지가 부정된 세계가 그의 유토피아인 셈이다. 이 다섯은 삶을 포획하는 장치다. 먼저 그는 무정부를 말하는데, 그에 따르면 "정부의 성립은 본래 전쟁을 그것의 시원으로 한다. 전쟁이 멈추지 않으면 일국의 정부는 하루도 폐지할 수 없다."[79] 여기서 말하는 국가는 꼭 근대적 국민국가만을 말하지는 않는다. 장타이옌은 여기서 전쟁기계로서 국가가 수립됐다고 지적했다. 다르게 말하면 적이 없으면 존재할 수 없는 구조물이다. 무정부에서 시작해 무취락, 무인류, 무중생, 무세계에 도달한다. 그는 이 다섯 가지 부정을 순차적으로 이룩해야 함을 지적한다.

장타이옌이 보기에 저 다섯은 본래 자성이 없다. 하지만 그것은 현실로 작동한다. 불교에서 집착하는 대상은 자성이 없지만 그것이 번뇌라는 작용을 일으킴을 인정하는 것과 유사하다. "무정부를 이루려면 반드시 취락을 없애야 한다. 농민은 장소를 옮기면서 농사짓고, 기술자는 장소를 옮기면서 작업을 해야 하고, 여자는 한 남자에 매이지 않아야 한다."[80] 캉유웨이도 『대동서』에서 비슷한 이야기를 한 적이 있다. 정부도 그렇고 취락도 그렇고 그것을 구성하는 것은 인간이다. 결국 인간에 주목할 수밖에 없다. 바로 무인류이다.

무인류를 주장하는 장타이옌은 인간본성에 대해 성찰했다. 그의 성찰은 인간의 자아의식과 관련된다. 그가 진화론 비판에서도 여러 차례 언급했듯 인간이 가지는 이기심이나 호승심이 결국 차별을 초래한다. 그래서 그는 맹자를 위시한 유교인성론의 핵심인 성선설을 거부했다. 성선설이 유교의 핵심이 된 것은 정확히는 송대 이후다. 주희는 본연지성과 기질지성을 이야기했다. 인간의 본래 성품은 선한데 개인의 육체적 한계인 기질이 그 성품을 가린다고 보았다. 이 성선설은 불교와 무관하지 않다. 불교는 성선설일까? 성악설일까? 아니면 무선무악설일까? 불교의 분파에 따라 입장이 다를 것이다. 하지만 불성론에 기반한 중국불교의 전개를 보면 성선설 입장이 좀더 강하다고 할 수 있다. 적어도 중국에선 그렇다. 장타이옌은 「오무론」에서 유식학의 입장에서 인간의 본성을 분석한다.

> 인간의 본성은 이른바 아뢰야식이며 물론 선도 없고, 악도 없다. 말라식은 비록 무기無記이지만 번뇌가 있어서 늘 아뢰야식을 집착하여 자아로 여긴다. 이 자아에 대한 집착이 의식에서 나타나면 선악의 마음이 발생한다.[81]

유식학에서 말하는 제7말라식이 끊임없이 일으키는 자아의식에서 선악이 발생한다는 지적이다. 자아의식 때문에 악이 발생하는 것은 일면 이해가 가는데 선이 발생한다는 것은 얼른 이해하기 힘들다. "인간은 누구나 자아를 집착하며 모두 자신은 타인보다 뛰어나다고 여긴다."[82] 이것이 바로 호승심이다. 장타이옌은 바로 이 마음 때문에 인간은 늘 배타적으로 싸운다고 생각한다. 그렇다면 선은 어디서 발생하는가. 그는 맹자가 선천적 선함의 예로 드는 측은지심을 거부한다. "인간이 불쌍히 여기는 바는 자신보다 작고 약한 사람이고 미워하는 바는 자기한테 대적하는 사람이다. 그렇다면 측은지심은 호승심과 같은 뿌리에서 난다."[83] 그렇다면 선은 약자에게 행하는 시혜쯤 된다. 이런 생각은 꽤나 기발한 착상이다.

강자와 약자라는 구도에서 선·악을 바라본다.

장타이옌이 보기에 선과 악은 자아의식에서 초래됐고, 결국 둘은 부정의 대상일 수밖에 없다. 이것은 인간 자체를 극복하지 않으면 해결할 수 없는 문제이다. 장타이옌은 놀랍게도 인류의 소멸을 이야기한다. 어떻게 보면 대단히 끔찍한 이야기이다. 그는 「오무론」에서 인류의 종말을 염원한다. "한두 명 보살과 초인이 출현하여 인류가 [육도 윤회하는 가운데] 인간도를 끊도록 가르쳐 번식을 멈추게 하고, 무아를 증득하도록 가르쳐 인연생기[緣生]를 끝내게 한다."[84] 보통의 인간은 장타이옌과 전혀 다르다. 악인이든 선인이든 삶을 긍정하고 열심히 살아야 한다고 생각한다. 심지어 자살하는 경우도 새로운 인간 삶을 살기 위해서 다음 생을 기약한다. 불교는 새로 태어남을 염원하지 않고 오히려 영영 태어나지 않음을 갈망한다. 불교의 근본은 번뇌를 끊는 것이고, 번뇌를 끊는다 함은 윤회하지 않음으로 귀결된다. 모든 사람이 깨달아 부처되면 인류를 비롯한 중생계는 소멸할 것이다. 이것이 허무라면 허무다. 장타이옌도 인류의 소멸을 적극적으로 말한다.

> 무아의 통찰을 근본 원인으로 삼고, 남녀 관계를 끊는 것을 방편으로 삼는 것이 인류 소멸의 방책이다.[85]

인류의 소멸을 말하는 건 악도 아니고 선도 아니다. 아무런 병 없는 100세 노인이 이제 그만 금생을 하직해야겠다고 생각해 천천히 단식을 해서 목숨을 끊었다. 분명 자살이다. 자신을 소멸시켰다. 태어남이 그러하듯 죽음도 자신이 선택하거나 스스로 주재하면 안 되는 걸까. 만약 안 된다면 왜일까. 물론 이건 존재론적 질문이라서 함부로 던질 수는 없다. 왜

사냐건 웃을 수밖에 없는 노릇이다. 불교에서도 마찬가지다. 나는 그 누구의 것도 아니다. 심지어 나의 것도 아니다. 그렇다고 집단의 것인 양 이야기하는 것도 위험하다. 집단이 주재자가 되기 때문이다. 불교에선 자기 극복으로서 무아를 말한다. 인류의 소멸도 만찬가지일 게다.

장타이옌이 상상한 부정적 유토피아가 당시 현실적 동력을 발휘할 수는 없었을 것이다. 우리식으로 말하면 70년대 한참 '새마을운동' 하는데, 옆에서 전통의 가치나 인간 존엄성 운운하면 배부른 소리 한다고 비난받았을 것이다. 배고픈데 가치는 무슨 가치냐고. 하지만 세월이 좀 지나니 차츰 깨달았다. 새마을이 된들 뭐하나. 그 마을에 살 사람이 없는데. 하기야 이제 그 마을도 공단이 들어서고, 아파트 단지가 들어서고 해서 사라지고 말았다. 동구 밖 아름드리 느티나무는 자신은 알지도 못하는 신도시 아파트 단지 입구에 서 있다. 작은 쪽지를 꽂고서. 거기에는 수종樹種과 출신지가 적혀 있다. 하지만 이제 그곳은 없다. 그도 실향했다.

한참 유토피아를 외치는데 장타이옌은 부정의 유토피아로 찬물을 끼얹는다. 그의 부정적 유토피아는 어떤 역할을 수행했을까. "부정의 유토피아는 인류가 눈앞에서 인간의 의도에 맞게 펼쳐진 사회 시스템과 행위 규범에 만족해서도, 인류의 비극과 고통이 쉽게 개선되리라 믿어서도 안 된다고 경고한다." 어떻게 보면 참 잔인하다. 그런 것 없다고 말해 버림으로써 그런 것에 대한 열망을 식혀 버리니 말이다. 그런데 바로 여기에 묘안이 있다. 그 열망을 부수고 나니 오히려 잠잠한 평화가 온다. 그렇다. "불교는 결코 사회 건설에 참여하지 않았지만 그것에 대한 과감한 폭로와 철저한 부정은 인류에게 자아 인식의 거울을 끊임없이 제공하였고, 인류가 부단히 자신의 행위를 조정하고 시정하도록 격발하고 자유와 행복의 참된 길을 찾도록 했다."[86]

'과감한 폭로'와 '철저한 부정', 이것은 장타이옌이 말한 부정적 유토피아의 내용이다. 근대 세계에 하나의 거대한 부정이 존재했음을 알린다. 그야말로 도달할 수 없는 세계로서의 유토피아였지만 그러하기에 그것은 부정의 역할을 수행할 수 있었다. 세계를 구성하는 게 아니라 반성과 성찰의 방법으로서 부정의 유토피아다. 비정해 보이지만 분명한 역할을 했다. 나가르주나의 『중론』에서도 많이 보았다.

무아나 공 개념이 혁명자의 윤리가 될 수도 있는 반면 반사회적 자유가 되기도 한다. 어떻게 보면 해체를 통한 미학적 자유를 만끽한다고 할 수도 있다. 이때 사용할 수 있는 개념 가운데 하나가 로맨틱 아이러니 Romantic Irony다. 이는 모든 것을 부정하고 초월함으로써 획득하는 '정신적 자유'를 가리킨다. 로맨티시즘, 즉 "낭만주의는 무한한 동경을 꿈꾸나 그것은 영원과 무한을 향한 것이기에 도달하지 못한다. 그러기에 열정적 동경에 대한 환멸과 비애도 그에 비례한다. 여기에 아이러니가 발생한다."[87] 이는 쇼펜하우어의 맹목적 의지가 그 맹목성 때문에 결국 좌절하고 염세로 들어서는 것과 유사하다.

장타이옌은 「오무론」에서 중생이나 세계에 대한 절대적 부정을 시도한다. 이런 표현을 쓰고 싶다. "사회적 열반." 열반이 적멸 혹은 무로 간주되어 반사회적이고 부정적으로 묘사되지만 거기에 오히려 긍정이 깃든다. 장타이옌은 바로 부정에서 세계의 본질을 보고, 자유를 만끽하고자 한다. 이 점은 나가르주나 같은 대승불교철학자들이 의도한 바이기도 하다. "존재에 대한 깨달음은 장빙린章炳麟(장타이옌)에 의하면 고통스러워하는 사람을 구하려는 보살행 가운데 부단히 직관되는 것이고, 역사 가운데서 직관적으로 원망되는 것은 아니다."[88]

3부 / 순수경험과 공

7장_순수경험과 무아주체

1. 개체초월과 순수경험

인간의 출현

근대는 개인을 호명한다. 전근대적 습속에 대한 반발이기도 하고, 근대적 습속의 창출이기도 하다. 호명된 개인은 사회 곳곳에서 분투한다. 시민이 출현하고 국가와 자본이 구성된다. 때론 그 과정에서 개인은 온데간데없다. 용광로에 뛰어든 밀랍 인형처럼 용감했지만 남는 게 없다. 자본주의 하에서 개인은 생산재이자 소비재다. 장타이옌은 봉건적 습속에 맞서 개인을 말하고, 근대적 국가주권에 맞서 인민주권을 말했다. 하지만 개인이 발 딛고 있는 그 대지는 그렇게 단단하지 않음도 알고 있었다. 마치 언어가 진실하지 않지만 그것의 실용성을 인정할 수 있듯, 개인도 진실하지 않지만 그것의 가치는 인정했다.

  불교에서는 무아無我를 말한다. 인간뿐만 아니라 존재하는 모든 것에 그 자신만의 것, 즉 아트만ātman은 없다고 확신한다. 혁명가 장타이옌도 분명 이 입장을 견지했다. 하지만 그에게 무아는 그리 단순하지 않다. 집단에 비해 상대적으로 개체는 진실하다고 말한 그가 아닌가. 장타이옌은 인간 존재와 무아를 함께 고민했다. 교환되지 않는 개인의 존엄성을 불러내야 하지만 그렇다고 거기에 본원적인 무엇을 부여할 수도 없는 노릇이다. 철학적으로는 대단히 난감하다. 장타이옌뿐만 아니다. 루쉰 같은 이도 봉건적 습속에서 벗어나지 못한 아Q를 깨우고 싶었다. 하지만 그렇다고 아Q의 심장에 박아 넣을 영혼 같은 걸 갖고 있지는 않았다. 장타이옌은 「인무아론」人無我論에서 스스로 질문한다.

> 두 발을 가진 임의적 존재에 대해 인간이라는 가명假名을 부여했다. 무엇을 인간이라고 할까? 왜 인간이라고 했을까? 무슨 인연으로 이런 인간이 존재할까?[1]

장타이옌은 자아에 대한 실체론적 고집[我執]을 타파하기 위해서 「인무아론」을 저술했다고 밝혔다. 두 발로 걸어 다니는 포유류, 이 털 없는 원숭이를 우리는 인간이라고 부른다. 하기야 호모사피엔스라는 고매한 학명도 있긴 하다. 인간만 생각하는 게 아닐 텐데 그런 이름을 스스로 붙였다. 인간은 어떻게 출현했나. 장타이옌은 두 가지 대답을 내놓는다. 첫째는 진화론이다. 그는 생존경쟁에 의해 인간이 출현했음을 말했다. 둘째는 자아의식이다. 생물학이 아니라 심리학적인 측면에서 인간의 출현을 말했다. 장타이옌의 분석은 이 자아의식에 집중한다. 유식학唯識學에서는 한 인간이 자신을 '나'라고 인식하는 데는 특별한 의식의 메커니즘이 작동한다고 본다. 우리는 더러 "내꺼야"라고 소리치며 밥그릇을 다투는 두세 살 꼬마를 목격한다. 녀석은 일찌감치 나와 남 혹은 내 것과 남의 것을 구분한다. 누가 가르쳐 준 것도 아닌데 잘도 욕망을 분사한다. 부모된 자는 녀석이 기특하기도 하다. 욕망이 전투력임을 알기 때문이다. 하지만 조금은 무섭다. 그 욕망이 남을 해코지할 수도, 심지어 자신을 파멸시킬 수도 있기 때문이다.

장타이옌은 자아의식을 불교용어를 빌려 '구생아집'俱生我執이라고 했다. '구생'俱生은 '태어남[生]과 함께[俱]'라는 뜻으로 단순하게 말하면 "태어날 때부터 가졌다"는 의미다. 더 간단히는 선천적이라는 말인데, 그래서 구생아집은 선천적 자아의식이라고 할 수 있다. 칸트라면 선험성이라고 했을 터다. 불교에선 이것을 극복해야 할 문젯거리로 취급한다. 장타이옌은 자아의식을 일으키는 또 하나의 계기를 제시했다. 그는 "사견이 가리키는 자아"라고 했다. 여기서 사견은 다른 말로는 철학적 오해라고 할 수 있다. 장타이옌이 지적한 점은 "항상성恒常性, 견주성堅住性, 불변성不變性"[2]이다. 이 특징은 바로 실체론적 세계관에 해당한다.

유식학에 따르면 객관뿐만 아니라 주관도 하나의 구성이다. 장타이옌은 「제물론」에 나오는 "자기가 자기이게 한다"[使其自己]는 구절을 풀면서 유식학의 논의를 끌어들였다. 고대 인도의 철학자 무성無性은 『섭대승론석』攝大乘論釋에서 "하나의 식識은 인식대상으로서 역할[相分]과 인식 주관으로서 역할[見分]을 한다"고 분석한다.[3] 다시 말하면 인식 주관과 인식 객관 두 가지 역할은 동일하게 식의 활동이다. 장타이옌은 "이것은 자심이 자심을 인식한다는 것"[4]이라고 천명한다. 이런 언급은 "자기가 자기를 인식한다"[自己認識自己]는 철저한 유심론으로 보일지도 모른다. 크게 보면 이 말이 맞다. 그런데 바로 '자기'도 조작이라고 말해 버린다. 결국 자기도 주재자일 수 없다.

유식학에서 인간은 다양하고 미세한 식이 종합적으로 작동한 결과다. 그런데 그런 종합이 가능하려면 식 각각을 연결하고 구속하는 기능이 필요하다. 유식학에서는 제8식인 아뢰야식阿賴耶識이 그 역할을 담당한다고 말한다. 종합의 역할을 할 때 아뢰야식은 '아타나식'阿陀那識이라 불린다. 범어로는 아다나위갸나ādaāna-vijñāna이다. '아다나'는 '붙잡다'라는 의미다. 그래서 이 식을 한자로 집지식執持識이라고 번역했다. '붙잡고 유지한다'는 의미다. 『섭대승론』攝大乘論에서는 아타나식의 역할을 비교적 자세하게 분석한다.

> 무슨 이유로 이 아뢰야식을 집지식, 즉 아타나식이라고도 하는가? 모든 유색근有色根을 붙들고 있기 때문이다. 모든 존재자가 의지처로 받아들이기 때문이다. 왜냐하면 유색근은 아뢰야식이 붙잡고 있기 때문에 무너지지 않고, 수명이 다할 때까지 계속된다. 상속相續하여 새로운 생을 이룰 때, 이전의 생을 취착해서 명색[自體]을 집수한다. 그래서 이 식을 다시 아타나식이라고 말한다.[5]

그럼 아타나식이 무엇을 붙잡는다는 이야기인가. 표면적 의식활동이 멈출 때도 중생은 호흡하고 온몸으로 피가 돌고, 형체를 유지한다. 바로 이렇게 중생의 생명활동을 종합하고 조절하는 기능을 아타나식이라고 불렀다. '붙잡다'는 말은 두 개의 방향을 가진다. 아뢰야식의 측면에서 일체 유색근을 붙잡고 있고, 저 유색근의 입장에서 아뢰야식을 의지처로 붙잡고 있다. 그럼 유색근은 무엇인가. 초기불교에서 말한 유정 중생이 가진 여섯 가지[六] 감각기관[根]을 중국에선 육근六根이라고 번역했다. 각각 눈[眼]·귀[耳]·코[鼻]·혀[舌]·몸[身]·의식[意]이다. 이 가운데 물질[色]로 구성된 앞 다섯 가지 기관[根]을 유색근이라고 하고 물질이 아닌 의식을 무색근無色根이라고 한다.

눈, 귀 등 다섯 기관이 따로 놀면 어떨까. 개체는 개체를 유지할 수 있을까. 세계를 파악할 수 있을까. 다섯 가지 감각기관이 굳이 하나로 연대할 필요는 없지만 그것이 연대하지 않으면 한 인간 혹은 한 중생이 성립하지 않는다. 아타나식은 그런 연대나 연합을 강제하는 역할을 한다. 이것은 한 개인이 자아를 갖지 않고도 한 개체로 존재하는 메커니즘이다. 아타나식은 중생이 윤회할 때 기존 생의 정보를 간직하는 역할도 감당한다. 이런 활동을 하기 때문에 제7말라식第七末那識은 제8식인 아뢰야식이 한 개체를 주재하는 자아라고 착각한다. 말라식은 이렇게 자아의식을 양산하는 역할을 열심히 수행한다.

아비달마불교나 유식학에서는 한 개체가 동류로서 지속할 수 있는 역할을 상상했다. 한 인간이 아침에 눈을 떴을 때도 여전히 인간일 수 있고, 트럭에 실려 도살장으로 가는 황소가 갑자기 인간이 되지 않는 것은 왜일까. 자아를 그렇게도 부정하는 불교라면 일상에서 유지되는 임의적 자아지만 그것이 작동하는 방식을 설명해야 했다. 유식학에서 말하는 100가지 존재의 속성 가운데 중동분衆同分이 이와 관련된다. 요즘말로 하면 동류로서 정체성을 지속하는 기능이다. 인간이 인간으로서 유지되고 사자가 사자로 유지되는 속성이 있다. 그 힘이 중동분이다. 장타이옌도 『국고논형』國故論衡에서 이를 다룬다. 결국 장타이옌은 인간의 출현은 자아의식의 출현임을 유식학을 통해서 밝히고 있는 것이다.

개체초월과 순수경험

앞서 살폈듯이 장타이옌이 개체 강조로 노리는 지점은 '전통과 근대'에 대한 이중 비판이다. 하지만 「인무아론」이나 「오무론」五無論 등에서 보이는 장타이옌의 지향은 개체초월이다. 여기서 '초월'은 극복 내지 전환의 의미다. 신적神的 실재로 귀환하는 게 아니다. 통념적 인식을 벗어난다는 의미에서의 초월이고, 새로운 차원으로 돌입한다는 의미에서의 초월이다. 자신이 무아라고 그냥 선언한다고 해서 초월이 가능한 것은 아니다. 자신을 인식론적 차원이나 존재론적 차원에서 변화시켜야 무아는 가능하다. 불교에서 수행은 이것을 해내는 과정이고 자유를 획득하는 과정이기도 하다.

장타이옌이 말하는 개체초월은 단지 종교의 테두리에 갇히지 않는다. 그는 어떤 식으로든 현실을 고려하고 있다. 번뇌를 벗어난다고 해서 세간을 벗어나지 않는다. 세간에 있으면서 출세간하기 때문이다. 동아시아 불교의 대표 저작인 『대승기신론』大乘起信論에서는 그 저술 의도에 대해 이렇게 이야기한다. "번뇌를 제거하고 구경락究竟樂을 성취하며, 세간에서 명리와 공경을 구하지 않는다."[6] 여기서 구경은 궁극이라는 의미로 깨달음이나 해탈을 말한다. 구경락은 지복至福으로서 해탈을 말한다. 구경락을 성취하지만 세간에서 일컫는 행복을 지향하지는 않는다. 세간을 벗어난다는 게 아니라 세간 속에서 세간을 벗어난 행복을 성취한다는 말이다.

개체초월과 관련해서 주목할 만한 인물은 니시다 기타로西田幾多郞이다. 그는 처녀작 『선禪의 연구』에서 개체초월을 순수경험pure experience 으로 묘사했다. 니시다는 10여 년간 참선수행을 했고, 결국 1903년 교토의 다이고쿠지大德寺에서 무자공안無字公案을 돌파하여 견성見性을 인가받았다. 그는 서양철학자이면서 견성한 도인이었다. 그에게서 일본 근대철학의 특이성이 출현했다고 할 수도 있다. 선禪에 입각한 명상체험과 독일관념론에 입각한 고도의 철학사유가 니시다철학에서 결합했다. 니시다가 말한 이 순수경험은 깨달음이라는 종교적 경험의 근대적이고 서양적인 표현이다. 그는 이렇게 말한다.

경험한다는 것은 사실 그대로 안다는 뜻이다. 완전히 자기 잔꾀를 버리고 사실에 따라서 아는 것이다. 순수라 하는 것은 보통 경험이라고 말하고 있는 사람도 실은 어느 정도 사상을 가미하고 있으므로 조금도 사려분별을 섞지 않은 참된 경험 그대로의 상태를 말한다. …… 그래서 순수경험은 직접경험과 동일하다. 자신의 의식 상태를 직접 경험했을 때는 주관도 객관도 없고 지식과 대상도 완전히 합일되어 있다. 이것이 경험의 가장 순수한 것이다.[7]

우리가 뭔가 안다는 것은 뭔가 경험한다는 것이다. 뭔가 경험한다는 것은 '사실 그대로'[如實] 안다는 말이다. 결코 자신의 조작이 개입되지 않고. 니시다는 자신의 조작을 '잔꾀'라고 했다. 잔꾀든지 사려분별이든지 어떤 조작도 개입되지 않고 경험하는 것이 순수경험이다. 이것이 인생의 목적이기에 굳이 『선의 연구』라고 했다. 선禪은 인생을 다루는 기술임을 천명한다. 니시다는 말한다. "실제로 참된 선은 오직 하나일 뿐이다. 즉 참 자기[眞我]를 아는 데 있다는 것으로 끝난다. 우리의 참된 자기는 '우주의 본체'다. 불교에서 말하는 견성이다."[8] 깨달음이 선禪이고, 깨달음이 순수경험이다.

니시다는 순수경험 개념을 미국 심리학자 윌리엄 제임스 William James 에게서 빌렸다. 제임스는 경험의 기능은 바로 '앎'knowing이라고 말했다.[9] 그는 『종교적 경험의 다양성』(1902)에서 인간의 종교적 경험을 수집하고 개인과 초월자의 일체감을 중심으로 종교적 심리를 분석코자 했다.[10] 『순수경험의 세계』(1904)에서 제임스는 본격적으로 순수경험을 다룬다. 그의 순수경험은 사물과 사상으로 분화되지 않은 제약 없는 경험상태이고, 직접적인 생의 흐름이다.[11] 이런 점은 니시다의 순수경험도 마찬가지다.

니시다가 말한 순수경험은 불교적으로 말하면 분별없는 앎, 즉 무분별지다. 제임스에게서 보이듯 주관이 객관을 본다는 방식이 아니라 하나의 반성이다. 반성은 자기가 자기를 봄이다. 순수경험은 일상적 인식, 즉 분별이 작동하지 않고 사물을 대하는 것이다. 그것이 순수일 수 있는 이유는 자신의 편견이 작동하지 않기 때문이다. 그 편견으로 대상을 재단하거나 가두지 않기 때문에 사물을 온전히 만날 수 있다. 니시다는 산을 오르다 바위 틈새에 손을 걸고 매달린 사람을 예로 들면서 그 사람은 손을 통해서 바위를 온전히 만난다고 했다. 결코 나와 바위가 분리되지 않는다. 유식학에서는 무분별지라는 말로 궁극적 앎을 묘사한다. 대상의 참 모습, 바로 진여를 파악한다고 말한다. 장타이옌은 다음과 같이 기술하고 있다.

> 명明이 유분별지인 데 반해, 신神은 무분별지다. 유분별지가 인식하는 것은 개념적 대상[名相]이다. 개념적 대상은 허망한 존재가 인식한 것이며 진실한 인식이 아니다. 무분별지가 인식한 것이야말로 진여이고 참된 인식이다.[12]

장타이옌은 일상의 인식을 명明으로, 초월적 인식을 신神으로 표현했다. 고대 중국불교에서는 신명神明이라는 말로 초월적 지혜를 나타내기도 했다. 이 말은 『홍명집』弘明集 등 위진시대 문헌에 자주 등장한다. 심지어 신명성불神明成佛을 말할 정도이다. 신명은 반야般若처럼 인식능력이기도 하고 불성처럼 존재론적 실재이기도 하다. 그것은 『대승기신론』大乘起信論의 본각本覺이나 주희가 『대학장구』에서 말한 허령불매虛靈不昧의 명덕明德 같다. 위 인용문에서 '신'은 매개를 넘어선 인식이나 앎이다. 매개적이라고 한다면 그것은 일반적 감각능력을 동원한다는 이야기다. 또한 그것은 개념적 인식이라고 할 수도 있다. 무매개적 인식, 자신의 습속이나 방식에 빠져 있지 않은 앎을 통해서 사물을 대하는 것이다. 매개적 인식의 완성은 사물의 개념과 형상을 포착하는 것 이상 아니다.

장타이옌은 『장자』「서무귀」徐無鬼에 나오는 "인식하지 않고서야 안다"[不知后而知]는 구절에서 매개 없는 앎을 발견했다. 위진시대 천재 승려 승조僧肇는 「반야무지론」般若無知論을 지어서 불교적 앎인 반야는 일상적 인식에서 벗어난 앎임을 지적했다. 그는 『도행반야경』道行般若經에 등장하는 "반야는 인식하는 바가 없다"[般若無所知]는 구절에서 반야무지의 표현을 빌린다. 『금강경』에서 그토록 이야기한 게 이런 앎이다. 승조는 모든 존재는 본질적으로 공空하다고 생각한다. 그런데 거기서 실체를 보면 그야말로 분별이 된다. 승조 같은 중관학자에게 진리는 존재의 공함이다. 그 공함을 알아차리고, 실체론적 고집을 멈추는 게 불교적 앎이고 수행이다. 현장玄奘이 번역한 『성유식론』成唯識論에서는 다음과 같이 분별없는 앎에 대해 말한다.

> 어느 때 보살이 인식대상에 대해 무분별지로 아무런 의식의 흔적이 없어서 어떠한 희론戲論도 일으키지 않는다면 이런 때야말로 정말 유식의 진실한 경지에 머문다고 말한다. 곧 진여의 깨달음이다. 무분별지와 진여가 완전 평등한 까닭은 둘 모두 인식주체와 인식대상이라는 활동을 벗어났기 때문이다. 인식주체와 인식대상이라는 활동은 모두 분별이고 얻는 바 있는 마음은 희론을 일으키기 때문이다.[13]

무분별지는 하나의 인식이다. 진여는 그 인식의 대상이다. 평등은 인식과 대상의 차별없는 만남을 가리킨다. 앎과 대상의 일치 혹은 소통을 평등이라고 표현했다. 그렇다면 바로 평등이 순수경험이다. 평등은 대상이 개별 실체로서 파악되지 않고 그것의 본질로서 공함이 드러나는 인식 상황이라고 할 수 있다. 개별적 존재로 파악하려는 인식이 전환을 일으킨 것이다. 장타이옌도 『제물론석』齊物論釋에서 이런 인식론적 평등을 말한다. 그는 그것을 '제물'齊物이라고 묘사했다. 그는 대상을 개별적 실체로 파악하는 개념적 인식을 타파하고자 했다.

장타이옌은 「제물론」은 한결같이 평등에 대한 논의라고 하면서 『제물론석』을 시작했다. 또한 여기서 평등은 개념적 차별을 벗어남이라고 지적했다. "개념적 인식[名相]의 근저는 인간에 대한 실체론적 고집[人我]과 존재자에 대한 실체론적 고집[法我]이 토대가 된다. 그래서 먼저 자아의 소멸을 이야기하고, 그런 다음 명상을 부정할 수 있다."[14] 자아초월, 즉 개체초월을 통해서 평등에 도달한다는 이야기다.

좌망과 여실지

장타이옌은 「제물론」의 목표가 개념적 인식을 초월하고 일심一心에 도달함이라고 말했다.[15] 여기서 일심이라는 표현이 인상적이다. 이 개념은 철학적으로는 다소 위험하게 사용될 수도 있다. 왜냐하면 그것에 실체론적인 용례가 있기 때문이다. 전근대에도 그랬고, 근대 이후에도 그것을 실체론적으로 사용한 예는 많다. 마치 신처럼 모든 것을 주재하거나 포섭하는 제일자로서 마음이다. 절대적 주관이라고 할 수 있다. 지금도 그렇게 사용하는 연구자가 있다. 절대적 주관이든 절대적 유심唯心이든 자칫하면 불교가 비판한 브라만교가 될 수 있다. 모든 존재자를 수렴하는 절대자로서 일심은 신과 별로 다르지 않다.

장타이옌에게서 일심은 인식과 대상의 경계가 무너진 상황을 가리킨다. 『유가사지론』瑜伽師地論에서는 "전의轉依가 완벽하게 이루어진 것을 여래법신如來法身의 모습이라고 부른다."[16] 앞에서 말했듯 전의는 의식의 근거지까지 철저하게 바꾸는 혁명적 전환을 가리킨다. 전식득지轉識得智라는 말도 쓰는데, 망상으로서 식을 전환하여 지혜를 획득하는 걸 말한다. 이것은 바로 깨달음이며, 중생이 부처됨이다. 부처는 망상이 아니라 지혜로 사는 삶이다. 법신은 지혜로 사는 삶을 가리킨다. 그래서 그가 바로 '진리의 본질'이다.

장타이옌이 즐겨 인용하는 『대승기신론』에서는 진여는 "모든 존재자는 본래부터 언어의 활동을 여의고, 개념의 활동을 여의고, 인식의 활동을 여의며, 움직임이 없고, 부서짐도 없으며, 오직 일심"이라고 한다.[17] 물론 여러 대승경전에서 일심을 여래장如來藏 사상에 입각해 해석한다. 『입능가경』入楞伽經에선 "적멸(열반)은 일심이고 일심은 여래장"이라고 말한다.[18] 장타이옌은 유식성을 체현한 진여를 말하고 있다. 일심이라는 표현에서 실체론적 경향을 느낄 수도 있지만 여기서 '일'은 유일자라기보다는 개별이 극복된 의식의 평정을 말한다고 해야 한다. 이는 장타이옌이 그렇게 강조한 평등이자 제물이다.

『장자』「제물론」 첫 부분에 "남곽자기가 책상에 기대어 앉아 있다가 하늘을 우러러보며 후 하고 길게 숨을 내쉬었다. 멍하니 자신의 몸을 잃어버린 듯했다"라는 구절이 나온다. 장타이옌은 「제물론」이 개념적 인식을 초월하려고 개념적 인식의 근거인 자아에 대한 집착을 먼저 파괴한다고 지적한다. 그래서 남곽자기가 무아 상태에 진입했다고 주석한다. 또 남곽자기의 좌망坐忘 상태를 과감하게 불교 선정과 관련시킨다. 그는 남곽자기의 좌망 상태를 불교의 선정 가운데 하나인 '공무변처'空無邊處에 견준다. 『아비달마대비바사론』에서는 공무변처에 대해 이렇게 말한다.

유가 수행자의 초해탈지를 공무변처라고 이름한다. 유가사는 여기서 나와서는 반드시 눈앞에 상사공상相似空想을 내고서 손수 자신을 찾지만 결국에는 멸진정滅盡定에 이른다.[19]

여기서 '공무변처'는 선정 상태다. '처'는 선정의 상태나 단계를 가리킬 때 쓰는 말이다. 이 단계는 욕계와 색계의 물질적 한계를 떠난 무색계의 제1천으로 육신을 싫어하고 허공[空]이 끝없다[無邊]고 느끼는 경지다. 허공의 무한성을 터득한 상태라고 할 수 있다. 허공의 무한성을 느낀다는 것은 벌써 자기 몸의 구속을 탈피했음이다. 유교식으로 하자면 호연지기 같은 거다. 물론 공무변처에는 호연지기가 갖는 사회성은 없다. 장타이엔은 남곽자기가 육신을 잃은 듯한 태도를 취한 것과 관련해서 불교의 공무변처 개념을 떠올렸다. 그는 「제물론」에서 말하는 망아忘我나 상아喪我를 불교의 선정과 마찬가지로 개체초월 혹은 자기소멸의 상태로 묘사했다. 유식학의 개념분석이 단지 세계를 설명하거나 이해하기 위한 것이 아님을 잘 알았기 때문이다. 유가행파는 기본적으로 관법을 통해서 세계의 허상과 언어의 허구를 관찰한다.

장타이엔은 개념적 분별인 명상名相을 벗어나는 방법으로 네 가지 여실지如實知를 언급했다. 이 개념은 유식학의 핵심 텍스트인 『유가사지론』에서 주로 논의된다. 여실지라는 말은 대상을 '사실대로'[如實] 파악하는 앎[知]이다. 이것은 유가행파가 존재의 본질인 공을 파악하는 방법으로 제기했다.[20] 모든 존재가 오직 식일 뿐이며 결코 실체가 없음을 철저히 깨닫는 앎이다. 여기서 분별로서 식의 기능이 무분별로서 지智의 기능으로 전환한다. 여실하게 보기 위해서 필요한 수행으로 심사尋思를 말한다. 심사는 어떤 것에 대해서 이것저것이라고 사유하거나 이론적으로 사색하는 것이다. 4여실지와 관련하여 4심사가 제시된다.

명심사^{名尋思}에서 '명'은 단어, 문장, 글자를 가리키고 대체적으로 어떤 의미를 갖는 최소단위를 말한다. 사심사^{事尋思}에서 '사'는 인식대상으로서 사물 내지 사건을 가리킨다. '색 등으로 이름 붙인 사물'^{色等想事}이라고 말한다. 자성가립심사^{自性假立尋思}에서 '자성'은 명칭과 사물이 합쳐져서 구체적으로 인식되는 사물을 가리킨다. 차별가립심사^{差別假立尋思}의 '차별'은 사물의 각각 분리된 성격을 가리킨다. 4심사는 다양하게 전개되는 현상 세계의 본질을 탐구하는 수행이다. 불교용어로는 관법^{觀法}이다. 유식학에서는 유식관이라는 말도 쓴다. 이런 수행을 통해서 대상의 본질을 통찰한다. 이 통찰, 이 앎이 바로 네 가지 여실지다.

무엇을 명심사가 견인한 여실지라고 하는가? 이름에 대해 단지 이름임을 관찰하는데 이 이름을 여실하게 이해하는 것을 말한다. 이런 명칭은 이러한 내용이 되고, 사건이 거짓으로 건립된 것에 대해서 세간 사람들이 생각[想]하게 하고, 보게[見] 하고 언설^{言說}을 일으키게 한다. 만약 일체의 색 등으로 표상된 것에 대해서 거짓으로 색 등의 이름을 건립하지 않는다면 색 등으로 이름 붙인 사물에 대해서 색 등으로 표상할 수가 없을 것이다. 만약 상^想이 없으면 증익집^{增益執}을 일으키지 않는다. 만약 증익집이 없다면 언설이 없다. 만약 이와 같이 여실하게 깨달을 수 있다면 이것을 명심사가 견인한 여실지라고 이름한다.[21]

이상은 4심사를 통해서 이름[名]이나 그것의 내용물[義], 그리고 자성이나 차별이 존재하지 않음을 관찰하는 것이다. 결국 이름 등 저 네 가지가 실체 없음, 즉 공함을 아는 게 여실한 앎이다. 장타이옌은 「건립종교론」建立宗敎論에서 "가립假立되었기 때문에 개념은 자신의 마음에 있다. 마땅히 사마타奢摩他, śamatha, 止법으로 그런 생각을 말끔히 씻어야 한다"[22]고 말했다. 가립되었다는 말은 유식학 입장에서 보면 미세한 의식이 활동해서 뭔가를 조작한다는 것이다. 『유식삼십송』唯識三十頌 제1송을 떠올려 보면 분명하다. 그렇다면 이런 의식이 흔들림이 없다면 가립된 것의 활동은 멈춘다. 장타이옌이 제시한 것은 '사마타'다. 그것은 의식의 흔들림 없는 상태다. 의식에서 일어나는 온갖 망념은 분명 개념 내지 언어적 작용이다.

2. 무아주체와 타자

무아와 평등

불교에서 '주체'라는 표현은 익숙하지 않다. 그것은 '자아'나 '유아', 내지 '자성' 등의 개념을 연상시키기 때문이다. 불교에서는 '깨달음'이라는 최고 덕목을 제시하면서 끊임없이 갈고 닦기를 요구한다. 그렇다면 그 요구 대상은 누구인가. 이 질문과 그에 따른 대답에서 불교의 주요한 부분이 드러난다. 사실 불교에서 요구하는 것은 수행이지 주체가 아니다. 그런 행위가 요구되면 중생은 그것을 '나'나 '그'에 대한 것으로 과잉 해석한다. 이것은 '동사'에 반드시 '주어'가 따른다는 문법적 환상이다. 또한 언어의 환상을 사건이나 행위에 그대로 주입한 꼴이다.

    예를 들면 '비가 내리다'라는 말을 생각해 보자. 우리는 내리지 않는 비를 볼 수 없다. 하지만 '비'가 어떤 행위를 하는 것으로 일상에서 인식한다. 그래서 '비'와 '내리다'가 구분 가능하다고 판단한다. 하지만 '비'라고 했을 때 그것은 벌써 내리고 있다. '비'나 '비가 내리다'는 표현은 사실 같은 것을 가리킨다. 그럼에도 우리는 존재하지도 않는 주어가 활동한다고 생각한다. 이것이 문법적 환상이다. 불교 수행은 이런 환상에서 벗어나길 요구한다. 또한 그것은 술어의 주어인 자아를 지우는 작업이다. 그런 수행을 통해서 '자아'가 지닌 무게를 줄여서 완전한 영점에 도달한다.

    자신의 두께나 무게가 제로 상태가 되어 세계와 만나는 상황을 평등이라고 말한다. 그래서 '무아'를 평등으로 고쳐 불러도 된다. '자기'라는 벽이나 색깔로 대상을 만날 때 관계는 기우뚱할 수밖에 없다. 계급적 평등이 아니라 인식론상의 평등은 철학적으로는 무아를 기반으로 한다. 탄쓰퉁은 『인학』에서 평등이 아니라 '소통'[通]이라는 말로 이런 상황을 표현했다. 그는 "인(仁)은 소통으로써 제일의를 삼는다"[23]고 했다. 그가 보기에 유학에서 말하는 인도 실은 자기 극복을 통해서 도달하는 경지다. 장타이옌은 『제물론석』에서 '무아'에 대해 이렇게 말한다.

「천지」편에서는 "사물을 잊고, 하늘을 잊으면 자기를 잊었다고 말한다"고 했다. 모두 무아를 이야기한다. 자아가 정말 본디부터 존재한다면 그것을 없애려고 해도 절대 불가능하다. 자아가 완전히 없다면 무아를 증득한 것이다. 장차 마른 나무나 말린 물고기와 같을 것이다. 이것을 위해서 자아의 모습을 '명색과 육입'에서 찾으려 하지만 자아를 찾을 수는 없다. 무아가 현현한 진여야말로 자아라고 부를 수 있다.[24]

    장타이옌은 『장자』「천지」편을 통해서 '무아'의 과정을 보이고 싶어 한다. 단지 대상을 대상으로만 보는 관계 그리고 원리적 세계로서 하늘, 이 둘을 완전히 포기하면 결국 자아는 사라진다. 자아는 육체 어디쯤에 있지 않다. 장타이옌 말대로 불교적 의미의 참 자아는 바로 무아다. 그렇다면 '무아주체'라는 말을 다시 이야기해 보자. 그것은 어떻게 가능할까.

여기서 먼저 '주체'의 의미 변형이 필요하다. 무아'주체'에서 주체는 주어가 아니라 '술어'다. 주체는 활동 자체다. 무아적 활동만이 있을 뿐이다.

불교에서 무아나 무상 혹은 공을 말하면 어떤 이는 "그럼 세상에 아무런 일도 일어나지 않느냐? 이건 뭐고, 저건 또 뭐냐?"는 식으로 힐난하기도 한다. 불교에서 세상에는 아무 일도 일어나지 않는다고 웅변하려고 무아를 제기하는 건 아니다. 오히려 반대라고 할 수 있다. 만약 실체로서 나나 너를 말하거나 실체로서 어떤 사물을 말한다면 거기에서 결코 사건은 발생하지 않는다. 실체는 시간의 흐름에 따라 바뀔 수 없고, 사태에 따라 변할 수 없다. 어떤 일이 발생하고 변화한다는 게 바로 실체 없음을 증명한다. 불교에서는 거기서 무아나 공을 보라고 요구한다.

모든 존재자는 연기하기에 실체 없고, 그래서 그것은 공하다. 하지만 불교의 이런 논의가 모든 존재자를 비존재로 몰아세우려는 기획은 아니다. 프랑스 철학자 들뢰즈$^{Gilles\ Deleuze}$의 사건^{event} 개념을 빌려 좀더 적극적으로 해석할 수 있다. 그것은 사고 개념과 대비된다. 들뢰즈에게서 "사고란 사물의 상태가 시공간적으로 유효화한 것이며, 사실에 관한 범주다. 사건은 어떤 사물의 상태나 사실을 다른 상태와 사실에 연관 짓는, 그런 한에서 관념적 성격이 개입된 범주다."[25] 모든 존재자는 그저 한 사실로 있는 게 아니다. 다양한 인연의 선분에 걸쳐 있다. 들뢰즈식으로 하자면 사건으로서 존재자가 어떻게 계열화하느냐에 따라 다양한 의미가 발생한다. 이런 사유는 불교의 연기법을 떠올리게 한다.

잘 알려진 초기불교의 연기 공식은 "이것이 있을 때 저것이 있고, 이것이 생겨날 때 저것이 생긴다"이다. 여기서 '이것'은 인과적으로 얽혀 있는 사건을 말한다. 그래서 한역된 『잡아함경』^{雜阿含經}에서는 '이것'을 시사^{是事}로 번역했다. "이런 사건이 있으므로 이러한 사건이 있다. 이러한 사건이 일어남으로 이러한 사건이 생겨난다." 번역자 구나발타라求那跋陀羅는 '이것'이 실체라기보다는 사태나 사건임을 통찰했다.[26] 물론 한자 '사'事에는 사물이나 사건 혹은 사태의 의미가 있다.

그렇다면 존재자의 천변만화는 모두 사건인가. 그렇지 않다. 적어도 '무아'라는 것을 염두에 둔다면 일어나는 모든 일들이 사건일 수는 없다. 어떤 일들은 '자아'에 대한 확고한 고집을 초래하기 때문이다. 그래서 단서를 붙인다면 자아의 힘을 뺄 수 있는 일만이 무아주체를 야기하는 사건이다. 이런 사건에 맡겨진 존재가 무아적 주체며, 우리는 이런 상황을 계속 맛보면서 '자아'라는 습속을 부순다. 여기서 힘이 발생한다. 이 힘은 '자아'의 원심력을 벗어나는 능력이다. 이런 능력을 통해서 우리는 점진적으로 무아적 상황을 확대할 수 있다. 여기서 '주체적'이라는 말이 가능하다. 그것은 변이 능력의 방향이다.

장타이옌이 철학적으로 기대고 있는 유식학에서 보자면 모든 존재자를 평등하게 바라볼 수 있는 능력은 유식성을 획득했기 때문이다. 중관학 입장에서 보면 모든 존재자가 공함을 체득했기 때문에 세상이 편하게 보인다. 마음과 대상의 구분이 사라진 상황이다. 이것은 분별 없는 순수인식, 즉 지혜가 활동하는 상태다. 진여는 그런 순수한 인식이 바라보는 세계다. 여기에서 지혜와 진여는 동등하다. 지혜와 진여가 따로 구분되는 것이 아니라 바른 앎 자체가 진여로 전환하는 경우다. 무착無着은 『섭대승론』에서 말한다.

> 보살 무분별지의 인식대상은 언어로 나타낼 수 없는 법성이며 무아인 진여라네. 보살 무분별지의 인식활동은 인식대상에 있으면서 저 알려지는 것에 대해 어떠한 형상도 갖지 않네.[27]

무착이 말하는 무분별지 상황에서 인식주체와 인식대상으로서 능취^{能取}와 소취^{所取}는 존재할 수 없다. 그런 의식의 형식들은 더 이상 활동할 수 없다. 유식성을 깨달았다는 것도 바로 이런 상황이다. 인식의 바른 활동이다. 이런 의미에서 유식성을 깨닫는 것은 자신을 포함한 모든 존재자를 고립시키지 않는 해방의 실천이다. 우리는 분별을 통해서 언제나 존재자를 포위하고 규율화를 통해서 그들을 결박한다. "모든 존재자가 오로지 분별된 것임을 평등하게 깨달아서 무분별지를 터득한다"[28]는 말도 마찬가지 맥락이다.

현대 중국의 사상사가 왕후이^{王暉}는 장타이옌이 개체를 극도로 강조하면서도 결국 그가 개인초월이라는 지점에 도달한 까닭을 이렇게 분석한다. "이것은 장타이옌이 개인의 자주성을 종극의 도덕 기초로 삼은 게 아니라 단지 개인 자주성을 공리와 공적 세계양식의 비판적인 전제로 삼았음을 의미한다. 무아의 자아야말로 본원성의 존재고 일체 속박을 벗어난 주체이고 나아가 평등이라는 우주원리의 기초다."[29] 왕후이 지적대로라면 장타이옌은 바로 무에서 보편성을 획득하고자 한 것이다.

타자의 역할

초기불교의 윤리의식으로 보면 윤리적 행위를 가능하게 하는 타자가 필요하다. 그래서 불교도는 강한 윤리의식으로 무장했다. 생명에 대한 존중은 결코 자기 생명에 한정되지 않음은 분명하다. 대승불교에서 실체론에 대한 비판이 강화되고, 그것이 윤리학의 측면까지 도달하면서 "타인에 대한 배려로서 윤리"는 동요한다. 물론 불교가 본래적으로 갖는 윤리의식은 손상되지 않지만 무자성^{無自性}이나 공^空 등 대승불교의 개념을 윤리학의 차원으로 확대해야 했다. 여기서 가장 큰 문제는 무자성이나 공 등이 자성을 거부할 뿐만 아니라 타성他性까지 거부한다는 점이다. 자아의 부정은 당연히 타자부정에 미친다.

그렇다면 대승불교에서 타자는 무엇인가. 타자는 오히려 무아의 실현과 관련된다. 타자(화)는 실천적으로 쓰일 때는 변이 능력을 말한다. 제행무상諸行無常이기 때문에 가만히 있어도 변화는 있는 듯하다. 하지만 수동적으로 변화를 인정하는 게 타자화는 아니다. 가만히 있으면 자신의 습속은 강화되고 만다. 이 강화도 변화는 변화지만 그것은 자신을 고립시키는 방식이다. 불교적 의미의 변이는 분명 적극적으로 자신의 습속[業力]을 전복하는 행위다. 『금강경』에서 붓다는 수보리에게 보시라는 행위를 하고서도 결코 그 행위의 흔적을 남겨서는 안 된다고 이른다. 구마라집鳩摩羅什은 이것을 무주상無住相이라고 표현했다. 행위의 기착지가 없다. 만약 이런 상황에서 타자를 말할 수 있다면 타자는 자기를 파기하는 방식이며 그러기에 그것은 파괴자다. 오히려 여기서 불교의 윤리는 출현한다.

장타이옌이 크게 의지하고 있는 유식학에서 타자화는 '전의' 개념을 통해서 드러난다. 『성유식론』에서는 '전의'를 '전사'轉捨와 '전득'轉得으로 풀었다. 『성유식론』의 해석대로라면 '전환'[轉]이란 행위에는 '버림'[捨]과 '얻음'[得]이 겹친다. 뭘 버리고 뭘 얻을까. 얼른 생각하면 나쁜 것은 버리고 좋은 것은 얻을 것 같다. 맞는 말이다. 유식학의 삼성설에 입각하면 변계소집성을 버리고 원성실성을 획득한다고 할 수 있다. 분별을 버리고 지혜를 획득한다고 할 수도 있다. 유식학에서 타자화는 이렇게 의식의 전환이다. 『섭대승론』에서 무착은 전의를 다음과 같이 설명한다.

> 뛰어난 피과단분彼果斷分을 우리는 어떻게 인식해야 하는가? '단'은 보살이 무주처열반無住處涅槃에서 잡염雜染을 버리고 생사를 버리지 않고, 두

가지 전의를 내용으로 삼는다. 여기서 생사는 의타기성의 잡염분이고 열반은 의타기성의 청정분이다. 두 가지 의지처는 의타기의 잡염분과 청정분 둘 다다. 전의는 의타기성을 다스릴 때에 잡염분을 버리고 청정분을 얻는 것이다.[30)]

여기서 전의의 의미는 더욱 분명해진다. '피과단분'에서 '피'는 『섭대승론』의 중반부에 나오는 육바라밀과 삼학 등 불교 수행법을 가리킨다. '과'는 저런 수행의 결과다. '단'은 미혹이나 번뇌의 단절을 의미한다. 육바라밀 등 수행의 결과로 번뇌의 단절이 가능했다는 이야기다. 보살은 번뇌를 버렸지만 생사를 버리지 않는다는 이야기가 인상적이다. 대승보살의 전형이다. 열반을 획득했지만 여전히 생사윤회한다는 역설. 이 역설에는 자비심이라는 윤리가 개입했다. 고통 받는 중생에 대한 안쓰러움이 부처됨의 개념을 크게 바꾸어 놓았다.

자비심이 보살의 역설에 개입할 수 있는 철학적 근거는 공이다. 생사와 열반이 대립이 아니라 이질적이지만 통합할 수 있으려면 생사와 열반을 이중으로 부정하는 공 개념이 필요했다. 번뇌즉보리煩惱卽菩提니 생사즉열반生死卽涅槃이니 하면서 출세간과 세간 삶의 경계를 허무는 몸짓은 『중론』中論을 위시한 중관학에서 말하는 공 개념에 힘입었다. 보살은 분명 생사를 훌훌 털어 버렸지만 열반이라는 윤회의 종결로 치닫지 않는다. 오히려 자신의 수행을 거역하고 자신을 중생 속으로 획 내던진다. 여기에 엄청난 타자됨이 있다. 이 타자됨은 이론적으로는 자비심과 공성의 연대라고 할 법하다.

장타이옌은 『제물론석』 첫 구절에서 "「제물론」은 먼저 자아 부정을 이야기하고 나중에 타자화[物化]를 설명하여 나와 남의 차별을 없앤다"고 지적했다. 그리고 『제물론석』 마지막 구절에서 "장생은 보살일천제이다. 그는 이미 법신을 증득하여 어떠한 것에도 집착하지 않고 열반을 즐기지도 않고 생사를 가만히 따른다"고 말했다.[31] 보살과 일천제가 장자에게서 겹쳤다. 결코 부처될 수 없다고 말하는 일천제가 부처의 대리자인 보살과 한 몸이다. 이 역접에서 전향적인 타자화가 일어나고 있다.

『유마경』維摩經에서는 '둘 아님'[不二]의 타자론을 전개한다. 여기서도 공 개념이 개입함은 물론이다. 존재와 비존재가 둘 아니고, 생사와 번뇌가 둘 아니고, 부처와 중생이 둘 아니다. 『금강경』에서 말하는 '머물지 않음'[無住]은 끊임없이 자기에서 벗어나는 것이고 자기를 타자화하는 행위다. 그것은 곧 공의 실현이기도 하다. 유식학과 달리 중관학이나 선종에서는 미세한 의식의 전환이라기보다는 혁명적인 자기 전환을 요구한다. 전쟁 같은 상황을 연출한다. 다음은 일반인에게도 잘 알려진 '백척간두 진일보'라는 선가의 언설이 등장하는 장면이다.

> 백 길 장대 위에서 꼼짝 않고 있는 이는 비록 깨달음의 문턱에 들어설 수 있었지만 아직 진짜는 아니다. 백 길 장대 끝에서 한 걸음 내디딜 때야 시방세계가 온몸이 된다.[32]

백 척[百尺]의 장대 끝[竿頭]에서 한 발짝 내딛기[進一步]가 그리 쉬울까만은 그것을 해내지 못하면 나의 습속에, 나의 무게에 발목 잡히고 만다. 선종식으로 하자면 결코 참나[眞我]를 만날 수 없다. 그 꼭대기에서 죽음의 공포에 떨고 있지만, 거기서 딱 한 발만 더 가면 죽음이 아니라 생이요, 속박이 아니라 자유가 넘실댄다. 자기를 죽이는 행위이자 타자가 되는 행위임에도 그것이 깨달음의 길이라고 선종에서 서슴없이 말한다. 좀 엉뚱해 보이는 이야기지만 가라타니 고진은 상품교환의 신비에서 타자의 출현을 보았다. 그는 "우리가 타자라고 부르는 것은 커뮤니케이션·교환에서 나타나는 위태로움을 노출시키는 타자여야만 한다"고 말한다.[33] 불교에서 요구하는 타자도 위험스럽다. 자신을 송두리째 가져가기 때문이다. 위험할수록 떨어지는 몫은 큰 법이다. 그 몫은 자유다.

불교에서 보자면 타자는 무아적 실천을 위해 요구된다. 무아를 실현하는 과정에서 타자는 자아와 다툰다. 타자는 자아의 한계를 스스로 확인케 하고, 그 유한성을 비집고 들어온다. 유한성을 부수는 것은 자아에 대한 반발이다. 타자의 역할은 이런 거다. 타자는 자아와 대립하지만 그렇다고 그것 자체가 또 하나의 자아는 아니다. 타자는 자아가 무아를 연출할 때 작동한다. 그것은 다른 룰rule로서 자아가 자신을 엉뚱하게 만드는 방식이다. 그래서 그것은 윤리적일 수 있다.

왜냐하면 그것은 힘의 문제이기 때문이다. 보살은 보시바라밀을 행한다. 여기서 보살의 보시를 받는 당사자가 타자라는 말이 아니다. 그 보시라는 행위가 타자다. 그것으로 유한성을 극복한다. 타자의 상정은 자아 찾기를 위한 게 아니라 무아 실현을 위함이다. 무아는 산산이 부서진 자아의 이름이며 그토록 갈망한 자기완성이라는 구경究竟이다. 루쉰은 「빗돌 글」에서 이렇게 적었다. 『들풀』에 나오는 무시무시한 이야기다.

"…… 심장을 후벼 스스로 먹다. 본디 맛을 알고자. 아픔이 혹심하니, 본디 맛을 어찌 알랴? ……

"…… 아픔이 가라앉자 천천히 먹다. 이미 성하지 않으니 본디 맛을 또 어찌 알랴? ……

"…… 대답하라. 않겠거든, 떠나라!……"

나는 떠나려고 했다. 그러나 무덤 속에서 일어나 앉은 주검이 입술을 움직이지 않고 말했다.

"내가 티끌로 될 때에, 그대는 나의 미소를 볼 것이다."[34]

마치 자신의 묘비명을 적듯 매우 참혹하게 자신의 죽음을 기술했다. 이 죽음은 자아의 죽음이다. 먼지가 되어 허공에 확 흩어질 정도로 자신이 산산이 부서질 때에야 비로소 자기를 발견하리라고 유언한다. 이것은 주체의 죽음을 선언하고 무아의 탄생을 의미한다. 그래서 곧바로 유언이 아님을 증명한다. 도대체 인간이란 무엇인가? 삶을 영위하고 있는 이 놈은 무엇인가? 이런 의심에서 출발하여 흩어진 주체를 발견한다. 나의 맛을 보려는 자, 입 없는 자가 말할 때야 자신을 보게 된다. 그것은 심연을 보는 게 아니다.

심연은 존재하지도 않거니와 그것에 뭔가 있을 리 없다. 본질은 단지 표면에 있다. 표면이 본질이 아니라 표면에서 일어나는 마찰, 그것이 본질이다. 루쉰의 말처럼 산산이 부서져 허공에 가득 찰 때야 겨우 볼 만한 것이 자아일 것이다. 무아로서 자아나, 무아주체라는 말이 단지 수사만은 아니다. 그것은 현실에서 작동하는 구체다. 불교에서는 주체적인 행동임에도 자기 무게를 갖지 않는 행동을 요구한다. 그것은 깨달음의 상황이기보다 수행의 상황이고 또한 중생과 함께 하는 시간이다. 무아주체는 말하는 주체가 아니라 행위하는 주체다. 그것의 완성은 당연히 자아가 완전히 탈각된 상태에서 행위할 때다. 그 행위는 무위인 셈이다.

8장_공의 윤리와 차이

1. 공의 윤리학

무아 윤리

불교가 종교인 이유는 삶의 문제를 다루기 때문이다. 불교는 인간이 태어나서 오래지 않아 감각하기 시작하는 기쁨과 슬픔, 쾌락과 분노 그리고 온갖 번민을 들추어내어 그것과 대결하려 한다. 간단하게는 고^苦와 대결이다. 이럴 때면 그리 철학적으로 보이지 않는다. 번뇌는 철학적 오류 때문이 아니라 감정적 실수 때문에 발생하는 듯 보인다. 붓다도 물론 철학적인 문제가 아니라 인간 삶의 구체적 상처에 대해 주로 언급했다. 불교가 내면적인 문제를 대단히 강조한다고 하더라도 인간이 현실에 놓이고, 공동체 속에서 산다는 것을 분명히 인식했다. 오히려 내면이 바로 관계 속에서 구성되는 것임을 지적한다.

붓다가 말하는 연기법은 번뇌의 발생을 설명하는 방식이기도 하지만 번뇌의 소멸을 설명하는 방식이기도 하다. 카르마이론은 연기법의 윤리학적 전개로서 행위가 중생을 구성하고, 행위가 부처됨을 말한다. 좋은 행동이 좋은 결과를 낳는다는 그야말로 단순하기 그지없는 주장은 행위를 제약하는 것은 물론 행위를 개선하는 윤리적 압박이기도 하다. 붓다가 제시한 삶의 규율도 대부분 불교인으로서 지켜야 할 윤리적 덕목이었다. 현실 사회의 도덕을 그대로 적용한 것은 아니지만 둘이 현저하게 충돌하지는 않았다. 근대적 학문분류표를 적용하면 불교는 종교이고, 철학이고, 윤리학이다. 본디 앎의 체계란 이런 것이다.

대승불교가 보인 철학화는 인과율 경향이 농후한 카르마이론에 균열을 가했다. 직접적으로는 행위자와 행위 자체가 가져야 하는 진실성을 약화시킴으로써 행위의 인과관계를 교란시켰다. "선한 행위를 하면 행복한 결과를 획득하고, 악한 행위를 하면 고통스런 결과를 초래한다"善因樂果, 惡因苦果는 고전적 주장에서 선이나 악, 그리고 그것을 행하는 주체에 대해 회의하기 시작한다. 특히 공空 사상을 말하는 중관학에서는 그렇다. 어떤 사회적 통념도 거부할 듯한 중관학자는 불교가 본래 간직한 윤리적 이상도 파괴하는 듯 보인다. 아래 내용도 흔히 있을 수 있는 비난이다. 가라타니 고진은 이토 진사이伊藤仁齋, 1627~1705의 주자학 비판을 다루면서 주자학의 연원으로서 불교철학을 말한다.

> 붓다는 "자아나 본체가 있는가, 없는가?" 하는 질문에 대해 "있는 것도 아니고 없는 것도 아니"라고 대답했다. 이 논법은 후에 '무기'無記라고 불리며 대승불교에서 이론적으로 정치하게 다듬어진다. …… 하지만 그것은 불교 '철학'에서 심원한 공의 인식으로 전환되고 만다. 붓다의 아이러니와 그로써 제시된 타자와 관계된 실천적 윤리성은 간과되고, 내성적인 세계 인식으로 전환되어 버린다. 물론 그러한 '철학'은 붓다 이전부터 있었다. 붓다는 바로 그것을 아이러니컬하게 거부한 것이다. 주자학의

골격을 이루는 것은 그러한 불교철학이다.[1)]

여기서 '내성적'이라는 말에 주의해야 한다. 그것은 모놀로그적이라는 뜻인데, 대화가 아니라 독백이라는 말이다. 이는 타자의 부재를 가리킨다. 가라타니는 붓다가 시도한 '무기'는 대화인 데 반해 대승불교의 불교철학은 벌써 원리나 본질 탐구로 전향했음을 지적한다. 여기서 타자는 부재다. 타자의 부재가 초래한 것은 다름 아니라 윤리적 실천의 불가능이다. 타자를 소멸시키고 지고지순한 본질을 향함으로써 모든 게 내적 추구로 타락하고 만다는 주장이다. 가라타니는 붓다의 제자들이 스승이 비판한 형이상학으로 투항했다고 지적한 것이다. 과연 그런가.

인도 대승불교 가운데 『중론』[中論]을 중심으로 구축된 중관학은 형이상학 비판으로 유명하다. 그것은 기본적으로 실체론 비판과 궤를 같이한다. 중관학에서의 '중'[中] 혹은 '중도'[中道] 개념은 특정한 사건 혹은 존재에 대해 행하는 판단에 대한 이중부정을 가리킨다. 그것의 이론적 연원은 붓다가 제자 만동자의 질문에 행한 침묵이다. "세상의 끝은 있습니까[有], 없습니까[無]?" 이 질문에 붓다는 침묵했다. 이것을 '무기'라고 한다. 그는 질문 자체를 파괴했다. 중관학에서는 이것이 "존재도 아니고[非有] 비존재도 아니다[非無]"로 바뀐다. 어떤 사태에 대한 이런 이중부정[中]의 통찰[觀]이 바로 중관이다. 그래서 그 사태를 간단히 공하다고 말한다. 없다는 말이 아니다.

심원한 본질 같은 건 없다. 본질 없음이 본질이라고 하겠다. 하지만 대승불교의 전개 과정에서 공이 심원한 본체로 취급되는 경우도 있었다. 그것은 인정해야 한다. 가라타니는 심원한 본체를 향하는 바람에 주체와 타자가 탈각하여 결국 윤리가 불가능해지는 상황을 비판한 것이다. 일면 타당하다. 하지만 대승불교 전통에서 보면 무아의 윤리학, 공의 윤리학도 가능하다. 해탈이나 깨달음을 지향하는 바로 그 지점에서 한 인간은 철저하게 나로 있다. 범부에게서 덕지덕지 달라붙은 욕심과 자의식은 결코 나로 있다. 공이나 무아가 윤리학일 수 있는 까닭은 바로 저 '나'를 깨뜨림으로써 실체론적 고집에 따른 소외와 불안을 극복하기 때문이다.

물론 이런 극복이 내면적인 과정이라고 말할 수도 있다. 하지만 대승불교에서 제시한 극복의 메커니즘은 내면 수행에만 그치는 게 아니다. 내면의 행위가 아니라 공동체 속에서의 행위를 요구한다. 내면 수행은 그 행위자가 행위 자체를 어떻게 다루느냐에 달려 있다.『금강경』에서 말하는 이른바 '무주상보시'無住相布施 같은 개념도 실은 행위와 그 행위를 행위자가 어떻게 다루는지에 대한 이야기다. 상相은 의식이나 습속에서 구성하는 실체론적 이미지나 잔영이다. '무주'는 그런 이미지나 잔영이 없음이다. 그런데 가만히 있으면서 그러는 게 아니라 행위를 하면서 가능해야 한다.

기존 카르마이론에 따르면 행위는 어떤 식으로든지 기억되어야 한다. 결코 그 정보가 훼손되어서는 안 된다. 하지만『금강경』같은 반야계 경전에서는 그것까지 놓아 버린다. 행위자는 물론이고 행위 대상인 타자에 대해서도 실체화를 거부한다. 거기서 주체와 타자의 관계 맺기라는 윤리적 전제가 파괴된다. 이것이 철저히 공한 행위이다. 또한 무아를 실현하는 행위이다. 보시나 지계, 인욕 등 대단히 전통적이고 공동체적인 바라밀 수행을 통해서 대승불교가 강조하는 것은 바로 자기 극복이자 무아 실현이다.

그들의 행위 속에서 타자는 분명히 존재하지만 결코 타자를 향한 행위여서는 안 된다. 그렇다면 이 국면에서 윤리는 무엇인가. 무아의 윤리나 공의 윤리는 어떻게 가능한가. 무아를 실현한다는 게, 아니면 공한 행위를 한다는 게 윤리일 수 있나. 이때 오히려 윤리의 의미를 다시 짚어 봄 직하다. 스피노자는 도덕^{moral}과 윤리^{ethics}를 구분하면서 선/악과 좋음/나쁨의 형식을 제기한다.[2] 도덕은 선과 악의 문제지만 윤리는 좋음과 나쁨의 문제라는 것이다. 스피노자 연구자이기도 한 들뢰즈는 "윤리학은 심판의 체계를 전도시킨다. 가치들에 대립하여 존재의 양태들의 질적 차이(좋음과 나쁨)가 들어선다"[3]고 말한다. 그의 말을 더 들어 보자.

좋음과 나쁨은 그 첫번째 의미, 즉 객관적이지만 관계적이고 부분적인 의미를 갖는다. 나의 본성에 맞는가 혹은 맞지 않는가에 의존하기 때문이다. 좋음과 나쁨은 또한 두번째 의미를 갖는다. 할 수 있는 한에서, 만남을 조직하고, 자신의 본성과 맞는 것과 통일을 이루며, 결합 가능한 관계들을 자신의 관계와 결합하고, 이를 통해 자신의 능력^{puissance}을 증가시키고 노력하는 사람은 훌륭하다고 일컬어질 것이다. 왜냐하면 훌륭함은 역할, 능력 그리고 능력들의 결합에 관련된 일이기 때문이다.[4]

스피노자는 윤리는 좋고 나쁨의 문제라고 했고, 들뢰즈는 그것이 존재 양태들의 질적 차이인 좋고 나쁨의 문제라고 다시 풀었다. 들뢰즈의 논의를 전면적으로 불교와 결합시킬 수는 없겠지만 주목할 만한 것은 윤리적 좋음이 능력의 고양이고, 그것이 관계 간의 결합임을 지적했다는 사실이다. 무아의 윤리학이나 공의 윤리학은 그것이 수행인 한에서 공동체적인 만남이 지속된다. 그것을 통해서 실체론적 고집으로 고립된 자아를 극복한다. 이것이 자유 혹은 깨달음을 향한 전진이다. 또한 능력의 고양이다. 또한 무아의 능력이자 자유의 능력이다. 『유마경』^{維摩經} 「불이법문품」 ^{不二法門品}에서는 보살이 무위^{無爲}에도 머물지 않는 내용에 대해 다음과 같이 말한다.

불이법문은 안으로 내가 없다는 사실을 관찰하면서도 끝내 자신을 저 버리지 않는 것이다. 밖으로 중생이 없다는 사실을 관찰하면서도 늘 교화로 인도하기를 게을리하지 않는 것이다. 열반이 궁극적으로 적멸하다는 사실을 보면서도 끝내 적멸에는 떨어지지 않는 것이다. 영원히 벗어나는 궁극적인 안락이란 사실을 보면서도 끝내 몸과 마음을 싫어하거나 염려하지 않는 것이다.[5]

나나 중생의 비진실성을 철저히 파악하는 것은 조작된 유위有爲세계에서 탈출했음이다. 그렇게 되면 무위의 세계에 노닒 직도 하다. 그런데 보살은 무위에도 머물지 않아야 한다. 마치 존재에 걸리지 말아야 하고, 비존재에도 걸리지 말아야 하듯 그래야 한다. 자아와 타자라는 윤리학의 전제가 무너지더라도 보살은 머묾 없는 행위를 지속한다. 보살의 자비행도 마찬가지일 테다. 두 가지 행위는 얼핏 모순된다. 그래서 둘은 역접하고 있는 듯 보인다. 『유마경』에서 말하는 '불이법문'은 현실 삶을 거부하라는 메시지가 아니다. 오히려 현실 속에 무아적 삶을 투영하라는 요구다. 대승불교는 거기서 진정 자유가 있을 거라 타이른다.

내성외왕

대승불교의 보살은 자기초월적이면서도 세간 속에서 윤리적 실천을 감행한다. 그것은 칸트적인 자기명령에 기인한 것도 아니고 벤담이나 밀류의 공리적功利的 기대 때문도 아니다. 앞서 말했듯 그것은 자기 극복이자 무아의 실현과 관련된다. 어쩌면 극히 이기적일 수도 있고, 극히 모순일 수도 있다. 대승불교가 말하는 보살도菩薩道의 하나인 자비심도 실은 이와 관련된다. 좋은 마음을 내는 게 아니라 자기의 타자화를 통해서 중생과 소통을 도모하는 방법이다. 장타이옌이 말하는 무아의 윤리가 지향하는 점은 크게 두 가지라 할 수 있다.

첫째는 혁명자의 도덕이다. 어떤 공리적 목표도 거부하고 무아적 실천을 감행할 수 있는 혁명도덕을 요구한다. 장타이옌은 「건립종교론」建立宗敎論에서 그가 무생無生이나 무아를 설하는 의도를 이렇게 밝혔다. "무생을 설하지 않으면 죽음에 대해 두려워하는 마음을 제거할 수 없고, 자아와 자아의 영역을 타파하지 않으면 재물을 숭배하는 마음을 제거할 수 없다. 평등을 이야기하지 않으면 노예심을 제거할 수 없고, 중생이 모두 부처임을 보이지 않으면 퇴굴심退屈心을 제거할 수 없다."[6] 비록 혁명이라는 분명한 정치적 목표를 갖지만 혁명자의 도덕은 어떤 공리적 목표를 지향해서도 안 된다. 보살이 중생제도를 행하지만 그가 '중생'衆生 혹은 '제도'濟度라는 지향이나 무게를 가지면 곧바로 그것은 형상[相]에 떨어지고 만다.

시민사회에서 사회윤리의 실천은 공리적 목적에 기반한다. 시민의식이니 공공도덕이니 하는 것도 공리를 위해 적절한 선에서 대중 간 타협을 행하는 것이다. 장타이옌은 「사혹론」四惑論에서 독일 철학자 쇼펜하우어의 『의지와 표상으로서의 세계』를 인용한다. "세계는 대단히 오염되어 있다. 그래서 도덕을 지향하는 자는 반드시 먼저 자신의 육체를 버려야 한다. 육체를 버린다는 것은 자살의 길로 나아간다는 게 아니라 삼가 고행을 하고 음계를 굳건히 지키면 가능하다."[7] 쇼펜하우어는 칸트류의 공리주의적 윤리설에 반대했다.

공리주의적 윤리설은 인간 행위를 그 행위가 인간에게 이익과 행복을 초래하는가 그렇지 않은가 하는 이른바 유용성에 근거해서 윤리적으로 판단한다. 장타이옌은 이런 유용성에 대한 고려 때문에 인간은 결국 부귀이록富貴利祿이나 배금주의에 빠지게 된다고 비판했다. 그는 「혜정에게 답함」答鐵錚에서 쇼펜하우어의 말을 빌려 이것을 거짓도덕[僞道德]이라고 말했다.[8] 이 표현은 일본의 근대사상가 나카에 조민中江兆民이 번역한 『도덕학 대원론』(1894)에서 인용한 것이다. 이 책은 쇼펜하우어가 1841년 출판한 『윤리학의 두 가지 근본문제』에 수록된 두번째 논문 「도덕의 기초에 대해서」를 뵈르되A. Burdeau가 불역한 것을 저본으로 했다.[9] 장타이옌은 나카에 조민이 번역한 이 책에서 중요한 영향을 받았다.

장타이옌은 『제물론석』에서 혁명자의 윤리에서 나아가 윤리적으로 완성된 인격으로 장생莊生을 말한다. 여기서 장생은 장자를 가리킨다. 그는 "장생은 보살일천제"라고 선언한다. 아울러 "장생의 특별한 바람은 본래 내성외왕內聖外王에 있다"고 말한다.[10] 내성외왕은 애당초 불교 개념은 아니다. 그것은 『장자』 「천하」편에 등장한다. 내면적으로 성인의 덕을 갖추고, 현실에서는 왕자王者의 정치를 펼침을 일컫는다. 도덕정치라고 할 수 있다. 플라톤식으로 하자면 철인정치이고, 불교적으로 하자면 전륜성왕이다. 장타이옌은 '내성외왕'을 풀면서 "사람들 각각 스스로 주인됨[自主]을 왕王이라고 했고, 지혜에 장애가 없으면[無碍] 성인[聖]"이라고 했다.[11] 이것은 분명 불교적 해석이다.

내성외왕은 본래 도덕적 통치자를 말하지만 장타이옌에게는 꼭 그런 것은 아니다. 그것은 정치일 수도 있고, 개인의 실존적 행위일 수도 있다. 우리는 '스스로 주인됨', 즉 자주라는 말에 주목해야 한다. 이 말 자체가 특별한 것은 분명 아니다. 지금도 자주나 자립이 개인의 독립성을 강조하는 말로 쓰인다. 하지만 장타이옌에게 그 말은 훨씬 철학적이고 종교적이다. 그야말로 실존적이다. 『도한미언』訄漢微言 제59항목에서 장타이옌은 인도와 중국의 생활풍습이나 정치환경의 차이 때문에 붓다는 내성에 집중했고, 공자나 노자는 외왕에 집중했다고 평가한다. 장타이옌은 내성과 외왕을 모두 통달한 이로 장자를 든다. 그는 「제물론」이야말로 내성과 외왕의 큰 보배라고 찬양한다.

장타이옌의 내성은 한마디로 지혜다. 대승불교에서 말하는 반야이다. 그는 『도한미언』에서 내성을 "내면적으로는 모든 존재자를 통찰하여 존재자의 시원을 간파해 개념과 인식의 집착[名相]을 타파하고, 다양한 차이를 한 맛으로 극복한다"고 푼다.[12] 이 점을 불교적으로 말하면 깨달음이라고 할 수 있다. 분별을 타파하여 지혜를 획득한 성인, 즉 붓다나 보살의 경지에 도달했음이다. 간단히는 종교적 완성이다. 앞서 『제물론석』에서는 "「제물론」은 본래 개념과 인식의 집착[名相]을 관찰하여 그것을 일심으로 회복시키는데, 명상의 근저는 인아[人我]와 법집[法執]이 토대가 된다"고 말한다.[13] 자아에 대한 실체론적 고집이나 존재자에 대한 실체론적 고집을 극복하면 개념이나 인식 상에서 집착이나 한계를 극복할 수 있다. 장타이옌은 이렇게 함으로써 궁극적 실재에 도달할 수 있다고 말한다. 그 경지가 자유이고 해탈이다. 내성은 여기서 완성된다.

쇼펜하우어도 장타이옌의 내성외왕 논의에 개입한다. 「사혹론」에서 장타이옌은 "유기물 세계와 무기물 세계는 모두 의지의 표현이지만 스스로 그 본체에 어둡기 때문에 일체 번뇌가 거기서 생긴다"고 말하고 거기서 해탈하는 것은 '의지의 멸절'을 통해서 가능하다고 덧붙인다.[14] 더구나 해탈은 '은둔'이라는 대단히 염세적 방법임을 말한다. 맹목적 의지를 잠재울 방법으로 은둔을 제시했지만, 여기서 은둔이 단순히 자신의 몸을 숨기고 스스로 은폐하는 것을 말하지는 않는다. 쇼펜하우어가 말하는 의지도 욕망의 의지가 있고, 이성의 의지가 있다. 불교식으로 하자면 붓다가 말한 '무명'無明이 바로 욕망의 의지이다. 거기서 모든 번뇌는 분출한다. 쇼펜하우어는 결코 만족시킬 수 없는 이 맹목적 의지를 극복하는 걸 두고 해탈이라고 했다.

그럼 쇼펜하우어나 장타이옌에게 해탈은 무엇인가. 또한 이때 자주나 자유는 어떻게 작동하는가. 불교적으로 말해도 그렇고 쇼펜하우어적으로 말해도 자주는 자기 극복이다. 이때 '자기'는 기존 업력이나 습속에 제약당한 자아이고, 맹목적 의지로 점철된 자아이다. 자주나 자유는 이 자아를 극복하면서도 획득되는 힘이다. 자주는 저런 무명과 저런 맹목의지를 적극적으로 따돌리는 행위라 할 수 있다. 이것이 해탈이고 내성이다. 장타이옌은 내성은 『제물론석』에서 '장애 없음', 즉 지혜의 획득이라 했다. 그렇다면 외왕은 무엇인가.

앞서 장타이옌은 '왕'王을 자주로 풀었다. '왕'을 이런 식으로 해석한 경우는 불교의 전통 속에 있다. 부파불교나 유식학에서 말하는 의식의 다섯 가지 핵심요소인 이른바 오위五位 가운데 하나가 심법이다. 심은 심왕心王[15]이라고도 하는데 왜 마음의 왕이라고 했을까. 마음 활동 가운데 일차적이고 가장 근본적이기 때문이다. 왕은 누구의 부림도 받지 않고 오직 스스로 판단하고 명령한다. 신하나 백성은 그렇지 않다. 그야말로 '스스로 주인된다'는 자주의 의미에 부합한다. 하지만 입법자로서의 왕이나 독재자로서의 왕을 상상하면 안 된다. 번뇌를 척결하고 가치를 실현할 처절한 순간에 요구되는 자발성이나 주체성을 말할 뿐이다.

외왕은 굳이 세속에서 행하는 실천이라고 한정할 필요는 없다. 왜냐하면 모든 실천은 세속적일 수밖에 없기 때문에 그렇게 나눌 수가 없다. 장타이옌은 현실적인 의미에서 외왕을 말하지만 결코 그것에 통치자로서 역할을 기대하는 건 아니다. 그는 『도한미언』에서 외왕에 대해 "만물을 입히고 키우지만 주인이 되지 않는다"고 규정한다.[16] 여기서 주인이 되지 않음은 붓다가 "나는 한 법도 설하지 않았다"고 한 것과 유사하다.

상대방에 대한 자신의 행위를 자신의 것으로 굳히지 않음이다. 또한 보살의 실천이기도 하다. 그것은 누군가를 위해서 내가 희생함으로써 오히려 그들을 장악하려는 방식이 아니다. "무아가 현현한 진여야말로 진정한 자아"라는 장타이옌의 지적을 기억해야 한다.

장타이옌 연구자 고바야시 다케시小林武는 장타이옌의 내성외왕 개념과 쇼펜하우어 철학의 관련을 지적했다. 그는 무명이나 맹목의지의 극복에서 자주나 자유가 드러나고, 이때 타자에 대한 무아적 실천이 관건임을 강조한다. "공리公利나 권력이 상호부조를 강제하는 것을 거부하고, 욕망의 절제나 자타의 융합을 자주적으로 선택하려 한 것이다. 그것을 위해서 타자에 대해 자연스런 동정이 필요하게 된다. 장타이옌은 쇼펜하우어의 『도덕학 대원론』에서 이 점을 촉발받았다. 자리自利와 이타利他의 관계 윤리는 『제물론석』에서 '내성외왕'으로 정리되게 된다."[17] 자주의 실천윤리로서 타자에 대한 배려가 이야기된다.

여기서 장타이옌의 윤리학과 쇼펜하우어의 윤리학이 만난다. 당연히 불교의 윤리학이 그 중심에 있다. 쇼펜하우어의 윤리학 자체가 실은 불교적인 의미를 띠고 있다. 쇼펜하우어에게 윤리는 맹목적 의지를 극복하는 실천이다. 그는 맹목적 의지가 세계를 표상하고 세계를 결정하는 것같이 묘사했지만 그 맹목의지를 극복하는 의지의 형식을 인정했다. 유명한 철학사가인 코플스턴Frederick C. Copleston은 쇼펜하우어가 말하는 "참된 선은 칸트가 생각한 것과 같이, 오직 의무를 위한 정언명령에 대한 복종에 있지 않다. 참된 선은 사랑이다. 자기에게 향하는 사랑인 에로스와 구별된 사랑, 아가페 또는 카리타스이다. 그리고 사랑은 동정"[18]이라고 평가한다.

쇼펜하우어가 말하는 동정은 자아와 타자가 연대하고 있다는 '공동

감정'에 기초하고 있다. 불교에서 말하는 자비이다. 나카에 조민은 『도덕학 대원론』에서 '측은의 마음'이라는 다소 유교적 색채를 띤 번역어를 선택했다. 장타이옌은 「사혹론」에서 그것을 자비의 본성이라는 뜻으로 비성悲性이라고 풀었다. 자아를 극복하고 타자에 도달하는 것, 나아가 자아와 타자를 겹치는 이런 행위는 장타이옌식으로 하면 무아의 실현에 해당한다. 『유마경』에서 유마거사가 보살의 대비심을 말한 대목을 떠올리게 한다. 자비심에서 윤리도 나오고 혁명자도 나온다. 보살은 무아를 증득했기에 대자비를 실천하는 것이다. 장타이옌의 내성외왕은 바로 이러했다.

보살일천제

불교에서 일체 번뇌를 극복하여 의식이 완전히 안정된 상태에 도달함을 열반이라고 한다. 물론 오랜 불교 전통에서 이것의 의미는 조금씩 변화했다. 열반의 결과, 중생은 부처가 되고 더 이상 윤회하지 않는다. 열반은 불교에서 말하는 가장 행복한 상태이기도 하다. 지복至福이라고 할 수 있다. 단지 이 상태만을 이야기하면 열반은 극히 개인적 경험일 수 있다. 어차피 종교체험은 개인적일 수밖에 없으니 이 점을 인정해야 한다. 하지만 그렇다고 그것을 지향하는 것 자체가 온통 개인적일 수는 없다. 똑똑한 것은 개인의 일이지만 그 능력이 사회에 발휘되면 공동체 속에서 다양한 무엇을 생산한다. 붓다가 깨달은 직후, 늘 붓다를 괴롭힌 마왕은 이제 붓다가 그 깨달음을 혼자서 자족하길 바랐다. 그는 붓다의 깨달음이 전파되는 게 두려웠다. 붓다를 찾아와 설득했다.

"고타마여! 그대 정녕 안온한 열반 알았거든 그대 혼자 열반의 즐거움 누릴 것이지 무엇 때문에 굳이 다른 사람 교화하려 하는가?"

세존께서 게송으로 대답하셨다. "악마의 제약 없는 이곳에 와 피안에 이르는 길 물으면 난 그저 바른 대답해 주어 그로 하여금 열반 얻게 할 따름이요, 그러면 곧 함부로 굴거나 게으르지 않아 악마의 마음대로 되지 않으리."[19)]

붓다의 언급에서 세상을 구제하겠다는 절절함은 보이지 않는다. 그는 자신이 메시아라고 생각하는 쪽이 아니다. 중생들은 분명 번뇌와 고통 속에 있지만 그렇다고 그들 전체를 어떻게 해보겠다는 구세주의 역할을 자임하지는 않는다. 오히려 그는 고통을 벗어나는 길을 묻는 자에게 그 방도를 일러 주겠다고 말한다. 이것은 중생의 질문에 대한 대꾸이다. 세상에 대한 호응이라고 하겠다. 하지만 붓다는 그들의 주인이 되겠다는 의도는 없다. 저들 스스로 주인되길 인도할 뿐이다. 붓다가 열반을 성취하고서 그저 일신의 영광으로 자신을 닫을 수도 있었지만 결국 '말'을 시작했다는 사실이 중요하다.

열반 자체가 공동체적인 무엇은 아니다. 열반을 성취한 붓다의 이후 행위가 공동체적이다. 적어도 열반을 성취한 붓다의 삶이 그러했기에 불교적 의미의 열반과 그것의 성취자는 중생이라는 타자를 상정하지 않을 수 없다. 열반자라는 말이 가능할지는 몰라도 그런 완성자는 공동체 속에 놓일 수밖에 없다. 열반자의 역할은 열반의 전염이라고 할 수 있다. 타자로 하여금 열반을 성취하게 해줄 뿐이라고 붓다는 말하지 않는가. 또 다른 붓다의 탄생을 기도한다. 그 순간 석가족 출신의 성자 고타마 붓다로서 고유성은 소멸한다. 복수의 붓다가 출현하기 때문이다. 그런데 그는 오히려 그것을 적극적으로 열망한다.

일상의 중생은 쉽게 악마의 부림을 받는다. 그런데 불행히도 그 부림을 자발적인 것으로 여긴다. 그 악마를 나로 여긴다. 그래서 그런 행위를 온통 '나' 혹은 '나의 무엇'으로 간주한다. 붓다는 끊임없이 그것이 악마의 부림이라고 강조한다. 그것을 알아채라고 당부한다. 하지만 그런 걸 얼른 알아채면 중생이 아닐 테다. 붓다의 대꾸, 즉 붓다의 말이 중생의 무지를 깨운다. 악마의 부림이나 제약 없는 상황이 곧 열반이고 자유이다. 초월성은 바로 이런 것이다. 초월은 최초의 자발성을 요구한다. 피안에 이르는 길을 질문하는 자는 분명 악마의 부림을 받고 있는 자다. 무지몽매한 처지에서 일성을 터뜨릴 수 있는 자발성이 요구된다. 그 자발성이 '나'를 결국 무너뜨린다. 열반자 붓다는 중생의 저 자발성에 대꾸한 것이다.

쇼펜하우어가 맹목적 의지에 균열을 내는 이성의 의지를 인정하듯 붓다도 칠흑 같은 무명의 어둠을 찢을 최초 몸짓을 인정한다. 근원적인 어둠이 있다손 그것이 극복 불가능한 영원성은 아니다. 대승불교에서는 이 가능성을 불성이라는 말로 표현했지만 초기불교에서는 굳이 그것을 개념화하지 않았다. 고뇌하는 고타마 싯타르타가 붓다가 되었듯, 여느 중생도 붓다가 될 수 있다. 논리적으로는 그렇다. 붓다 자신이 그것을 증명했다. 장타이옌이 말하는 열반은 초기불교의 것이라기보다는 대승불교의 것이다.

장타이옌은 내가 꿈속에서 나비가 된 건지 아니면 나비가 꿈속에서 내가 된 건지 알 수 없다는 호접몽 고사를 풀면서 윤회와 열반 이야기를 끌어낸다. 그는 호접몽 고사를 생사가 교차하는 윤회로 보지 않는다. 또한 그것을 단순한 열반의 경지로 보지도 않는다. 그는 『대승기신론』大乘起信論에서 "망견을 벗어나면 생사에 머물지 않고" 또한 "중생을 포섭하고 교화하면 열반에 머물지 않는다"[20]는 구절을 인용한다. 생사에도 머물지 않고, 열반에도 머물지 않는다. "존재에도 머물지 않고 비존재에도 머물지 않는다"는 『중론』식 논리를 연상시킨다. 이것은 대승불교 특유의 열반관이자 윤회관이다. 장타이옌은 『대승입능가경』大乘入楞伽經을 인용하면서 다음과 같이 말한다.

> 모든 보살은 본원의 방편으로 일체중생이 모두 열반에 들기를 바라는데 만약 한 중생이라도 열반에 들지 않았다면 자신은 결코 끝내 열반에 들지 않겠다고 서원한다. 이것은 일천제취에 머무는 것이며 또한 열반종성의 상相이 없는 것이기도 하다.[21]

『대승입능가경』은 흔히 『능가경』이라 불리는데 대승불교의 주요한 교리인 여래장 사상과 아뢰야식 사상이 결합된 형태를 보여 준다. 선종 등 중국불교 사상에 큰 영향을 미쳤다. 이 경전에서는 보살일천제라는 말을 쓴다. 대비大悲일천제라고 하기도 하는데 커다란 자비심을 가진 보살이 열반에 들지 않고 오히려 결코 부처될 수 없을 걸로 보이는 일천제의 세계에서 생활한다는 이야기다. 장타이옌은 이런 방식을 꼭 불교에서만 찾지 않는다. 그는 「제물론」을 지은 장자에게서 보살의 모습을 읽어 낸다. 아울러 중생들이 분단생사分段生死하는 것과 달리 "성자는 변역생사變易生死하기 때문에 자유자재할 수 있다"고 말한다.

'분단생사'와 '변역생사'란 대승불교에서 말하는 두 가지 생사윤회다. 달리 말하면 유위생사有爲生死와 무위생사無爲生死라고도 한다. 중생들은 자신의 업에 따라 각기 다른 과보를 받고 윤회한다. 보살은 번뇌를 초래하지 않는 행위를 하기 때문에 업에 따른 생사윤회가 아니라 자신의 특별한 의도를 가지고 자유자재로 몸을 바꾸어[變易] 윤회한다. 때로는 지옥 중생으로, 때로는 인간중생으로 태어난다. 생사 속에 뛰어들었지만 그것을 초월하여 자유자재하는 것이다. 심지어 결코 부처가 될 수 없는 상황에 놓였다고 평가되는 일천제 중생으로 있으면서도 자신의 역할을 수행한다.

장타이엔은 「제물론」에서 대승불교가 말하는 자유자재를 본다. 붓다라는 지상과제도 내려놓을 수 있는 자유이다. 이 자유는 그저 은둔 속에서 획득하는 게 아니다. 끊임없이 자기의 한계를 돌파할 때 가능하다. 보살은 절대적으로 열반을 성취할 신분임에도 그것에서 오히려 비켜난다. 그리고 지속적으로 중생이라는 현실에 잠입한다. 이것이 무아 개념의 실천적 사용이다. 장타이엔은 보살일천제의 태도를 혁명자의 윤리로 요구한 것이다.

2. 차이의 의미

내재적 차이

차이를 사유하는 것, 달라진다는 것, 이런 것들이 어떤 의미를 가질까. 우리는 일상에서 언제나 무상한 사실을 확인한다. 무상함은 무상하지 않다. 변화 자체도 그렇게 특별한 사건이 아니다. 그래서 상투적이고 식상하기까지 하다. 그런데 차이는 그냥 달라지거나 변화한다는 말이 아니다. 그것은 자신을 배반할 능력을 갖춰야 가능하다. 여기서 차이는 복수의 개체 사이에 발생하는 다름을 말하는 게 아니다. 하나의 사물이 스스로 만드는 차이다. '내재적^{immanent} 차이'라고 할 수 있다.[22] 그것은 자신에게 행하는 반역이자 단절이다.

차이 있음은 동일성 저편에 있는 방식이다. 차이의 철학자 들뢰즈는 주저 『차이와 반복』 서론에서 '차이와 반복'을 몇 가지로 규정한다. 그는 반복과 일반성을 구분하는데, "일반성은 두 개의 커다란 질서를 거느린다. 그것은 유사성들이라는 질적 질서와 등가성들이라는 양적 질서"라고 말한다. 이에 반해 "행위로서 그리고 관점으로서의 반복은 교환 불가능하고 대체 불가능한 단독성과 관계를 맺는다."[23] 들뢰즈는 교환이나 대체가 일반성의 기준이라면 증여나 탈취가 반복의 기준이라고 지적한다. 거꾸로 '증여' 혹은 '선물'이 차이를 만들고, 거기서 생성이 일어난다 할 수 있다. 이것은 차이가 윤리가 되는 지점이기도 하다.

반복이 보이는 것은 차이다. 그것은 언제나 기원이기에 전혀 기원을 찾을 필요가 없다. 그래서 그것은 생성이자 일차적이다. 여기서 들뢰즈가 중요하게 제시한 기준이 '개념'이다. 개념은 재현을 통해서 모습을 드러내기 때문에 차이가 개념 안에 갇히면 무능력해진다. 왜냐하면 능력이 봉쇄당하기 때문이다. 그래서 그가 말하는 차이는 개념이 없다.[24] 장타이옌 같으면 개념을 명상名相이라고 했을 것이다. 그는 명상의 배제를 통해서 자기초월이 가능함을 이야기했다. 차이화가 가능하다는 이야기이기도 하다. 거기서 자유를 본다.

들뢰즈에게서 차이는 다양한 생성의 효력을 가진다. 차이는 단지 다름의 확인이나 거리의 확정이 아니다. 이런 이유 때문에 '개체'라는 '관계'가 갖는 차이는 매우 중요하다. 불교에서 사물을 바르게 보라는 말은 사물을 동일하게 보라는 이야기가 아니다. 모든 존재자가 자기차이화하고 있음을 확인하라는 요구다. 그런 차이의 확인을 통해서 '나'가 차이화한다. 그것을 수행이라고 했다. 장타이옌에게 차이는 무엇일까. 물론 그가 들뢰즈식의 차이를 말했다는 건 아니다. 하지만 그의 제물철학은 분명 차이를 사유한다. 그런데 '제물'이라고 할 때, '제'齊의 의미는 차이를 무화시키는 듯하다. 그는 직접적으로 '차이 있음[不齊]의 평등'을 제기한다.

차이 있는 것을 동일하게 하는 짓은 모자란 사람의 억지고, 차이 있으면서 평등한 경우가 뛰어난 사람들의 훌륭한 이야기다.[25]

'차이 있음의 평등'이다. 차이가 부재하면 동일성이며 평등이라는 말이 불가능하다. 위의 인용문은 상이한 것 사이의 차이를 말한다. 이런 사유는 장타이엔의 문명관과 관련이 깊다. 서구 근대 혹은 중국적 봉건을 하나의 보편으로 일반화시킬 수 없음을 그는 강조한다. 동일한 보편을 장착한 동일성의 나열로서 인간 혹은 사회를 거부했다. 제국주의나 침략주의에 맞서 개별국가의 민족주의를 강력하게 지지했지만, 오히려 무정부주의를 흠모했다. 이렇게 그가 보인 차이와 평등의 추구는 역사적이다.

근대 동아시아에서 개별과 집단의 통일을 차이와 차이의 무화無化로 설명하는 경우도 있었다. 자칫하면 장타이엔의 저런 논의도 그렇게 흘러갈 수 있다. 니시다 기타로西田幾多郎는 현상으로 드러난 각양각색의 개별을 '절대무의 자기한정'이라고 했다. 유한자는 무한자의 표현이며 그 표현에서 무한이 드러난다. 개별은 그 무한을 만날 때 절대로 상승한다. 저들은 이것을 구제라고 말한다. 역사적으로는 천황과 신민 혹은 일본제국주의와 국민의 구조로 파악할 수 있다. 절대화한 집단에 대한 개별의 투항을 철학화한 것이다. 세계는 전일적으로 되고 만다. 개별은 역사나 집단에서 벗어날 수가 없다. 철학에서 일어난 정치나 역사의 과잉이다.

장타이엔이 『제물론석』에서 행한 개체 간 차이의 긍정과 개체의 자기 극복은 모순적이지 않다. 개체 자체에도 차이를 돌려 줄 수 있다. 개체는 동일성으로 점철된 일반성이 아니다. 차이 있음의 평등을 개체로 돌리면 자기차이화를 이야기할 수 있다. 불교인식논리학을 전공하는 일본 학자 다니 다다시谷真志는 다르마키르티$^{Dharmakirti, 法稱}$의 철학을 다루면서 그의 찰나멸 개념을 존재의 필연적 소멸로 개념화했고, 그것이 결국 자기 차이화임을 말한다.[26] 다니 다다시는 "순간적 존재라고 하는 것은 단절하는 순간이며, 게다가 단절하기 때문에 새로운 존재가 발현할 수 있는 연속"이라고 말한다.[27] 그는 찰나멸이라는 단절과 불연속에서 존재의 죽음이 아니라 존재의 생성과 율동을 본다. 다르마키르티철학이 현대철학의 최전선일 수 있음을 뜨뜻하게 말한다.

프랑스 철학자 가스통 바슐라르 Gaston Bachelard는 과학사를 기술할 때 가장 의미심장한 순간은 연속이 아니라 불연속이라고 파악한다. 이것은 시간적 단절이라기보다는 '인식론적 단절'이라고 할 수 있다. 이런 개념은 알튀세르 Louis Althusser만 응용할 수 있는 게 아니다. 인식론적 단절이라는 말은 불교에서도 빌려 사용할 수 있다. 불교적 수행도 실은 끊임없이 인식론적 단절을 시도한다. 그런 단절의 완성이 깨달음이고 자유라고 말할 수도 있다. 예를 들면 위파사나 수행에서도 의식이 진전될 때 그 의식에 빠지지 말고 멈추고 바라보아야 의식의 동요를 피할 수 있다.

장타이옌이 차이 있음의 평등이라고 말한 것에는 연속과 불연속이 있다. 차이라는 단절 속에서 단절이기 때문에 가능한 연속이 있다. 개별 간의 차이가 아니라 개별 내부에서 감행하는 차이와 그 불연속에서 생성이 일어난다. 그가 『제물론석』을 시작하면서 "먼저 자아부정을 말하고 나중에 타자화[物化]를 말한다"고 했다. 여기서 차이화와 생성이 엿보인다. 다니 다다시는 다르마키르티의 무상의 철학을 다루면서 다르마키르티가 '무상=고'의 원리를 '무상=열반'으로 바꾸어 놓았다고 찬탄했다.

육바라밀의 역능

차이 개념이 현대철학의 유행어이지만 그렇다고 불교라는 오래된 사유가 세대차를 느낄 필요는 없다. 중관학에서는 '차이'를 선명하게 부정한다. 그 이유는 명확하다. 차이라는 것은 적어도 두 실체 사이에서 드러난 간극이기 때문이다. 실체를 전제한다는 이야기다. 나가르주나는 『중론』 첫 구절에서 연기된 존재자는 "동일하지도 않고, 다르지도 않다"고 지적한다.[28] 이것을 한자로 표현하면 불일불이不一不異다. 동일성에 대한 부정이자 차이에 대한 부정이기도 하다. 둘 다 실체론적인 사고에 기반하기 때문이다. 그런데 좀더 생각해 보면 용수가 '동일성과 차이'를 부정하면서 기도한 것은 다른 차원의 차이라고 할 수 있다. 그가 『중론』에서 말한 '언어도단, 심행처멸'言語道斷 心行處滅은 일종의 단절이라고 할 수 있다. 철저한 자기부정으로서 단절 말이다.

유식학 텍스트에서는 좀더 적극적으로 차이를 긍정한다. 수행자는 자신의 힘으로 차이를 만들어 내야 한다. 이것도 불교에서 자주 거론하는 자기 극복이라고 할 수 있다. 『섭대승론』「피입인과분」彼入因果分에서는 "왜 여섯 가지 바라밀[六波羅蜜]을 설하는가?"에 대한 대답으로 "다스려야 할 장애를 다스리기 위해서"[29]라고 말한다. 그리고 그 장애로 셋을 들었다. 불발취인不發趣因, 퇴환인退還因, 실괴인失壞因이다. "불발취인을 다스리기 위해서 보시바라밀과 지계바라밀을 세운다. 불발취인은 재물이나 지위에 매달리거나 가족에 매달림이다."[30] 발취發趣는 도를 향한 발심과 지향이다. 어떤 상황을 타개하고 새로운 상황을 전개시키는 것을 가리킨다.

여기서 종교성이 드러나는데 그것이 믿음이다. 무착無着이 말한 '불발취인'도 마찬가지다. 자신에 대한 매달림. 그것은 자아와 자기소유에 대한 얽매임이다. 이것에 대해 차이를 발생시키는 것이 불발취인의 해결이다. 여기서 제시한 기제가 바라밀다波羅蜜多다. 특히 보시와 지계다. 육바라밀 전체를 조망해 보면 이것은 마치 처음 불교에 입문한 사람에게 제시하는 강령 같지만 사실 꼭 그런 것은 아니다. 이것은 보살이 닦는 수행지침이기 때문이다. 그래서 보시와 지계는 끊임없이 아我와 아소我所를 동요시키는 작업이다. 한걸음도 내딛기 싫은 무거운 걸음에 힘을 주는 것이다.

보시바라밀이나 지계바라밀은 결국 현상에 붙잡혀 꼼짝 않는 자신을 흔들고 돌파하는 기제이다. 스스로 차이를 생산한다. 보시나 지계가 바라밀인 이유는 이런 실천을 통해서 단단하게 묶인 자신을 속박에서 한 꺼풀씩 풀어내기 때문이다. 이렇게 함으로써 자신은 차이로서만 존재한다. 이것이 변화라면 변화다. 하지만 모든 변화가 모두 차이 철학의 입장으로 옹호되지는 않는다. 실체론에 입각한 차이를 부정하려 한다.

무착은 바로 이 점을 다시 지적하고 있다. "비록 발취했지만 다시 물러서는 경우를 다스리기 위해서 인욕바라밀과 정진바라밀을 세운다. 퇴환인은 생사에 처한 유정의 잘못이 일으킨 갖가지 고통과 아울러 오랫동안 좋은 마음으로 수행하는 과정에서 발생한 피로다."[31] 퇴환인은 일종의 '퇴보'다. 뒤로 밀리는 경우인데 이것도 분명 변화다. 하지만 이것이 차이를 그렸다고 말할 수는 없다. 왜냐하면 힘을 생산한 것이 아니라 오히려 공능功能을 해체했기 때문이다. 철저하게 수행의 입장에서 보고 있다. 수행의 증장이 아니라 곤두박질치는 격이다. 이것은 그런 운동감을 인정하지만 차이라고 말할 수 없다. 생성이 일어나지 않기 때문이다.

이런 이유로 무착은 육바라밀 가운데 인욕바라밀과 정진바라밀을 제시한다. 유정 중생이 우연하게 저지르는 잘못, 그리고 수행할 때 있을 수밖에 없는 피로. 이런 것들을 타개하기 위해서 인욕과 정진을 제시한다. 차이 있음은 개체 간의 다름보다는 개체 내에서 발생하는 자기 바꿈을 이야기한다. 앞서 말한 '내재적 차이'다. 들뢰즈식으로 말하면 탈영토화다. 깨달음은 아마도 절대적 탈영토화에 비유할 수 있을 것이다. 인간이 인간으로 살고, 부처가 부처로 사는 것, 지옥중생은 지옥중생으로만 사는 것. 분명 이런 게 업보로서 받아들여야 할 중생의 운명이지만 대승불교에서는 보살에게 저 경계를 농락하기를 요구한다. 그것이 바로 보살의 운명이자 운명애다. 『유마경』에서 이렇게 말한다.

> 보살이 '길 아닌 길'[非趣]을 갈 때 [그것이] 불법을 성취하는 길을 따르는 것입니다.[32]

'길 아닌 길.' 여기서 길은 지옥 등 여섯 가지 중생이 걷는 삶의 길이자 습속화한 삶의 형식이다. 달리 도道라고 할 수도 있다. 지옥도, 아귀도, 아수라도, 축생도, 인간도, 천인도 여섯이다. 『유마경』에서는 다시 말한다. "열반의 길에 다시 처하더라도 늘 생사의 상속을 버리지 않고, 오묘한 보리를 성취해 대법륜을 굴려 열반에 들더라도 온갖 보살행을 부지런히 닦아 끊임없이 이어 갑니다."[33] 이런 식의 언급은 대승불교 곳곳에 등장한다. 특히 공 사상을 기반으로 하는 경론에서 그렇다. 결국 자기 부정을 통해서만 자신의 실존을 만날 수 있음을 강조한다.

이정우는 불교의 해탈을 이렇게 푼다. "라이프니츠식으로 말하면 해탈이란 바로 나를 구성하고 있는 빈위賓位, attribute들을 특이성 차원으로 돌려보내는 것"이라 말한다.[34] 빈위나 특이성 따위 개념은 불교인들에게는 꽤나 낯선 표현일 테다. 빈위란 들뢰즈가 말하는 의미에 해당한다. "의미란 사물들이 운동할 때 그 표면에서 발생하는 하나의 효과다."[35] 빈위는 또한 스피노자의 속성에 해당하는 개념이기도 하다. 특이성은 규칙성과 반대되는 말로서 어떤 것과 질적으로 다름을 의미한다. 그런데 철학적으로는 여기서 그치지 않는다. 특이성은 사건을 생산하는 힘의 분포다. 일상의 나는 의미로 구성된다. 그것을 하나로 엮어서 '나'로 구체화한다. '나'로 계열화된다고 할 수 있다.

존재자의 실체성을 부정하는 공空 개념과 관련하여 이정우는 "특이성들의 존재 자체를 부정하는 것이 아니라 그 특정한 계열화를 실체화하는 것, 그리고 각 계열화에 수많은 인간적 가치 판단들을 부여하는 것을 부정하는 것"이라고 정의한다.[36] 깨달음의 세계에도 많은 일이 일어난다. 해탈한 자라고 해서 세계가 멈추고, 물 긷고 빨래하고, 밥 먹고 화장실 가는 게 없을 리 없다. 사건은 일어나지만 그것을 자신으로, 혹은 남으로 가두는 짓은 멈추고자 한다. 들뢰즈 같은 현대철학과 불교가 동일할 리는 없다. 말이 불교지 불교가 어디 한두 개인가. 수많은 불교가 있지 않은가. 그래서 불교와 무엇이 통째로 같다고는 말할 수 없다. 그저 철학적 효과를 기대할 뿐이다.

결론

장타이옌은 근대 시기 혁명의 열정으로 불교의 새로운 역할을 제시했다. 그는 자기에게 닥친 현실을 피하지 않고 곧이곧대로 받았다. 그 현실을 받기 위해서 불교를 대단히 적극적으로 사유했다. 그에게 불교는 하나의 무기였다. 그것은 혁명을 위한 망치였고, 계몽을 위한 나팔이었다. 그것은 문명을 비판하는 메스였고, 국학을 연구하는 현미경이기도 했다. 이 책에서는 주로 망치의 역할을 살폈다. 그것은 부수는 망치이기도 했지만 건설의 망치이기도 했다. 불교에서 말하는 무는 자기 소멸에 대한 지향이 아니라 번뇌 소멸에 대한 지향이다. 소멸이 창조가 된다. 번뇌 없어 순순히 긍정할 수 있는 나를 상상한다. 결코 절망의 무는 아니다.

    근대 중국에서 불교가 휘황찬란한 성공을 만끽하진 않았다. 그 무엇도 그런 성공을 거두진 못했다. 마오쩌둥의 저 붉은 군대도 마찬가지였다. 신해혁명 이후 불교는 더 이상 변혁의 이론이 아니었다. 근대적 종교의 하나로 사찰이나 대학 연구실로 몸을 숨겼다. 간혹 거리로 나섰지만 그것은 난민 구제를 위해서였다. 거대한 중국을 이끈 건 울긋불긋 새로운 깃발이었다. 그 깃발도 연신 올랐다 내렸다 했다. 근대 한국에서 불교는 그

활동 공간이 중국보다 더 협소했다. 식민지 시기 불교는 식민성에 심하게 노출되어 국민동원을 위한 도구로 전락하기도 했다. 근대 중국불교가 얼마간 보인 혁명성이나 비판성은 한국불교에선 두드러지지 않았다. 그것은 정치 지형뿐만 아니라 지식 지형이 달랐기 때문이다.

물론 붓다가 무슨 정치 혁명을 기도한 것도 아니고 사회 개혁을 위해 헌신한 것도 아니다. 하지만 우리는 불교 역사에서 붓다에겐 없었던 불교를 여러 차례 보았다. 현미경으로 보고 망원경으로 보아 새로운 것을 찾아냈다. 계승이 아니라 창조해야 할 무궁무진한 불교가 더 있다. 그러하기에 붓다에게도 있었다고 말할 수 있다. 장타이옌의 불교도 실은 그랬다. 현실에서 그것은 구체여야 했다. 그는 불교가 단순한 고대철학이 아니라 현실의 무엇이길 원했다. 그래서 논쟁하고, 소리 지르고, 갇히고, 도망 다녔다.

한국사회에서 종교는 무엇이고 거기서 불교는 또 무엇인지 생각해본다. 불교는 분명 한국사회 혹은 한국문화에서 중요한 자리를 차지한다. 하지만 그 중요함이 단지 연로해서 그렇다거나 지분이 많아서 그렇다면 강도는 발생하지 않는다. 앞으로 할 일도 그리 많지 않다. 그저 경로우대나 좀 받고 배당액 좀 챙기면 그만이다. 그런데 이런 부끄러운 고요와 불편한 안락이 불교일 리는 없다. 붓다가 그랬고, 많은 불교인이 그랬듯 불교는 현실 사회에서 가치를 생산해야 한다. 삶의 지향을 만들어야 한다. 때론 거리에서 소리 지르고, 때론 이름 모를 이의 빈소에서 눈물 흘려야 한다.

현실은 우리에게 늘 표창鏢槍 같은 질문을 던진다. 허나 어떤 이는 엄청난 내공으로 그것을 애써 피한다. 영화「매트릭스」의 주인공처럼 말이다. 결코 다치지 않는다. 불교가 진정 종교이고 중생을 위한다면 저런 질문을 피하지 말고 심장 언저리로 그냥 맞아야 한다. 그래야 이 땅의 불교가 된다. 이렇게 현실을 치명적으로 실감할 때야 비로소 불교는 구체가 될 것이다. 『유마경』에서 문수사리가 유마거사에게 어떻게 하다 병이 났느냐 묻는 장면을 떠올려 보라. 유마거사는 "중생이 아프니 나도 아프다"고 답했다. 건강한 문수사리는 얼마나 민망했을까.

후주

1장_장타이옌과 근대혁명

1) 賈維, 『譚嗣同與晚清士人交往研究』, 湖南大學出版社, 2004, 335쪽.
2) 譚嗣同, 「獄中題壁」, 『譚嗣同全集』, 中華書局, 1998, 287쪽.
3) 道原, 『景德傳燈錄』 권 27. [『전등록』 3, 동국역경원역경위원회 옮김, 동국역경원, 1987, 278쪽]
4) 천샤오밍 외, 『근대 중국사상사 약론』, 김영진 옮김, 그린비, 2008, 201~211쪽 참조.
5) 리쩌허우, 『중국근대사상사론』, 임춘성 옮김, 한길사, 2010, 651~652쪽 참조.
6) 陳少明, 『儒學的現代轉折』, 遼寧大學出版社, 1992, 제2장 '심식의 맥락' 참조.
7) 梁啓超, 「論佛教與群治之關係」, 『中國佛教思想資料選編』 3권 4책, 中華書局, 1990, 49~56쪽 참조.
8) 梁啓超, 「近世第一大哲康得之學說」, 『中國佛教思想資料選編』 3권 4책, 58쪽.
9) 같은 책, 66쪽 참조.
10) 太虛, 「怎樣來建設人間佛教」; 李明友, 『太虛及其人間佛教』, 浙江人民出版社, 2000, 46쪽에서 재인용.
11) 弘一, 「致夏丏尊」 22, 『弘一法師書信』, 林子青 編, 新知三聯書店, 1990 ; 李向平, 『救世與救心』, 上海人民出版社, 1993, 231쪽에서 재인용.
12) 梁漱溟, 「我早年思想演變的一大關鍵」, 「自述早年思想之再轉再變」 부록, 『中國哲學』 1집, 1979, 343쪽.
13) 歐陽漸, 「內學敍言」, 『歐陽漸文選』, 王雷泉 編選, 上海遠東出版社, 1996, 76쪽.
14) 高振農, 「懷念恩師呂澂先生」, 『近現代中國佛教論』, 中國社會科學出版社, 2002, 299쪽.
15) 魯迅, 「關於太炎先生二三事」, 『章太炎生平與學術』, 章念弛 編, 三聯書店, 1988, 8쪽.
16) 阮元, 「西湖詁經精舍記」, 『詁經精舍文集』 권 3, 中華書房, 1985, 61쪽.
17) 벤저민 엘먼, 『성리학에서 고증학으로』, 양휘웅 옮김, 예문서원, 2004, 참조.
18) 王汎森, 『章太炎的思想』, 時報文化出版社, 1992, 24쪽.
19) 章太炎, 「自述學術次第」, 『中國佛教思想資料選編』 3권 4책, 中華書局, 1990, 266쪽.

20) 章太炎,「革命軍序」,『章太炎政論選集』上,湯志鈞 編,中華書局,1977,193쪽.
21) 같은 책,193쪽.
22) 章太炎,『訄漢微言』,『訄漢三言』,虞雲國 標點整理,遼寧教育出版社,2000,60쪽.
23) 荒木見悟,「齊物論釋訓註」1,『哲學年報』第29輯,九州大學文學部,1970,23쪽.
24) 章太炎,「東京留學生歡迎會演說詞」,『章太炎政論選集』上冊,中華書局,1977,272쪽.
25) 胡適,『中國哲學史大綱』,『胡適學術文集』,中華書局,1998,27쪽.
26) 章太炎,「國學講習會序」,『國學槪論』,湯志鈞 導讀,上海古籍出版社,1999,6쪽.
27) 許壽裳,『章太炎傳』,百花文化出版社,2004,60쪽 참조.
28) 같은 책,66쪽.
29) 虞雲國,「本書說明」,『訄漢三言』,遼寧教育出版社,2000.
30) 변영만,「東章太炎」,『변영만전집』상,성균관대학교대동문화연구원,2006,319~320쪽.
31) 湯志鈞 編,『章太炎年譜長編』下冊,中華書局,1979,667쪽.
32) 章太炎,『國學槪論』,湯志鈞 導讀,上海古籍出版社,1999,6쪽.
33) 湯志鈞 編,『章太炎年譜長編』下冊,960쪽 재인용.

2장 _ 불교 시간론과 진화론

1) 클라우스 마인처,『시간이란 무엇인가?』,두행숙 옮김,들녘,2005,17쪽 참조.
2) P. J. 츠바르트,『시간론』,권의무 옮김,계명대학교출판부,1983,37~38쪽.
3) 이진경,『근대적 시공간의 탄생』,그린비,2010,30쪽 참조.
4) 이마무라 히토시,『근대성의 구조』,이수정 옮김,민음사,1999,67쪽.
5) 클라우스 마인처,『시간이란 무엇인가?』,165쪽.
6) 프리드리히 헤겔,『정신현상학』1,임석진 옮김,지식산업사,1988,74쪽.
7) 이진경,『근대적 시공간의 탄생』,290쪽.
8) 같은 책,292쪽.
9) 박성관,『종의 기원,생명의 다양성과 인간소멸의 자연학』,그린비,2010,685쪽 참조.
10) 윌 듀런트,『철학이야기』,황문수 옮김,문예출판사,1990,337쪽 재인용.
11) 중국북경대철학과연구실,『중국철학사』4,오상무 옮김,자작아카데미,1997,98쪽.
12) 康有爲,「變則通通則久論」,『康有爲政論集』上冊,中華書局,1981,110쪽.
13) 옌푸,『천연론』,양일모·이종민·강중기 역주,소명출판사,2008,36쪽.
14) 양일모,『옌푸: 중국의 근대성과 서양사상』,태학사,2008,110쪽.
15) 옌푸,『천연론』,173쪽.
16) 같은 책,177쪽.
17) 같은 책,221쪽.
18) 梁啓超,「論進步」,『新民說』,中州古籍出版社,1998,119쪽.
19) 梁啓超,「論公德」,『新民說』,65쪽.
20) 梁啓超,「釋新民之義」,『新民說』,54쪽.

21) 마루야마 마사오, 『문명론지개략을 읽는다』, 김석근 옮김, 문학동네, 2009, 제20강 '주권적 국민국가의 형성' 참조.
22) 梁啓超, 「余之死生觀」, 『中國佛敎思想資料選編』 3卷 4冊, 中華書局, 1990, 71쪽.
23) 같은 책, 72쪽.
24) 같은 책, 77쪽.
25) 같은 책, 78쪽.
26) 梁啓超, 「政治學大家伯倫知理之學說」, 『梁啓超全集』 2冊, 北京出版社, 1999, 1076쪽.
27) 토머스 헉슬리, 『진화와 윤리』, 김기윤 옮김, 지만지, 2009, 58쪽.
28) 같은 책, 33쪽.
29) 같은 책, 40쪽.
30) 같은 책, 39쪽.
31) 옌푸, 『천연론』, 233쪽.
32) 章太炎, 「俱分進化論」, 『章太炎全集』 4卷, 上海人民出版社, 1985, 386쪽.
33) 王汎森, 『章太炎的思想』, 時報文化出版, 1992, 162쪽, 각주 1번.
34) 湯用彤, 「『勝宗十句義論』解說」, 『湯用彤全集』 3卷, 河北人民出版社, 2000, 285~286쪽 참조.
35) 章太炎, 「俱分進化論」, 『章太炎全集』 4卷, 386쪽.
36) 같은 책, 386쪽.
37) 같은 책, 386쪽.
38) 같은 책, 386쪽.
39) 章太炎, 「四惑論」, 『章太炎全集』 4卷, 449쪽.
40) 「원전 4호기 안전점검 위해 전원차단 버튼 눌렀다 '꽝'」, 『한겨레신문』, 2011년 4월 26일자 6면.
41) 章太炎, 「俱分進化論」, 『章太炎全集』 4卷, 389쪽.
42) 같은 책, 389쪽.
43) 같은 책, 389쪽.
44) 세친, 『유식삼십송』, 현장 옮김, 대정신수대장경 31, 60쪽.
45) 요코야마 고우이츠, 『유식철학』, 묘주 옮김, 경서원, 1989, 179~183쪽 참조.
46) 章太炎, 「俱分進化論」, 『章太炎全集』 4卷 389쪽.
47) 박노자, 『우승열패의 신화』, 한겨레신문사, 2005, 59~69쪽 참조.
48) 太虛大師 講, 「世界萬有爲進化抑爲退化」, 滿智 記, 『海潮音文庫』 제1편, 2쪽.
49) 같은 책, 6쪽.
50) 같은 책, 7쪽.

3장_문명과 야만

1) 이양기, 『문명론이란 무엇인가』, 영남대학교출판부, 1986, 38쪽.
2) 모융, 「이혹론」, 『홍명집』, 대정신수대장경 52, 3쪽.

3) 章太炎,『齊物論釋』,『章太炎全集』6券, 上海人民出版社, 1986, 100쪽.
4) 章太炎,「辨性」下,『國故論衡』, 上海古籍出版社, 2003, 142~143쪽.
5) 梁啓超,「論中國人種之將強」,『飮氷室合集』,『飮氷室文集』3, 新華書局, 1989, 52쪽.
6) 梁啓超,『新史學』,『飮氷室合集』,『飮氷室文集』9, 7쪽.
7) 같은 책, 8쪽.
8) 같은 책, 9쪽.
9) 같은 책, 10쪽.
10) 같은 책, 11쪽.
11) 石川禎浩,「近代東アジア"文明圏"の成立とその共通言語 — 梁啓超における「人種」を中心に」,『西洋近代文明と中華世界』, 狹間直樹 編, 京都大學學術出版會, 2001, 33~34쪽.
12) 梁啓超,『新史學』,『飮氷室合集』,『飮氷室文集』9, 12쪽.
13) 梁啓超,「論國家思想」,『新民說』, 中州古籍出版社, 1998, 70쪽.
14) 같은 책, 15쪽.
15) 章太炎,『國故論衡』, 142쪽.
16)『莊子集釋』1, 郭慶藩 撰, 王孝魚 點校, 中華書局, 1997, 89쪽.
17) 關鋒,『莊子內篇譯解和批判』, 中華書局, 1961, 107쪽 해석 참조.
18) 郭象,『莊子注』,『莊子集釋』1, 90쪽.
19) 같은 책, 90쪽.
20) 이매뉴얼 월러스틴,『유럽적 보편주의』, 김재오 옮김, 창비, 2008, 제1장 참조.
21) 章太炎,『齊物論釋』,『章太炎全集』6券, 100쪽.
22) 章太炎,「駁神我憲政論」,『章太炎全集』4券, 上海人民出版社, 1985, 312쪽.
23) 스테파니 슈워츠 드라이버,『세계를 뒤흔든 독립선언서』, 안효상 옮김, 그린비, 2005, 63쪽에서 재인용.
24) 박성환,「고전사회학에 나타난 근대사회의 '행복' 논리」,『한국사회학』제39호, 한국사회학회, 2005, 5쪽.
25) 章太炎,「駁神我憲政論」,『章太炎全集』4券, 316쪽.
26) 같은 책, 316쪽.
27) 章太炎,「四惑論」,『章太炎全集』4券, 450쪽.
28) 같은 책, 450쪽.
29) 같은 책, 446쪽.

4장_보편의 성립과 아뢰야식

1) 小林武,『章炳麟と明治思潮』, 硏文出版, 2006, 40쪽.
2) 미야카와 토루 외,『일본근대철학사』, 이수정 옮김, 생각의나무, 2001, 53쪽.
3) 井上克人,「明治期におけるショーペンハウアー哲學の受容について」,『ショーペンハウアー硏究』12, 日本ショーペンハウアー學會, 2007, 46쪽.

4) 미야카와 토루 외, 『일본근대철학사』, 104쪽.
5) 김영진, 「근대 한국불교의 형이상학수용과 진여연기론의 역할」, 『불교학연구』 제21호, 불교학연구회, 2008. 12, 참조.
6) 井上克人, 앞의 글, 59쪽.
7) 길희성, 『인도철학사』, 민음사, 2001, 35쪽.
8) 프레드릭 코플스턴, 『18·19세기 독일철학』, 표재명 옮김, 서광사, 2008, 476쪽.
9) 井上克人, 앞의 글, 65쪽.
10) 야마오리 데츠오, 『근대 일본인의 종교의식』, 조재국 옮김, 소화, 2009, 131쪽.
11) 같은 책, 141쪽.
12) 나쓰메 소세키, 『한눈팔기』, 조영석 옮김, 문학동네, 2011; 역자해설 「어느 고독한 지식인의 자화상」, 290쪽 재인용.
13) 小林武, 『章炳麟と明治思潮』, 73쪽.
14) 橋本智津子, 「ショーペンハウアーにおける救済(解脱)としての無の思想」, 『人間存在論』 8, 2002, 158쪽.
15) 橋本智津子, 「ショーペンハウアーと『ウプネカット』」, 『ニヒリズムと無』, 京都大學學術出版會, 2004, 172쪽.
16) 쇼펜하우어, 『의지와 표상으로서의 세계』, 곽복록 옮김, 을유문화사, 2003, 494쪽.
17) 橋本智津子, 『ニヒリズムと無』, 160쪽.
18) 橋本智津子, 『ニヒリズムと無』, 58쪽.
19) 야마자키 요스케, 「일본인의 니체관」, 『니체 이해의 새로운 지평』, 조윤호 옮김, 철학과현실사, 2000, 535쪽.
20) 西田幾多郎, 「總說」, 『西田幾多郎全集』 7권; 허우성, 『일본 근대의 두 얼굴』, 문학과지성사, 2000, 375쪽 재인용.
21) 다케우치 요시미, 『루쉰』, 서광덕 옮김, 문학과지성사, 2003, 74쪽.
22) 胡卫清, 『普遍主義的挑戰』, 上海人民出版社, 2000, 34쪽 참조.
23) 미조구치 유조 외, 『중국사상문화사전』, 김석근 등 옮김, 민족문화문고, 2003, 81쪽.
24) 주희, 『중용장구』; 『성리학의 개념들』, 몽배원·홍원식 등 옮김, 예문서원, 2008, 97쪽 재인용.
25) 세친, 『유식삼십론송』, 현장 옮김, 대정신수대장경 31, 60쪽.
26) 후가우라 세분, 『유식론해설』, 전관응 옮김, 민족사, 1993, 121쪽.
27) 규기, 『성유식론술기』, 대정신수대장경 43, 239쪽.
28) 章太炎, 『齊物論釋』, 『章太炎全集』 6券, 上海人民出版社, 1986, 78쪽.
29) 章太炎, 「四惑論」, 『章太炎全集』 4券, 上海人民出版社, 1985, 444쪽.
30) 姉崎正治, 『上世印度宗教史』, 博文館, 1900, 261쪽.
31) 小林武, 「章炳麟と姉崎正治―『訄書』より『齊物論釋』にいたる思想の關係」, 『東方学』 107, 東方学会, 2004, 99쪽.
32) 姉崎正治, 『上世印度宗教史』, 261쪽.
33) 『莊子集釋』 1, 郭慶藩 撰, 王孝魚 點校, 中華書局, 1997, 61쪽.

34) 章太炎, 『齊物論釋』, 『章太炎全集』 6卷, 73~74쪽.
35) 小林武, 「章炳麟と姉崎正治 ―『訄書』より『齊物論釋』にいたる思想的關係」, 『東方学』 107, 99쪽.
36) 章太炎, 「四惑論」, 『章太炎全集』 4卷, 443쪽.
37) 같은 책, 444쪽.
38) 같은 책, 444쪽.
39) 章太炎, 「建立宗教論」, 『章太炎全集』 4卷, 404쪽.
40) 같은 책, 406쪽.
41) 같은 책, 414쪽.
42) 같은 책, 404쪽.
43) 천친, 『중변분별론』, 진제 옮김, 대정신수대장경 31, 452쪽.
44) 세친, 『섭대승론본』, 현장 옮김, 대정신수대장경 31, 148쪽.
45) 세친, 『변중변론』; 다카사키 지키도, 『유식입문』, 이지수 옮김, 시공사, 1997, 66쪽에서 재인용.
46) 章太炎, 「建立宗教論」, 『章太炎全集』 4卷, 414쪽.
47) 『전식론』, 진제 옮김, 대정신수대장장경 31, 62쪽.
48) 章太炎, 『齊物論釋』, 『章太炎全集』 6卷, 71쪽.
49) 주희, 『대학·중용집주』, 성백효 역주, 전통문화연구회, 1992, 23쪽 참고.
50) 章太炎, 「建立宗教論」, 『章太炎全集』 4卷, 409쪽.
51) 같은 책, 414쪽.
52) 같은 책, 416쪽.
53) 같은 책, 416쪽.
54) 천샤오밍 외, 『근대 중국사상사 약론』, 김영진 옮김, 그린비, 2008, 201~211쪽.

5장 _ 개체 구성의 근대 의미

1) 譚嗣同, 『仁學』, 『譚嗣同全集』, 中華書局, 1998, 292쪽.
2) 譚嗣同, 「上歐陽中鵠」 10, 『譚嗣同全集』, 459쪽.
3) 천샤오밍 외, 『근대 중국사상사 약론』, 김영진 옮김, 그린비, 2008, 203쪽.
4) 같은 책, 200~210쪽 참조.
5) 譚嗣同, 『仁學』, 290쪽.
6) 같은 책, 338쪽.
7) 같은 책, 289쪽.
8) 같은 책, 289쪽.
9) 같은 책, 357쪽.
10) 章太炎, 「東京留學生歡迎會演說辭」, 『章太炎政論選集』 上, 中華書局, 1977, 274쪽.
11) 譚嗣同, 『仁學』, 309쪽.
12) 章太炎, 「答鐵錚」, 『章太炎全集』 4卷, 上海人民出版社, 1985, 369쪽.

13) 章太炎,「東京留學生歡迎會演說辭」,『章太炎政論選集』上, 274쪽.
14) 章太炎,「答鐵錚」,『章太炎全集』4卷, 369쪽.
15) 같은 책, 369쪽.
16) 같은 책, 374~375쪽.
17) 梁啓超,『新民叢報』第18 ; 郜元宝 編,『尼采在中國』, 上海三聯書店, 2001, 3쪽.
18) 루쉰,「빗돌 글」,『들풀』, 한병곤 옮김, 그린비, 2011, 64쪽.
19) 魯迅,「譯文序跋集·出了象牙之塔後記」; 錢理群,『心靈的探尋』, 北京大學出版社, 2000, 23쪽 재인용.
20) 후쿠자와 유키치,『문명론의 개략』, 정명환 옮김, 광일문화사, 1989, 108쪽.
21) 梁啓超,「論公德」,『新民說』, 中州古籍出版社, 1998, 62쪽.
22) 梁啓超,「余之生死觀」,『中國佛教思想資料選編』3卷 4冊, 78쪽.
23) 章太炎,「四惑論」,『章太炎全集』4卷, 444쪽.
24) 太田方 撰述,「五蠹」,『韓非子翼毳』第19卷;『漢文大系』8卷, 新文豊出版公社, 1978, 12~13쪽에서 번역.
25) 章太炎,「四惑論」,『章太炎全集』4卷, 444쪽.
26) 같은 책, 444쪽.
27) 리하르트 반 뒬멘,『개인의 발견』, 최윤영 옮김, 현실문화연구, 2005, 250쪽.
28) 章太炎,「四惑論」,『章太炎全集』4卷, 445쪽.
29) 梁啓超,「論公德」,『新民說』, 65쪽.
30) 章太炎,「四惑論」,『章太炎全集』4卷, 446쪽.
31) 같은 책, 445쪽.
32) 나쓰메 소세키,『나의 개인주의』, 김정훈 옮김, 책세상, 2007, 51쪽.
33) 박찬국,『들길의 사상가, 하이데거』, 동녘, 2005, 136~137쪽 참조.
34) 章太炎,「四惑論」,『章太炎全集』4卷, 447쪽.
35) 같은 책, 448쪽.
36) 같은 책 447쪽.
37) 같은 책, 448쪽.
38) 박범수,「쇼펜하우어: 열반에로의 철학」,『철학과 현실』통권 제19호, 철학문화연구소, 1993, 163쪽.
39) 章太炎,「四惑論」,『章太炎全集』4卷, 447쪽.
40) 같은 책, 448쪽.
41) 같은 책, 449쪽.
42) 전재성,『오늘 부처님께 묻는다면』, 한국빠알리성전협회, 2002, 143쪽.

6장 _ 보편규율의 파괴와 '무'의 극단

1) 章太炎,『齊物論釋』,『章太炎全集』6卷, 上海人民出版社, 1986, 89쪽.
2) 같은 책, 61쪽.

3) 이지수,「불교의 언어관」,『과학사상』 2000년 겨울, 범양사, 42쪽.
4) 長尾雅人,「佛陀の沈黙とその中觀的意義」,『中觀と唯識』, 岩波書店, 1978, 166쪽.
5) 이지수,「불교의 언어관」,『과학사상』 2000년 겨울, 49쪽.
6) 다케무라 마키오,『유식의 구조』, 정승석 옮김, 민족사, 1995, 59쪽.
7) 같은 책, 131쪽.
8) 요코하마 고우이츠,『유식철학』, 묘주 옮김, 경서원, 1989, 67쪽.
9) 章太炎,『齊物論釋』,『章太炎全集』 6券, 61~62쪽.
10) 무성,『섭대승론석』, 대정신수대장경 31, 417쪽.
11) 요코하마 고우이츠,『유식철학』, 74쪽.
12)『莊子集釋』 1, 郭慶藩 撰, 王孝魚 點校, 中華書局, 1997, 63쪽.
13) 章太炎,『齊物論釋』,『章太炎全集』 6券, 76쪽.
14) 마루야마 게이자부로,『존재와 언어』, 고동호 옮김, 민음사, 2002, 37쪽.
15) 같은 책, 43쪽.
16) 章太炎,『齊物論釋』,『章太炎全集』 6券, 79쪽.
17) 같은 책, 81쪽.
18) 같은 책, 80쪽.
19) 무착,『섭대승론본』, 현장 옮김, 대정신수대장경 31, 147쪽.
20) 후쿠자와 유키치,『문명론의 개략』, 정명환 옮김, 광일문화사, 1989, 242쪽.
21) 梁啓超,「釋新民之義」,『新民說』, 中州古籍出版社, 1998, 54쪽.
22) 梁啓超,「論國家思想」,『新民說』, 68쪽.
23) 梁啓超,「論政府與人民之權限」,『梁啓超文集』 10, 北京燕山出版社, 12~16쪽, 2009 ; 허증,「양계초의 신사학과 근대국가론」,『역사와 경계』 54, 부산경남사학회, 2005, 87쪽 재인용.
24) 신연재,「동아시아 3국의 사회진화론 수용에 관한 연구」, 서울대학교 대학원 박사학위 논문, 1991, 136쪽 참조.
25) 梁啓超,「進化論革命者頡德之學說」,『梁啓超哲學思想論文選』, 北京大學出版社, 1984, 131쪽.
26) 같은 책, 134쪽.
27) 장 자크 루소,『사회계약론』, 이환 옮김, 서울대학교 출판부, 2006, 5쪽.
28) 章太炎,「國家論」,『章太炎全集』 4券, 457쪽.
29) 용수,『중론』, 청목 주석, 구마라집 옮김, 대정신수대장경 29, 33쪽.
30) 章太炎,「國家論」,『章太炎全集』 4券, 457쪽.
31) 같은 책, 459쪽.
32) 같은 책, 458쪽.
33) 같은 책, 458쪽.
34) 같은 책, 459쪽.
35) 같은 책, 461쪽.
36) 같은 책, 463쪽.

37) 같은 책, 463쪽.
38) 西順藏·近藤邦康, 「代議然否論 解題」, 『章炳麟集』, 岩波書店, 1990, 411쪽.
39) 章太炎, 「代議然否論」, 『章太炎政論選集』 上, 中華書局, 1977, 456쪽.
40) 章太炎, 「五無論」, 『章太炎全集』 4券, 431쪽.
41) Jean-Jacques Rousseau, *Du Conrtat Social*, Gallimard, 1964, 123쪽; 임혁백, 「대의제 민주주의는 무엇을 대의하는가?」, 『한국정치학회보』 제43집 제4호, 2009, 30쪽 재인용.
42) 고병권, 『민주주의란 무엇인가』, 그린비, 2011, 71쪽.
43) 가라타니 고진, 『일본정신의 기원』, 송태욱 옮김, 이매진, 2003, 103쪽.
44) 같은 책, 125쪽.
45) 박주원, 「한나 아렌트와 칼 마르크스의 대의제 민주주의 비판」, 『철학과 현실』, 2004 여름호, 230쪽.
46) 같은 책, 230~232쪽 참조.
47) 고병권, 『민주주의란 무엇인가』, 72쪽.
48) 章太炎, 「代議然否論」, 『章太炎政論選集』 上, 458쪽.
49) 같은 책, 463쪽.
50) 천성림, 「장병린의 자본주의비판」, 『동양사학연구』 제38집, 동양사학회, 1992, 21쪽.
51) 劉師培, 「論新政爲病民之根」; 천성림, 「장병린의 자본주의비판」, 『동양사학연구』 제38집, 20쪽 재인용.
52) 니체, 『선악을 넘어서』; 김진석, 『니체는 왜 민주주의에 반대했는가?』, 개마고원, 2009, 18쪽 재인용.
53) 梁啓超, 『淸代學術槪論』, 上海古籍出版社, 2000, 82쪽.
54) 같은 책, 94쪽.
55) 마오쩌둥, 「論人民民主專政」, 『중국철학사』, 전택원 옮김, 까치, 1990, 478쪽 재인용.
56) 西順藏·近藤邦康, 「五無論解題」, 『章炳麟集』, 269쪽.
57) 고토쿠 슈스이, 「세계혁명운동의 조류」, 『나는 사회주의자다』, 임경화 옮김, 교양인, 2011, 399쪽.
58) 幸德秋水, 「陳弁書」; 김석근, 「코토쿠 슈스이의 무정부주의」, 『동양정치사상사』 제7권 1호, 2008, 61쪽 재인용.
59) 章太炎, 「五無論」, 『章太炎全集』 4券, 430쪽.
60) 梁啓超, 「論新民爲今日中國第一急務」, 『新民說』, 50쪽.
61) 劉師培, 「論種族革命與無政府革命之得失」; 이원석, 『근대 중국의 국학과 혁명사상』, 국학자료원, 2002, 296쪽 재인용.
62) 리쩌허우, 「장타이엔 해부」, 『중국근대사상사론』, 임춘성 옮김, 한길사, 2010, 624쪽.
63) 같은 책, 625쪽.
64) 章太炎, 「五無論」, 『章太炎全集』 4券, 430~431쪽.
65) 趙靖·易夢虹 主編, 『中國近代經濟思想史』 下, 中華書局, 1980, 494쪽.
66) 전동현, 『두 중국의 기원』, 서해문집, 2005, 102쪽.
67) 章太炎, 「東京留學生歡迎會演說辭」, 『章太炎政論選集』 上, 278쪽.

68) 章太炎,「五無論」,『章太炎全集』4권, 431쪽.
69) 고병권,『화폐, 마법의 사중주』, 그린비, 2005, 156쪽.
70) 章太炎,「五無論」,『章太炎全集』4권, 431쪽.
71) 가라타니 고진,『마르크스 그 가능성의 중심』, 김경원 옮김, 이산, 1999, 230쪽.
72) 章太炎,「五無論」,『章太炎全集』4권, 432쪽.
73) 김광수,『중상주의』, 민음사, 1984, 36~37쪽.
74) 章太炎,『訄書』, 上海古籍出版社, 2000, 612쪽.
75) 章太炎,「革命道德說」,『章太炎全集』4권, 380쪽.
76) 마쓰모토 겐이치,『일본 우익사상의 기원과 종언』, 요시카와 나기 옮김, 2009, 문학과 지성사, 65쪽.
77) 같은 책, 67~68쪽.
78) 章太炎,「五無論」,『章太炎全集』4권, 432쪽.
79) 같은 책, 432쪽.
80) 같은 책, 434쪽.
81) 같은 책, 436쪽.
82) 같은 책, 436쪽.
83) 같은 책, 437쪽.
84) 같은 책, 434쪽.
85) 같은 책, 449쪽.
86) 천샤오밍 외,『근대 중국사상사 약론』, 김영진 옮김, 그린비, 2008, 250쪽.
87) 박주택,「『정지용 시집』에 나타난 동경과 낭만적 아이러니 연구」,『한국언어문화』38집, 한국언어문화학회, 2009, 166쪽.
88) 小林武,『章炳麟と明治思潮』, 研文出版, 2006, 113쪽.

7장 _ 순수경험과 무아주체

1) 章太炎,「人無我論」,『章太炎全集』4권, 上海人民出版社, 1985, 419쪽.
2) 같은 책, 419쪽.
3) 무성,『섭대승론석』, 현장 옮김, 대정신수대장경 31, 401쪽.
4) 章太炎,『齊物論釋』,『章太炎全集』6권, 上海人民出版社, 1986, 66쪽.
5) 무착,『섭대승론본』, 현장 옮김, 대정신수대장경 31, 133쪽.
6) 마명,『대승기신론』, 진제 옮김, 대정신수대장경 32, 575쪽.
7) 니시다 기타로,『선의 연구』, 서석연 옮김, 범우사, 2001, 17쪽.
8) 같은 책, 196쪽.
9) 조상식,『윌리엄 제임스』, 문음사, 2005, 202쪽 재인용.
10) 橫田理博,「西田幾多郎の『善の研究』とウィリアム・ジェイムズ」,『宗教研究』83(3), 日本宗教学会, 2009·12, 51쪽.
11) 같은 책, 58쪽.

12) 章太炎, 『菿漢微言』, 『菿漢三言』, 24쪽.
13) 호법, 『성유식론』, 현장 옮김, 대정신수대장경 31, 49쪽.
14) 章太炎, 『齊物論釋』, 『章太炎全集』 6券, 上海人民出版社, 1986, 65쪽.
15) 같은 책, 65쪽.
16) 미륵, 『유가사지론』, 현장 옮김, 대정신수대장경 30, 733쪽.
17) 마명, 『대승기신론』, 진제 옮김, 대정신수대장경 32, 576쪽.
18) 『대승입능가경』, 실차난타 옮김, 대정신수대장경 16, 519쪽.
19) 『아비달마구사론』, 현장 옮김, 대정신수대장경 27, 433쪽.
20) 요코하마 고우이츠, 『유식철학』, 묘주 옮김, 경서원, 1989, 248~250쪽.
21) 미륵, 『유가사지론』, 현장 옮김, 대정신수대장경 30, 490쪽.
22) 章太炎, 「建立宗敎論」, 『章太炎全集』 4券, 409쪽.
23) 譚嗣同, 『仁學』, 『譚嗣同全集』, 中華書局, 1998, 291쪽.
24) 章太炎, 『齊物論釋』, 『章太炎全集』 6券, 70쪽.
25) 이진경, 「들뢰즈, 사건의 철학과 역사유물론」, 『철학의 외부』, 그린비, 2002, 187쪽.
26) 전재성, 『오늘 부처님께 묻는다면』, 한국빠알리성전협회, 2002, 80쪽, 주 103번 참조.
27) 무착, 『섭대승론본』, 현장 옮김, 대정신수대장경 31, 147쪽.
28) 무착, 『섭대승론본』, 144쪽.
29) 王暉, 「個人觀念的起源及中國的現代認同」, 『王輝自選集』, 廣西師範大學出版社, 1997, 66쪽.
30) 무착, 『섭대승론본』, 148쪽.
31) 章太炎, 『齊物論釋』, 『章太炎全集』 6券, 120쪽.
32) 道原, 「長沙 景岑章」, 『景德傳燈錄』 권 10 [『전등록』 1, 동국역경원역경위원회 옮김, 1987, 361쪽 참조].
33) 가라타니 고진, 『탐구』 1, 송태욱 옮김, 새물결, 1998, 45쪽.
34) 루쉰, 「빗돌 글」, 『들풀』, 한병곤 옮김, 그린비, 2011, 65쪽.

8장 _ 공의 윤리와 차이

1) 가라타니 고진, 『유머로서 유물론』, 이경훈 옮김, 문화과학사, 2002, 223~224쪽.
2) 스피노자, 『에티카』, 강영계 옮김, 서광사, 2001, 246쪽.
3) 질 들뢰즈, 『스피노자의 철학』, 박기순 옮김, 민음사, 1999, 40쪽.
4) 같은 책, 39쪽.
5) 『유마경』, 장순용 옮김, 시공사, 1997, 225쪽.
6) 章太炎, 「建立宗敎論」, 『章太炎全集』 4券, 上海人民出版社, 1985, 418쪽.
7) 章太炎, 「四惑論」, 『章太炎全集』 4券, 447쪽; 쇼펜하우어, 『의지와 표상으로서의 세계』 제4권.
8) 章太炎, 「答鐵錚」, 『章太炎全集』 4券, 374쪽.
9) 井田進也, 「『道德學大原論』解題」, 『中江兆民全集』 9, 岩波書店, 1984, 333쪽.

10) 章太炎,『齊物論釋』,『章太炎全集』6券, 上海人民出版社, 1985, 119쪽.
11) 같은 책, 120쪽.
12) 章太炎,『菿漢微言』,『菿漢三言』, 23쪽.
13) 章太炎,『齊物論釋』,『章太炎全集』6券, 65쪽.
14) 章太炎,「四惑論」,『章太炎全集』4券, 446쪽.
15) 김동화,『불교학개론』, 보련각, 1972, 139쪽.
16) 章太炎,『菿漢微言』,『菿漢三言』, 23쪽.
17) 小林武,『章炳麟と明治思潮』, 硏文出版, 2006, 107~108쪽.
18) 프레드릭 코플스턴,『18·19세기 독일철학』, 표재명 옮김, 서광사, 2008, 471쪽.
19)『잡아함경』, 구나발타라 옮김, 대정신수대장경 3, 286쪽.
20) 마명,『대승기신론』, 진제 옮김, 대정신수대장경 32, 580쪽.
21)『대승입능가경』, 실차난타 옮김, 대정신수대장경 16, 597쪽.
22) 이진경,『노마디즘』 2, 휴머니스트, 2002, 178쪽.
23) 질 들뢰즈,『차이와 반복』, 김상환 옮김, 민음사, 2004, 25쪽.
24) 같은 책, 25~83쪽.
25) 章太炎,『齊物論釋』,『章太炎全集』6券, 61쪽.
26) 다니 다다시,『무상의 철학』, 권서용 옮김, 산지니, 2008, 81쪽.
27) 같은 책, 84쪽.
28) 용수,『중론』, 청목 주석, 구마라집 옮김, 대정신수대장경 30, 1쪽.
29) 무착,『섭대승론본』, 대정신수대장경 31, 144쪽.
30) 같은 책, 144쪽.
31) 같은 책, 144쪽.
32)『설무구칭경』, 현장 옮김, 대정신수대장경 14, 575쪽.
33) 같은 책, 575쪽.
34) 이정우,『사건의 철학』, 그린비, 2011, 302쪽.
35) 같은 책, 124쪽.
36) 같은 책, 303쪽.

근대불교와 장타이옌 더 읽기

고바야시 다케시, 『장빙린과 메이지사조』(小林武, 『章炳麟と明治思潮』, 研文出版, 2006).

저자 고바야시 다케시는 장타이옌(장빙린)이 메이지 일본을 통로로 받아들인 다양한 지식이 그의 사상에서 어떤 역할을 했는지 아주 끈질기게 추적한다. 장타이옌은 심지어 메이지 일본에서 가공된 서양철학 지식을 수용하여 중국고전을 분석하기도 한다. 중국 근대사상가가 보인 독특함 가운데 상당 부분은 메이지 일본과 관련됨을 장타이옌 연구를 통해서 소상히 밝힌다. 동아시아 근대가 모두 일본에서 연원했다는 것을 주장하는 게 아니라 앎이 구성되는 과정을 밝힘으로써 차이와 변화를 분명히 하고자 함이다. 일본어를 독해할 수 있는 독자에게 추천한다.

김영진, 『공이란 무엇인가』, 그린비, 2009.

대승불교의 핵심 개념인 공空에 대한 비교적 쉽고 명쾌한 해설서이다. 공 개념은 '무'無 개념과 때론 같은 의미로 쓰였고 근대 시기에는 철학적으로 다양하게 변주됐다. 공의 철학자 나가르주나가 쓴 『중론』을 중심으로 변주 이전의 공 개념을 파악하고 그것이 불교 내부에서 어떤 의미로 작동했는지 기술했다. 또한 공의 의미가 단지 개념으로 떠도는 게 아니라 주변에 있는 것임을 설명했다.

니시다 기타로, 『선의 연구』, 서석연 옮김, 범우사, 2001(西田幾多郎, 『善の研究』, 岩波書店, 1950).

근대 일본의 메이지관념론을 완성한 사람은 니시다 기타로이다. 그의 처녀작이자 대표작인 『선의 연구』는 깨달음이라는 체험을 순수하게 서양철학의 언어로 기술한 책이다. 그는 여기서 미국의 심리학자 윌리엄 제임스가 제기한 '순수경험' 개념을 사용한다. 니시다가 철학서인 이 책을 굳이 『선^善의 연구』로 이름 붙인 까닭은 그의 관심이 윤리의 문제, 나아가 삶의 문제에 닿아 있기 때문이다. 화려하지 않지만 깊고 단단한 사유를 보여 준다. 서양철학을 읊어대는 선사를 만나는 듯하다.

다니 다다시, 『무상의 철학』, 권서용 옮김, 산지니, 2008(谷貞志, 『無常の哲學』, 春秋社, 1996).

저자 다니 다다시는 '찰나멸' 연구의 세계적 권위자다. 그는 이 책에서 듣기만 해도 골치가 아픈 '찰나멸' 개념을 철학의 수준으로 승화시켰다. 그는 자신이 이 책에서 주로 다룬 다르마키르티의 찰나멸 개념이 현대철학의 최전선이라고 서슴없이 말한다. 젊은 날 오스트리아 빈에서 공부한 덕인지 프랑스철학에 대한 나름의 이해가 돋보인다. 하지만 결코 서양철학 개념을 남발하지는 않는다. 찰나멸 즉 '무상' 개념에도 감동을 받는 희한한 경험을 할 수 있다.

다케우치 요시미, 『루쉰』, 서광덕 옮김, 문학과지성사, 2003(竹內好, 『魯迅』, 未来社, 2002).

물론 이 책이 철학 서적은 아니다. 불교에 관련된 서적은 더더욱 아니다. 하지만 저자 다케우치 요시미가 '무'를 알지 못하면 루쉰을 이해할 수 없다고 했듯 근대의 무를 독해하는 텍스트로 읽어 봄 직도 하다. 좀 욕심을 내면 루쉰을 불교로 읽어 내는 단서를 발견하게 될지도 모른다. 근대 일본에서 학습한 다케우치 요시미도 근대 일본의 '무'를 이해했다. 군국주의자의 '죽음의 무'는 아니었지만 존재 자체가 간직한 '무'에 대해 이해하고 있었다. 알 듯 모를듯한 이야기도 등장하지만 다케우치의 이 책 『루쉰』은 그 자체로서 고전이라 할 법하다.

리쩌허우, 『중국근대사상사론』, 임춘성 옮김, 한길사, 2010(李澤厚, 『中國近代思想史論』, 安徽文藝出版社, 1994).

리쩌허우는 펑유란 이후 대표적이 중국사상사가이다. 이 책은 자신의 여러 편 논문을 묶어서 출판한 것인데 비교적 온전한 모습으로 캉유웨이, 탄쓰퉁, 장타이옌 등 근대 중국 사상가를 소개했다. 1960년대와 1970년대 중국에서 쓰인 글이기 때문에 시대적 한계가 분명하게 보인다. 하지만 근대 중국사상의 윤곽을 파악하고 상세한 지식을 습득하는 데 아직까지는 국내에서 이만 한 책은 없어 보인다.

스에키 후미히코, 『근대 일본과 불교』, 이태승·권서용 옮김, 그린비, 2009(末木文美士, 『近代日本と佛教』, トランスビュー, 2004).

저자 스에키 후미히코는 현재 일본불교학을 대표하는 학자이다. 일본고대사상사뿐만 아니라 근대사상사와 불교를 연구하고 중국 근대불교에 대한 관심도 보인다. 그는 이 책에서 일본 근대가 왜 불교를 필요로 했는지 답한다. 그것은 서구적 이원론 극복이라는 메이지관념론자들의 과제와 관련되었다. 이원론 극복이 결국 불교를 절대관념론으로 만들어 버린다. 스에키는 날카로운 분석력으로 근대 일본불교의 상황을 분석한다. 탁월하다.

옌푸, 『천연론』, 양일모·이종민·강중기 역주, 소명출판사, 2008(嚴復, 『天演論』).

옌푸는 중국에 사회진화론을 소개한 인물로 유명하다. 그는 영국 사상사 토머스 헉슬리의 『진화와 윤리』를 '천연론'이라는 이름으로 번역했다. 하지만 곧이곧대로 번역한 게 아니라 자신의 생각을 적극적으로 이 번역서에 개입시켰다. 이 책에서는 사회진화에 대한 헉슬리의 비관과 스펜서의 낙관이 다툰다. 헉슬리는 『진화와 윤리』에서 불교 논의를 적극적으로 수용하여 자신의 주장을 펼친다. 근대 중국에서 장타이옌이 헉슬리를 따랐다면 옌푸와 량치차오는 스펜서를 따랐다고 할 수 있다.

유세종, 『루쉰식 혁명과 근대중국』, 한신대학교출판부, 2008.

루쉰은 위험한 인물이다. 그가 현대에 살았어도 그랬을 것이다. 존재자의 허무맹랑함을 잘 알았지만 그렇다고 존재자의 세계를 쉽게 건너뛰지 않았다. 위험성은 바로 여기에 있다. 부처로 망명하지 않고 중생으로 사는 보살. 봉건과 싸우고 근대와 싸우고 권력자와 싸우고 심지어 중생과 싸웠다. 무한한 분노와 무한한 애정. 그러하기에 고독하고 처절했지만 늠름하고 온화했다. 그는 스승 장타이옌보다 훨씬 강력하고 끈질기게 모든 부조리와 싸웠다. 장타이옌이 기도한 무의 윤리학은 루쉰이 보여 준 게 아닐까. 저자는 어떻게 생각할지 모르겠지만 이 책은 본인의 『불교와 무이 근대』와 동일한 지향이라고 생각한다. 일독을 권한다.

이찬수, 『불교와 그리스도교, 깊이에서 만나다』, 다산글방, 2003.

이 책의 부제는 '교토학파와 그리스도교'이다. 저자 이찬수는 불교와 기독교의 만남을 주선하는 데 열심이다. 그가 이론적으로 기대는 곳은 교토학파의 철학이다. 1장은 니시다 기타로와 다나베 하지메 등 교토학파 철학자의 주요 철학 개념을 다루고 2장은 니시타니 게이지의 공의 철학을 다룬다.

3장은 교토학파가 기독교를 다루는 솜씨를 엿본다. 교토학파는 불교를 절대관념론 내지 범신론으로 취급했다. 그들의 공 개념도 크게는 이런 맥락에 있었고, 이런 변용 기독교와 보다 쉽게 만날 수 있었다. 이찬수가 말하는 '깊은 곳'은 아마도 교토학파의 기독교적 불교 독해일 것이다.

천샤오밍 외,『근대 중국사상사 약론』, 김영진 옮김, 그린비, 2008(陳少明 外,『近代中國思想史略論』, 廣東人民出版社, 1999).

이 책은 세 명의 저자(천샤오밍·단스롄·장용이)가 각각 근대 시기 경학과 불학, 서학의 다양한 역할을 추적함으로써 근대사상사 전체를 요약했다. 경학과 불학은 전통의 것인 데 반해 서학은 외래의 것이었다. 또한 경학은 정통의 것이었지만 불학은 당시까지 이단의 것이었다. 근대라는 당혹스런 시기에 각각 사연이 다른 세 사조는 한 자리에 몰려 나와 경쟁했다. 리쩌허우가 인물에 대한 개별 연구로 근대 중국사상사의 골격을 잡았다면 이 책은 이렇게 주제별로 흐름을 파악했다. 1980년대 이후 활동을 시작한 연구자의 색다른 시각과 성과를 엿볼 수 있다.

하시모토 치즈코,『니힐리즘과 무』(橋本智津子,『ニヒリズムと無』, 京都大學學術出版會, 2004).

쇼펜하우어와 니체가 근대 일본과 중국에서 얼마나 중요한지 아는 사람은 많지 않을 것이다. 하지만 두 사람은 꽤 중요하다. 이 책은 두 사람이 일본에 소개되고 그것이 일본 속으로 침투하는 과정을 분석한다. 두 사람의 철학은 정치의 영역에서도 작동했고, 나쓰메 소세키나 루쉰 같은 문학가들에게도 강력한 영향을 주었다. 또한 불교철학과 강하게 결합하기도 했다. 당시 니힐리즘과 무는 그리 단순한 개념도 아니었고 그리 비관적인 개념도 아니었다.

허우성, 『근대 일본의 두 얼굴: 니시다 철학』, 문학과지성사, 2000.

이 책은 국내에서 최초로 출간된 일본 근대 철학 연구서이다. 저자는 니시다 기타로의 철학을 다양한 각도에서 비교적 포괄적으로 다룬다. 니시다 철학은 일본적인 것에 기반하여 서구적 보편철학을 성취했다고 추앙된다. 거기에 근대 일본에서 불교의 철학적 역할이 분명히 보인다. 또한 근대 시기 일본철학이 역사에 어떻게 봉사했는지, 그것이 어떻게 정치가 되는지에 대해서도 인상 깊은 이야기를 쏟아낸다. 근대 일본철학의 완성을 이해하기 위해서 꼭 읽어 볼 만한 책이다.

찾아보기

【ㄱ】

가라타니 고진(柄谷行人) 184, 229, 232
『경세보』(經世報) 36
고경정사(詁經精舍) 33, 35
고바야시 다케시(小林武) 95, 105, 241
고토쿠 슈스이(幸德秋水) 190
　～의 『20세기 괴물 제국주의』 190
공(公)과 사(私) 149~150, 152
공덕(公德) 55, 147
공무변처(空無邊處) 219
「구원결의론」(究元決疑論) 25
궤지(軌持) 112~113
『금강경』(金剛經) 101, 161~162
금릉각경처(金陵刻經處) 27
기무라 다이겐(木村太賢) 103
기원정사(祇洹精舍) 27

【ㄴ・ㄷ】

나가르주나(Nāgārjuna) 162, 177, 181, 201, 206, 250

나가오 가진(長尾雅人) 162
나쓰메 소세키(夏目漱石) 104, 151, 154~155
　～의 『한눈팔기』 104, 151
나카에 조민(中江兆民) 96, 106, 238, 242
남산율종(南山律宗) 24
내성외왕(內聖外王) 238~239, 241
『내학』(內學) 26
니시다 기타로(西田幾多郎) 101~102, 108, 200, 213~215, 248
　～의 『선의 연구』 213~214
　～의 절대무(絶對無) 108
다니 다다시(谷貞志) 248~249
다르마키르티(Dharmakirti) 248~249
다카야마 조규(高山樗牛) 107
『대승기신론』(大乘起信論) 97~102, 213, 218
『대승기신론의기』(大乘起信論義記) 119
『대승입능가경』(大乘入楞伽經) 245
도바리 치쿠후(登張竹風) 107
『도한미언』(蚓漢微言) 45, 238~239
들뢰즈, 질(Deleuze, Gilles) 223, 235,

찾아보기　275

246~247
디그나가(Dignāga) 165

【ㄹ】

량수밍(梁漱溟) 19, 25, 28
량치차오(梁啓超) 19~20, 28, 36, 40, 55~57, 77~80, 94, 146~148, 172, 174
　~의 개인의 죽음 175
　~의 계몽불교 21
　~의 「공덕을 논함」 55, 147, 153
　~의 국가관 90
　~의 「국가사상을 논함」 173
　~의 「근세 최고 철학자 칸트의 학설」 20, 134, 153
　~의 「나의 생사관」 21, 134, 148, 179
　~의 『대동서』(大同書) 평가 188
　~의 「루소의 학설」 176
　~의 민족제국주의론 192
　~의 「불교와 사회 통치의 관계를 논함」 20
　~의 신민(新民) 19, 172
　~의 「역사와 인종의 관계」 79
　~의 「오늘날 중국에서 신민이 급선무다」 192
　~의 「장차 중국 인종이 강해질 것임을 논함」 77, 81
　~의 「정부와 인민의 권한을 논함」 174
　~의 「정치학 대가 블룬칠리의 학설」 57, 174
　~의 「진화론의 혁명자 벤저민 키드의 학설」 146, 175
　~의 『청대학술개론』 188
루소(Rousseau, Jean Jacques) 176

　~의 『사회계약론』 176, 183
루쉰(魯迅) 31, 109, 146, 229
　~의 『들풀』 229
뤼청(呂澂) 28
류스페이(劉師培) 44, 186, 193
　~의 「신정은 인민을 괴롭히는 근원이 됨을 논함」 186
　~의 「종족혁명과 무정부혁명의 득실을 논함」 193
리수퉁(李叔同) → 훙이
리쩌허우(李澤厚) 18, 136, 194

【ㅁ·ㅂ】

마량(馬良) 86, 88~90
　~의 「정당의 필요와 그 책임」 87
마루야마 게이자부로(丸山圭三郞) 167~168
마쓰모토 겐이치(松本健一) 200
메이로쿠샤(明六社) 96
명심사(名尋思) 220
모융(牟融) 74
무구식(無垢識) 131
무기업(無記業) 154
무분별지(無分別智) 171, 215
무상분별(無相分別) 167
무착(無着) 224~225, 251
　~의 『섭대승론』(攝大乘論) 118, 129, 131, 211, 224, 226~227, 250
무창불학원(武昌佛學院) 22, 27
『문시』(文始) 41
민남불학원(閩南佛學院) 22, 29
『민보』(民報) 40~42, 87, 176, 182
바수반두(Vasubandhu) 112, 115, 129~130

~의 『변증변론』(辯中邊論) 129~130
법상종(法相宗) 141, 143
변계소집성(遍計所執性) 125, 129, 167
본체론(本體論) 122~123, 125, 128, 135

【ㅅ】

사덕(私德) 55, 147
사심사(事尋思) 220
사종심사(四種尋思) 165
사회진화론 49, 60, 63
삼성설(三性說) 125, 128
상호객진성(相好客塵性) 164
『설문해자』(說文解字) 149, 169
섭론종(攝論宗) 131
『성유식론』(成唯識論) 38~39, 64, 112, 216, 226
세친 → 바수반두
『소보』(蘇報) 사건 37
쇼펜하우어(Schopenhauer, Arthur) 61, 65, 95, 99, 102~103, 105~107, 237~238, 241, 244
　　~의 『도덕학 대원론』(道德學大原論) 106, 238, 241
　　~의 맹목의지 65
　　~의 열반 개념 156~157
　　~의 『의지와 표상으로서의 세계』 61, 99, 107, 156, 237
쉬서우창(許壽裳) 44
슝스리(熊十力) 19, 28
스펜서, 허버트(Spencer, Herbert) 50, 56
　　~의 사회진화론 50
『신민총보』(新民叢報) 40, 77, 172, 174, 146

『신사학』(新史學) 78~80
신아(神我) 87
신채호(申采浩) 79
신해혁명(辛亥革命) 42
12연기의 무명 해석을 둘러싼 논쟁 103
쑨원(孫文) 40, 195
　　~의 평균지권 195
쑹수(宋恕) 36

【ㅇ】

아네사키 마사하루(姉崎正治) 95, 116
　　~의 『상세 인도종교사』 116
아라키 겐고(荒木見悟) 39
아뢰야식(阿賴耶識) 118, 124, 139
아만심(我慢心) 62, 64
『아비달마구사론』(阿毘達磨俱舍論) 178
『아비달마대비바사론』(阿毘達磨大毘婆沙論) 219
아타나식(阿陀那識) 211
암마라식(菴摩羅識) 131~132
애국학사(愛國學社) 36
양런산(楊仁山) 18, 27
어우양징우(歐陽竟無) 25~28
옌푸(嚴復) 51~52, 54~55
　　~의 『천연론』(天演論) 52~54, 56, 58
우청스(吳承仕) 45
우키타 가즈타미(浮田和民) 80
　　~의 『사학통론』(史學通論) 80
『우파니샤드』(Upaniṣad) 100~101, 106
『우프네카트』(Oupnek'hat) → 『우파니샤드』
원성실성(圓成實性) 125, 128
위웨(兪樾) 35

『유가사지론』(瑜伽師地論) 38, 129, 165~166, 218~219
『유마경』(維摩經) 162, 228, 235, 252
유상분별(有相分別) 166~167
『유식삼십송』(唯識三十頌) 39, 63~64, 100, 112, 114, 221
유식학(唯識學) 39, 62, 64, 123, 128, 143, 163~164, 166, 210
의타기성(依他起性) 125, 168
이노우에 가쓰히토(井上克人) 99~100
이노우에 데쓰지로(井上哲次郎) 20, 97~98, 100
　　~의 현상즉실재론 97
이노우에 엔료(井上圓了) 20, 97
이정우 252~253
이하론(夷夏論) 73~74

【ㅈ】

자성가립심사(自性假立尋思) 220
『잡아함경』(雜阿含經) 224
장권(章潛) 32
장타이옌
　　~의 자살 문제 156
　　~의 「건립종교론」(建立宗敎論) 18~19, 41, 122, 221, 237
　　~의 공리(功利) 비판 121
　　~의 「구분진화론」 41, 59~60, 62, 82
　　~의 『구서』(訄書) 116, 198
　　~의 「국가론」 41, 176~179, 181
　　~의 「국고논형」(國故論衡) 82, 212
　　~의 『국학개론』(國學槪論) 45
　　~의 기독교 비판 76
　　~의 대의제 비판 185

~의 「대의제가 가능한가?」 41, 182
~의 도쿄유학생환영회 연설사 40, 121~122, 195
~의 맹자 비판 84~85
~의 「무신론」 41
~의 무아론 222
~의 문명론 비판 75, 84~85
~의 민족주의론 192
~의 본체론 비판 133
~의 「사혹론」 61, 237, 239, 242 119~120, 149, 153~154
~의 사회진화론 비판 60~61
~의 식본체론 123
~의 신아론(神我論) 비판 125
~의 「신아헌정설 비판」 41, 87, 90~91
~의 「오무론」(五無論) 41, 182, 189, 194, 196, 201, 203~204, 206
~의 유물론 비판 126
~의 유식교(唯識敎) 123
~의 유신론(唯神論) 비판 127
~의 유토피아론 204~205
~의 「인무아론」 41, 209
~의 『제물론석』(齊物論釋) 38, 41, 75, 82, 132, 155, 160, 164~166, 169, 191, 217, 228, 238, 240, 248
~의 제자들 43~46
~의 중농주의 표방 198
~의 「혁명도덕설」 41, 199
~의 화폐제도 비판 196~197
~이 말하는 무아의 윤리 237
~이 말하는 애국 180
전변설(轉變說) 67
『전식론』(轉識論) 131
정문사(政聞社)의 의회설립운동 86

정문훈습(正聞熏習) 54, 63
종자설(種子說) 62
주요첸(朱有虔) 32
『중론』(中論) 101, 177, 201, 206, 250
『중변분별론』(中邊分別論) 128, 130
즉비(卽非) 101, 161
지나내학원(支那內學院) 19, 26~27
진여(眞如) 97, 100, 218
진제(眞帝) 118, 128, 131
쩌우룽(鄒容) 36
　~의 『혁명군』(革命軍) 36~37
쫑양(宗仰) 36

【ㅊ·ㅋ】

차별가립심사(差別假立尋思) 220
차이위안페이(蔡元培) 36
캉유웨이(康有爲) 51, 35~36, 188
　~의 『대동서』(大同書) 188~189
　~의 삼세설(三世說) 51
　~의 『춘추동씨학』(春秋董氏學) 51

【ㅌ·ㅍ】

타이쉬(太虛) 21~22, 29, 65~70
　~의 불교 3대 혁명 21
　~의 불교진화론 67
　~의 「세계만유는 진화하는가? 아니면 퇴화하는가?」 66

~의 「어떻게 인간불교를 건설할 것인가?」 22
~의 인간불교 22
~의 「지향과 실천을 자술함」 22
탄쓰퉁(譚嗣同) 16~18, 136~138, 140~142, 222
　~의 『인학』(仁學) 18, 137~139, 141~142, 222
탕융퉁(湯用彤) 29
피과단분(彼果斷分) 227

【ㅎ】

한장교리원(漢藏敎理院) 22
허망분별(虛妄分別) 130
헉슬리, 토머스(Huxley, Thomas Henry) 52, 54, 56, 58, 63
　~의 『진화와 윤리』 52, 58, 61, 63
현장(玄奘) 112, 130, 215
호승심(好勝心) 64~65, 203
『홍명집』(弘明集) 74
환멸원상론(還滅圓常論) 68
황칸(黃侃) 43
후쿠자와 유키치(福澤諭吉) 55~56, 147
　~의 『문명론의 개략』 55~56, 147
훈석사(訓釋詞) 169~170
훈습(熏習) 53~54, 62, 124
홍이(弘一) 23~24
희론(戲論) 163